Du-Yul Song/Rainer Werning

Korea

Bibliografische Information der Deutschen Bibliothek:

Die Deutsche Bibliothek verzeichnet diese Publikation in der Deutschen Nationalbibliografie; detaillierte bibliografische Daten sind im Internet über http://dnb.ddb.de abrufbar.

Lektorat und Gestaltung: Stefan Kraft
Coverfotos: John Pavelka (v. o.)/Andreas Niederdeppe (v. u./h. o.)
Druck: CPI - Clausen & Bosse, Leck
Printed in Germany
ISBN: ISBN 978-3-85371-340-2

Fordern Sie einen Gesamtprospekt des Verlages an:

Promedia Verlag
Wickenburggasse 5/12
A-1080 Wien

E-Mail: promedia@mediashop.at

Internet: www.mediashop.at
www.verlag-promedia.de

Du-Yul Song/Rainer Werning

KOREA

Von der Kolonie zum geteilten Land

Über die Autoren

Du-Yul Song studierte Philosophie, Soziologie und Wirtschaftsgeschichte in Seoul, Heidelberg und Frankfurt. Promotion bei Jürgen Habermas und bis 2009 Soziologieprofessor an der Universität Münster. Er ist Verfasser mehrerer Monographien und einer der Hauptinitiatoren des südkoreanisch-nordkoreanischen Wissenschaftleraustausches. 2003 folgte er nach 37 Exiljahren einer offiziellen Einladung nach Seoul, wo er aufgrund des Nationalen Sicherheitsgesetzes inhaftiert und infolge weltweiter Proteste im Sommer 2004 freigelassen wurde.

Rainer Werning studierte Politik- und Sozialwissenschaften, Philosophie und Literaturwissenschaft. Seit Ende der 1960er Jahre intensive Beschäftigung mit den Ländern Ost- und Südostasiens; zahlreiche Veröffentlichungen zum Thema. Von 2003 bis 2007 war er Vorstandsvorsitzender des Korea-Verbands e.V. (Berlin) und ist gegenwärtig Korea- und Philippinen-Dozent an der Akademie für Internationale Zusammenarbeit (AIZ) sowie Lehrbeauftragter an der Universität Bonn.

Inhaltsverzeichnis

Kapitel I
Japans Aufstieg zur Regionalmacht in Ostasien – Korea als Kolonie (1910–1945)

Kapitel II
Der 38. Breitengrad – Teilung und Krieg (1945–1953)

Kapitel III
Getrennte Wege, wechselseitige Feindbilder (1953–1997)

Kapitel IV

Spannungen zum Trotz: Ein Jahrzehnt der „Sonnenscheinpolitik" (1998–2008)

Kapitel V

Die schwierige Suche nach neuen Freundbildern (2008–2011)

Kapitel VI

Quo vadis Korea?

Anhang

Einleitung

Obgleich die jüngste Publikationsliste über Korea wesentlich kürzer ausfällt als die über seine beiden großen Nachbarn China und Japan, gibt es Korea-Bücher in deutscher Sprache, die vielfältige Informationen über das Land bieten. Der vorliegende Band ist aber ein *anderes Buch* über Korea: Vor allem entstammt es den Federn zweier engagierter Autoren. Einer von ihnen hat mehrere Dekaden lang leidenschaftlich für Demokratie und die friedliche Wiedervereinigung des Landes gekämpft und dafür gelitten. Der Andere hat seit den 1980er Jahren den mutigen Kampf vieler Koreaner für eine gerechte Sache verfolgt und streckenweise hautnah miterlebt. Mit diesem „leidenden und solidarischen Geist" haben die Autoren vielfältige Stimmen der Akteure in der turbulenten Geschichte eines Landes vernommen und dokumentiert, das in mehrfacher Hinsicht harte Schicksale erlitt. Eine grausame Kolonialzeit führte zur tragischen Teilung Koreas, das nach einem verheerenden Bürgerkrieg, der aufgrund seiner Internationalisierung fast zu einem Dritten Weltkrieg geführt hätte, brutale Militärdiktaturen und aufopferungsvolle Kämpfe für Demokratie und Wiedervereinigung erlebte.

Erfolgsgeschichten über Südkorea, das mit Hyundai-Autos und Samsung-Handys unverzichtbare Geräte einer globalisierten Welt produziert, und Gruselgeschichten über Nordkorea, die nur Hungersnöte und das Hantieren eines Diktators mit Atombomben zum Thema haben, sind die allgemein wahrgenommenen Informationen über das geteilte Land. Um solche grobschlächtigen Vereinfachungen zu vermeiden, präsentieren die Autoren facettenreiche Kontrastbilder inklusive vieler Kontrollfragen, sodass der vorliegende Band auch ein Buch über das *andere Korea* ist.

Um die Prozesse auf der koreanischen Halbinsel im historischen Kontext angemessen zu verstehen, ist es bedeutsam, sich auch und gerade auf Paradoxien einzulassen. Vieles in diesem Teil Nordostasiens mutet ebenso paradox wie surreal an. Einige Beispiele seien genannt:

Die „Koreanische Mauer" ist das Ergebnis eines Ende Juli 1953 unterzeichneten Waffenstillstandsabkommens, das bis heute nicht in einen Friedensvertrag überführt wurde. Korea war weltweit der einzige Ort, wo ein US-amerikanischer General – in Personalunion Kommandeur der dort stationierten US- und UN-Truppen sowie der südkoreanischen Streitkräfte (mit Ausnahme der präsidialen Leibgarde) – als Oberbefehlshaber beziehungsweise Prokonsul residierte.

Betrug das jährliche Prokopfeinkommen im Südkorea der 1950er Jahre umgerechnet weniger als 100 US-Dollar, so ist man heute in Seoul stolz darauf, die 20.000-Dollar-Marke überschritten zu haben. Genoss die Bevölkerung im Norden langjährig eine im internationalen Vergleich gute (Aus-)Bildung, Gesundheitsfürsorge und Nahrungsmittelversorgung, so ist Nordkorea seit Ende der 1980er – nicht zuletzt durch den Zusammenbruch des Realsozialismus und mehrerer Naturkatastrophen – wirtschaftlich in eine schwere Dauerkrise (inklusive Hungersnöten) geraten.

Wurde Südkorea bereits 1996 nach Japan als zweites asiatisches Land in den erlauchten Klub der Organisation für wirtschaftliche Zusammenarbeit und Entwicklung (OECD) aufgenommen und präsentiert sich dessen Hauptstadt Seoul als kosmopolitische Metropole und lärmender Moloch mit glitzernden Glas- und Betonfassaden, fühlt man sich in Nordkoreas Hauptstadt Pjöngjang in die Zeit der Großen Proletarischen Kulturrevolution in das China der 1960er Jahre zurückversetzt.

Wähnt sich die Zivilregierung in Seoul als aufgeklärt, offen und demokratisch, so stützt sie sich noch immer auf ein Nationales Sicherheitsgesetz, das archaisch zu nennen eine maßlose Untertreibung wäre. Bekennt sich Nordkorea offiziell zum „Sozialismus eigener Prägung", so praktiziert seine Führung eine Politik, in der sich neokonfuzianische Verhaltenskodices, rigider Etatismus, Personenkult und Glorifizierung des Militärischen auf eigentümliche Weise verschränken.

Ein besonderes Paradox in der Dekade der „Sonnenscheinpolitik" (1998-2008) bestand darin, dass eine südkoreanische Regierung auf Annäherung und Ausgleich mit dem Norden bedacht war, obwohl deren mächtigste Verbündete, die USA, diesen Prozess brüsk ausbremste. Während seit dem Amtsantritt von Barack Obama im Januar 2009 zumindest schrille Kriegstöne gegen Pjöngjang unterblieben, demonstrierte der im Februar 2008 als Südkoreas neuer Präsident vereidigte Lee Myung-Bak, weshalb sein Spitzname „der Bulldozer" lautet.

Dieses Band ist kein lexikalisches Nachschlagewerk über das moderne Korea, sondern ein insgesamt sechs Kapitel umfassendes Buch über die politisch-historische Entwicklung des Landes mit seinen Kulminationspunkten im vergangenen Jahrhundert. Im ersten Kapitel wird skizziert, wie es Japan gelang, sich trotz widerstreitender Interessen westlicher Kolonialmächte als Regionalmacht in Ostasien zu etablieren und Korea als Kolonie (1910–45) zu annektieren. Werden im zweiten Abschnitt die Ursachen der Nachkriegsentwicklung behandelt, die 1948 zur endgültigen Spaltung des Landes in zwei Staaten und schließlich zum ersten „heißen Krieg" während der Dekaden des Kalten Krieges führten, konzentriert sich das dritte Kapitel auf die Nachkriegsepoche, die geprägt war von Entfremdung, auseinandergerissenen Familien, tiefem Misstrauen und wechselseitigen Feindbildern.

Der vierte Teil geht ausführlich auf das Jahrzehnt einer „Sonnenscheinpolitik" ein, in deren Verlauf versucht wurde, eine Annäherung beider Länder zu erwirken und den Streit um Nordkoreas Atomprogramm zu entschärfen. Im fünften Abschnitt erfährt man, warum dieser Prozess in den letzten Jahren in eine Sackgasse geriet. Das abschließende sechste Kapitel beleuchtet die Chancen für eine dauerhafte Friedensregelung auf der Halbinsel im Kontext der jeweiligen Interessen und Machtkalküle der VR China, Japans, Russlands und der USA. Vor dem Hintergrund des plötzlichen Todes des nordkoreanischen Führers Kim Jong-Il am 17. Dezember 2011 ist mehr denn je eine fundierte, nüchterne Analyse der Perspektiven in Korea und der nordostasiatischen Region vonnöten. Eine Nachbetrachtung mit dem Titel „Nordkorea verstehen – aber wie?" soll dem Lesenden einen anderen Umgang mit der Volksrepublik vorstellen.

Chronologien und Landesübersichten über beide Korea runden den Band ab, der dem deutschsprachigen Leserkreis erstmalig ein tiefes Verständnis der komplexen Problemlage in Korea vermittelt.

Die Autorenschaft der Beiträge ist jeweils an deren Ende mit dem Kürzel „(*DYS*)" für Du-Yul Song beziehungsweise „(*RW*)" für Rainer Werning kenntlich gemacht. Aus Gründen der Übersichtlichkeit und um zur vertiefenden Lektüre anzuregen, schließen die Texte jeweils mit einer Liste weiterführender Literatur und Links ab. Für den Gastbeitrag von Andreas Niederdeppe „Kampf im Äther" und die Zusammenstellung „Republik Korea (Südkorea) im Überblick" von Heiko Herold bedanken sich die Autoren herzlich. Besonderer Dank gebührt dem Korea-Verband e.V. (Berlin) für die finanzielle Unterstützung.

Die Transkription der koreanischen Namen erfolgt gemäß der revidierten Romanisierung. In Korea, Japan und China ist es überdies Usus, zuerst den Familiennamen und dann den Vornamen zu nennen.

Dieses Buch widmen die beiden Autoren zwei langjährigen Weggefährten und ebenso herausragenden wie unvergesslichen Persönlichkeiten – dem Komponisten Isang Yun (1917–1995) und dem Philosophen Günter Freudenberg (1923–2000). Während ihrer Lebzeiten engagierten sie sich leidenschaftlich für ein versöhntes und friedliches Korea und haben dafür auf je unterschiedliche Weise gelitten.

Berlin/Köln, im Februar 2012,
Du-Yul Song & Rainer Werning

Kapitel I

Japans Aufstieg zur Regionalmacht in Ostasien – Korea als Kolonie

(1910–1945)

Führer Asiens

Ende des 19. Jahrhunderts begann Japans gewaltsamer Aufstieg zur Regionalmacht, der auch die koreanische Halbinsel prägen sollte.

Um 1850, nach drei Jahrhunderten westlicher Expansion, waren Süd-, Südost- und Ostasien in Kolonialgebiete der europäischen Staaten aufgeteilt. Mit zwei Ausnahmen: Das Königreich Siam (Thailand) vermochte als Puffer zwischen britischen und französischen Herrschaftsansprüchen seine Unabhängigkeit weitgehend zu wahren. In Japan hatten sich die seit 1192 nahezu ungebrochen herrschenden Shogune (Shogun = „der die Barbaren bezwingende große General") gegenüber dem Ausland weitgehend abgeschottet. Lediglich auf der eigens aufgeschütteten Insel Dejima in der Bucht von Nagasaki war holländischen Kaufleuten von dem regierenden Tokugawa-Clan der Unterhalt einer Handelsniederlassung gestattet worden.

Der gesamte indische Subkontinent, einschließlich Ceylons und Burmas, bildete zusammen mit der Kronkolonie Hongkong, der malaiischen Halbinsel und dem an deren Südspitze gelegenen Singapur einen Teil des britischen Empires. Der daran angrenzende Riesenarchipel, der sich von Osten nach Westen über 5.000 Kilometer erstreckt, zählte als Niederländisch-Indien zum holländischen Imperium. Die andere Inselgruppe in Südostasien, die Philippinen, waren eine Domäne Spaniens. Dessen langjähriger Rivale Portugal kontrollierte auf dem chinesischen Festland die Enklave Macao und den östlichen Teil der zu Niederländisch-Indien gehörenden Insel Timor. Die Franzosen schließlich hatten sich in Vietnam, Laos und Kambodscha festgesetzt und nannten dieses Kolonialgebiet „Indochina". China, zu jener Zeit politisch zu schwach, um sich wirksam gegen Übergriffe von außen zu wehren, stand im Mittelpunkt der Herrschaftskalküle sämtlicher damaliger Großmächte.

Als „Spätankömmlinge" unter den Kolonialmächten trafen das Deutsche Kaiserreich und die Vereinigten Staaten von Amerika in Asien ein. Die USA entschieden sich erst nach hitzigen Kongressdebatten zwischen den sogenannten Isolationisten und den Interventionisten, in China und Südostasien Stellung zu beziehen, als sie 1898 Spanien als neue Kolonialmacht auf den Philippinen beerbten. Hatten die Isolationisten mit dem Argument, der nordamerikanische Binnenmarkt sei groß genug, gegen ein koloniales Engagement gestimmt, optierten die Interventionisten beziehungsweise Imperialisten im Gegenzug für eine offensive Kolonialpolitik. Die Philippinen sollten den USA als Sprungbrett dienen; von dort aus wollte man „die schier unermesslichen chinesischen Bodenschätze und Märkte erschließen", wie es wiederholt Redner im amerikanischen Kongress formuliert hatten. Über eine Pazifikflotte verfügten die USA bereits, bevor sie die pazifischen Inseln Hawaii und Guam annektierten und US-Soldaten im Sommer 1898 siegreich in die philippinische Hauptstadt Manila einmarschierten.

Gewaltsame Öffnung Japans

Jahrhundertelang hatte sich Japan gegenüber dem Ausland abgeschottet, bis 1854 eine amerikanische Flotte unter dem Befehl von Kommodore Matthew C. Perry die selbst gewählte Isolation des Inselreiches gewaltsam beendete und das Land für den Außenhandel öffnete. Dieses Ereignis markierte den Anfang vom Ende des Feudalsystems der Tokugawa-Herrschaft, das durch eine waffentechnisch weit überlegene, neue aufstrebende imperialistische Macht im Pazifik ins Wanken gebracht wurde. Letztlich aber zerbrach die Feudalordnung auch aufgrund innenpolitischer Konflikte: Bauernaufstände, Missernten, die Ausbeutung der Bevölkerung durch hohe Steuern und ein erstarrtes Gesellschaftssystem mit rigider Etikette veranlassten reformorientierte junge Samurai (Kriegsadelige) aus verschiedenen Lehnsgebieten des Landes zum Aufstand. Zur Abwehr der Bedrohung aus dem Westen wollten sie sich dessen technologisches Wissen aneignen, um es zu einem späteren Zeitpunkt gegen ihn selbst zu kehren. Gleichzeitig drangen sie darauf, anstelle der Militärherrscher aus dem Hause Tokugawa die kaiserliche Macht wiederherzustellen. Nur kurz dauerten die Auseinandersetzungen zwischen den Samurai und Shogunen an, bis ab 1868 Kaiser Mutsuhito (1852–1912) als neuer Regent antrat. Seine Herrschaft stellte er unter die Devise der „erleuchteten Regierung" (*Meiji*). Anstelle von Kioto wurde die Stadt Edo zur neuen Hauptstadt Tokio ernannt.

Was folgte, war ein beispiellos rascher und tiefgreifender Wandel in Wirtschaft, Politik und Technik. Zunächst wurden gezielt Kontakte mit dem Ausland geknüpft, um sich Ideen für die Umgestaltung des Staates zu suchen. In diesem Prozess der japanischen Filtrierung der westlichen Moderne war es folgerichtig, dass das Land auch und gerade systematisch den Rat und die Expertise von Ausländern suchte. Unter den um 1890 etwa 3.000 in Japan tätigen ausländischen Experten gab es deutsche Sachverständige für Universitäten und medizinische Schulen, amerikanische Helfer für Landwirtschaft, Postverkehr und Diplomatie, britische Berater für das Eisenbahnwesen und die Kriegsmarine, französische Fachmänner für Kriegführung und juristische Fragen und schließlich italienische Ratgeber für die westliche Kunst. Diese mit Bedacht getroffene Auswahl spiegelte einerseits die japanische Gesamtbeurteilung der damaligen Lage im Westen wieder. Andererseits zeigte sie auch den, wie der japanische Politologe Maruyama Masao es formulierte, „Teufelskreis von ‚Außen'-Universalismus und ‚Innen'-Bodenständigkeitsdenken", in dem das Land gefangen war. Für Japan bedeutete die europäische Moderne zuallererst den Einsatz von Maschinen und neuen Techniken. Deren Weiterentwicklung bescherte dem Land eine rasante Industrialisierung, sodass Japan später nicht nur China, sondern auch Russland militärisch besiegen konnte und sich in Ostasien als neue hegemoniale Macht etablierte.

Kriegsregime

Der Aufbau des Kaiserreiches auf industrieller Grundlage (wie diese Politik offiziell genannt wurde) war möglich geworden, weil der in der Landwirtschaft geschaffene Mehrwert gezielt in den industriellen Bereich überführt wurde. Mit Steuergeldern, die der Staat als Grundsteuer Bauern und Pächtern abverlangte, wurden Handelshäuser und Industriebetriebe gegründet. Zunächst entstanden Betriebe der Leichtindustrie, die sich auf die Herstellung von Fasern, Textilien und Kleidung verlegten. Doch schon bald investierte der Staat auch in strategische Bereiche, wie den Schiffsbau, die Stahl-, Schwer- und Rüstungsindustrie. Die Gewerbefreiheit wurde ebenso garantiert wie die freie Berufswahl. Träger dieses Industrialisierungsprozesses war im Gegensatz zu Europa keine aufklärerisch-moderne bürgerliche Unternehmerschicht, sondern ein dem Kaiser ergebener Adel und die reichen Händler.

Um 1890 war das neue Herrschaftssystem so weit gefestigt, dass in der Verfassung die uneingeschränkte Macht des Kaisers festgeschrieben wurde und sich dieser auf ein stehendes Heer mit allgemeiner Wehrpflicht stützen konnte. „Der Kaiser ist heilig und unverletzlich" hieß es in der Verfassung, und er wurde dazu legitimiert, als direkter Nachfahre der Sonnengöttin Amaterasu mit unbeschränkter Machtfülle zu regieren. Als Souverän des Landes stand der Tenno an der Spitze von Armee und Marine sowie von Exekutive und Legislative. Der Wahlspruch „Reiches Land, starke Armee" offenbarte, wie herausragend künftig die Rolle des Militärs sein würde.

Im Gegensatz zum Westen hatte die Armee traditionell eine politische Führungsrolle inne und genoss innerhalb der Bevölkerung hohes Ansehen. Sie wurde weder von der Regierung kontrolliert noch vom Parlament. Dieses konnte nur sehr begrenzt Einfluss auf das Budget der Streitkräfte nehmen. Gemäß der japanischen Verfassung kommandierte der Kaiser Armee und Marine, während die militärische

Kontrolle in der Vorkriegszeit dem Kriegs- und Marineminister sowie den Generalstabschefs beider Waffengattungen oblag, eine Stellung, die ihnen ein hohes Maß an Unabhängigkeit sicherte. Beide Minister gehörten zwar dem Kabinett an, sie durften aber jederzeit am Premier vorbei direkt beim Kaiser vorstellig werden. Darüber hinaus konnten sie mit einem Rücktritt gleichzeitig den Rücktritt des Premierministers und die Bildung einer neuen Regierung erzwingen. Denn laut Verfassung existierte kein funktionstüchtiges Kabinett ohne einen Kriegs- und einen Marineminister. Da diese in der Regel vom jeweiligen Generalstab vorgeschlagen wurden oder sich aus deren Rängen rekrutierten, konnte das Militär nicht nur jede zivile Opposition in Schach halten, sondern faktisch über Fragen von Krieg oder Frieden entscheiden.

Wirtschaftsboom und militärische Expansion

Ökonomisch erlebte die japanische Wirtschaft um 1900 eine Boomphase. Bis 1905 war der Prozess der Konzentration und Zentralisierung von Kapital zu Oligopolen so weit vorangeschritten, dass sich nahezu sämtliche Großbanken, Industriebetriebe und Verkehrsmittel des Landes im Besitz von einem halben Dutzend staatlich protegierten Großfamilien befanden (unter ihnen die Familien Mitsui, Mitsubishi, Satsume und Okura). Von diesen Unternehmen war außerdem eine Vielzahl kleiner und mittlerer Zulieferfirmen abhängig. Vom weiteren Aufbau der Schwerindustrie profitierten wiederum die Streitkräfte. Deren Sieg über die chinesischen und russischen Armeen (1894/95 bzw. 1904/05) sowie die Annexion Koreas 1910 (siehe nächster Text in diesem Kapitel – d. A.) rückte erstmals ins öffentliche Bewusstsein des Westens, dass Japan sich anschickte, zur Regionalmacht in Ost- und Nordostasien aufzusteigen.

Der Erste Weltkrieg bescherte Japan einen ungeheuren Wirtschaftsaufschwung, da unter anderem Europas Großmächte auf Kriegswirtschaft umgestellt und die asiatischen Märkte vernachlässigt hatten. Als Partner des französisch-englischen Bündnisses gegen Deutschland besetzte Japan die deutschen Kolonien und Pachtgebiete in China und baute seine Interessen in der Mandschurei aus.

In den 1920er Jahren erhielten die zivilen Kräfte in der japanischen Politik einen kurzzeitigen Schub. Nicht nur wurden Vertreter des Bürgertums gegenüber dem Militär in der Politik gestärkt. Es entstanden auch erste Arbeiterparteien, einschließlich der kommunistischen Partei, sowie radikale Gewerkschaftsverbände und Bauernbewegungen. Durch internationale Abkommen sollten die militaristischen Tendenzen eingedämmt werden.

Mit der Unterzeichnung der Washingtoner Verträge (1921-22) wurde der Status quo im Pazifik festgeschrieben. Ihre wichtigsten Punkte lauteten: Anerkennung der Souveränität und territorialen Integrität Chinas, Verbot des Baus zusätzlicher Befestigungsanlagen auf einigen pazifischen Inseln und eine Beschränkung bei der Schiffsproduktion.

Doch bereits zu Beginn der 1930er Jahre hatte sich die Lage grundlegend geändert und steuerte wieder auf Krieg zu. Die weltweite Wirtschaftskrise verschonte auch Japan nicht. In den Städten und auch auf dem Land gab es immer mehr Arbeitslose und es gärte in der Bauernschaft, da zahlreiche Bauern über Nacht zu verarmten Pächtern geworden waren. Wachsende Armut und Unzufriedenheit boten faschistischen und chauvinistischen Kräften eine Basis, um ihre Ziele lautstark zu propagieren. Dass die USA ab 1924 keine japanischen Immigranten mehr ins Land ließen, war Wasser auf ihre Mühlen.

1931 gelang es China, einen Teil seiner an Japan verlorenen Hoheitsrechte in der Mandschurei wiederzuerlangen, was in Japan, vor allem in der Armee, Besorgnis auslöste. Schließlich war die Mandschurei nicht nur reich an Bodenschätzen, sondern auch mit Blick auf Russland von strategischer Bedeutung. Ohne die politischen Verantwortlichen in Tokio konsultiert zu haben, schlug die in der Mandschurei stationierte Kwantung-Armee eigenmächtig zu und besetzte im September 1931 mehrere Großstädte in der Region. Mehr noch: Sie brachte den Rest der Mandschurei unter ihre Kontrolle, installierte dort ein Marionettenregime des Vasallenstaates „Mandschukuo" und rüstete sich für den weiteren Vormarsch in die nördlichen Provinzen Chinas. Als dieses Vorgehen innerhalb des Völkerbundes auf Unmut stieß, verließ Japan im Jahre 1933 die internationale Staatengemeinschaft.

Die Ereignisse in der Mandschurei markierten einen Wendepunkt in der japanischen Politik. Die Armee war fortan die bestimmende Kraft in der Politik, da sie sowohl innerhalb wie außerhalb des Kabinetts auf keine nennenswerte Opposition stieß. Faktisch wurde auch das Parlament außer Kraft gesetzt, als Mitte Mai 1932 junge Armee- und Marineoffiziere Tokio einige Stunden lang terrorisierten und Premierminister Inukai Tsuyoshi ermordeten. Die Militärs verstießen in der Folge gegen zwei wichtige internationale Verpflichtungen: die Marine nicht weiter aufzurüsten und Chinas Souveränität und territoriale Integrität zu achten. Zwar regte sich im Jahre 1935 noch einmal Protest gegen den Kriegskurs der Streitkräfte, als eine Bewegung gegen Faschismus und Militarismus die Rückkehr zur parlamentarischen Regierungsform forderte. Liberale Kräfte im Parlament (*Diet*) attackierten öffentlich den Kriegsminister. Dies wurde zum Signal für Extremisten innerhalb der Armee, Revanche zu üben. Ende Februar 1936 kam es zur offenen militärischen Revolte gegen die Regierung, an der sich etwa 1.500 Soldaten beteiligten. Wenige Tage darauf kam eine armeefreundliche Regierung an die Macht. Fortan bestimmten ausschließlich militärstrategische Kalküle die Politik Japans.

Vier programmatische Leitlinien beschloss die japanische Regierung, um das Land in die Lage zu versetzen, unangefochten zur hegemonialen Macht in Asien aufzusteigen:

1. Die Stärkung der Schwer- und Rüstungsindustrie.
2. Die Integration der Mandschurei in die japanische Kriegswirtschaft.
3. Eine „harte Haltung“ auf dem asiatischen Kontinent.
4. Die Sicherung strategischer Rohmaterialien, um das Land autark zu machen.

Die zur Selbstversorgung benötigten Ressourcen sollten hauptsächlich aus dem insularen und kontinentalen Südostasien – vorrangig aus Ostindien (Indonesien) und Malaya sowie aus Indochina – herangeschafft werden.

Kriegswirtschaft

Dieses von der Armeeführung entworfene Programm bestimmte seit Mitte der 1930er Jahre die Politik Tokios. Der Begriff „harte Haltung“ war ein beschönigender Ausdruck dafür, Teile Chinas zu annektieren, sich der Rohstoffquellen in Südostasien zu bemächtigen und Russland als potenzielle Bedrohung in Schach zu halten. Das schloss die enge Kooperation mit Nazi-Deutschland und dem faschistischen Italien mit ein. Ende November 1936 unterzeichnete Japan mit beiden Ländern den Antikomintern-Pakt, der explizit gegen die Sowjetunion gerichtet war.

Im Juli 1937 nahm die japanische Armee einen Vorfall in der Nähe Pekings zum Anlass, in Nordchina einzumarschieren. Die USA und Großbritannien reagierten darauf mit ersten Sanktionen und stoppten den Export von Flugzeugen, Flugzeugausrüstungen und später auch die Ausfuhr von Waffen, Munition, Aluminium, Eisen und Öl nach Japan. Das bewog die japanische Regierung im Gegenzug zur sogenannten AAA-Propaganda: Sie bezeichnete sich fortan als „das Licht Asiens, der Beschützer Asiens und Führer Asiens“.

Von 1930 bis 1940 erlebte Japan ein phänomenales Wachstum seiner Wirtschaft. In diesem Jahrzehnt wuchs die Industrieproduktion um das Fünffache, wobei die Schwerindustrie davon über 70 Prozent ausmachte. Im selben Zeitraum war die jährliche Stahlproduktion von anfänglich 1,8 auf 6,8 Millionen Tonnen und die Fertigung von Automobilen und Flugzeugen von 500 beziehungsweise 400 im

Jahre 1930 auf 48.000 beziehungsweise 5.000 im Jahre 1940 angestiegen. Ebenso rasant vergrößerte sich die Schiffsproduktion – bei Handelsschiffen von 92.093 (1931) auf über 405.195 Tonnen im Jahre 1937. Die Militärausgaben wuchsen ebenfalls überproportional. Gemessen am Gesamthaushalt Japans beliefen sie sich auf knapp 30 Prozent im Jahre 1931, erreichten ihren Höhepunkt 1938 (ein Jahr nach der groß angelegten Invasion gegen China) bei 75,4 Prozent, um sich danach bei mindestens zwei Drittel des Haushalts einzupendeln. Gleichzeitig stockte Japan seine Streitkräfte drastisch auf. Allein von 1936 bis 1941 verdoppelte sich die Zahl der Wehrpflichtigen, die Divisionsstärke stieg von 24 auf 50, von denen 27 Divisionen in China, zwölf in der Mandschurei und der Rest auf der koreanischen Halbinsel stationiert waren. Die Zahl der einsatzbereiten Soldaten überschritt rasch die Marke von sechs Millionen. 1941 verfügte Japan im Pazifik über eine Kriegsmarine, die stärker war als die vereinte amerikanisch-britische Streitmacht in der Region.

Die Wirtschaft war unter dem Kommando des Militärs in eine Kriegswirtschaft umgewandelt worden, wobei alles unternommen wurde, um ausreichend Vorräte strategisch bedeutsamer Rohstoffe anzulegen, die zum Großteil aus China und Korea sowie aus Niederländisch-Indien und Indochina stammten. Im August 1940 musste das französische Vichy-Regime der Forderung nachgeben, den Japanern Flugplätze und Marinebasen in Indochina zur Nutzung zu überlassen, von denen aus Japan den noch über die Burmastraße laufenden Nachschub für Tschiang Kaischek und die chinesische Regierung in Chungking unterbinden wollte. Bis zum Sommer 1941 war Indochina mitsamt seinen bedeutsamen Rohstoffvorkommen (Gummi, Zinn, Kohle, Mangan, Bauxit und Nickel) ohne nennenswerten Widerstand Japan überlassen worden, wo seine Truppen jetzt nach Belieben schalten und walten konnten.

Je mehr die USA und Großbritannien ihren Druck auf Japan verstärkten, sich aus China und Indochina zurückzuziehen, desto vehementer warf die japanische Regierung ihnen vor, mit ihrer Embargo- und Sanktionspolitik das Land in die Knie zwingen zu wollen. Mit Blick auf Ost- und Südostasien reaktivierte und beschwor Japan seine pan-asiatische Vision – diesmal in Gestalt der „Größeren Ostasiatischen Gemeinsamen Wohlstandssphäre". Deren reales Anliegen, als imperiale, doch rohstoffarme Regionalmacht dauerhaft in den Besitz von natürlichen und menschlichen Ressourcen zu gelangen und gleichzeitig den Führungsanspruch des westlichen Kolonialismus und Imperialismus zu unterminieren, nährte sich aus dem religiös-ideologischen Konstrukt des Shinto („Weg der Götter").

Innerhalb des Systems des Staats-Shinto bestand keine Trennlinie zwischen mythisch verklärter und authentischer Geschichte; es beschwor die Größe der Nation und transportierte den unerschütterlichen Glauben an eine seit Menschengedenken bestehende nationale Familie – geführt vom Tenno, der seinerseits einer ununterbrochen regierenden Herrscherdynastie entstammte. In diesem Sinne war Kaiser Hirohito, dessen über 60-jährige Regentschaft (1926–89) als Showa-Ära („Weg des Friedens") in die Geschichtsannalen einging, (mit-)verantwortlich für die Architektur eines Militarismus, der Ost- und Südostasien sowie den Pazifik mit Krieg und Zerstörung überzog. Doch nirgendwo waren die Auswirkungen der japanischen Herrschaft so systematisch und tiefgreifend wie in der von Japan 1910 unterworfenen Kolonie Korea. *(RW)*

Weiterführende Lektüre

Cohen, Jerome B. (1949): *Japan's Economy in War and Reconstruction*. Minneapolis.

Hotta, Eri (2007): *Pan-Asianism and Japan's War 1931-1945*. New York.

Ienaga, Saburo (1978): *The Pacific War: World War II and The Japanese, 1931-1945*. New York.

Maruyama, Masao (1988): *Denken in Japan*. Aus dem Japanischen von Wolfgang Schamoni und Wolfgang Seifert. Frankfurt a.M.

Maxon, Yale Candee (1957): *Control of Japanese Foreign Policy: A Study of Civil-Military Rivalry, 1930-1945*. Berkeley.

Reischauer, Edwin O. (1953): *Japan*. Berlin.

Saaler, Sven (2003): Pan-Asianismus im Japan der Meiji- und der Taisho-Zeit. Wurzeln, Entstehung und Anwendung einer Ideologie, in: Amelung, Iwo/et al. (Hg.): *Selbstbehauptungsdiskurse in Asien. China-Japan-Korea*. München.

Saaler, Sven/Koschmann, J. Victor (eds.) (2007): *Pan-Asianism in Modern Japanese History. Colonialism, Regionalism and Borders*. London/New York.

Seelmann, Hoo Nam (2011): *Lautloses Weinen. Der Untergang des koreanischen Königshauses*. Würzburg.

Song, Du-Yul (1990): *Metamorphosen der Moderne – Betrachtungen eines Grenzgängers zwischen Asien und Europa*. Münster.

Wetzler, Peter (1998): *Hirohito and War. Imperial Tradition and Military Decision Making in Prewar Japan*. Honolulu.

Unter der Herrschaft des Tenno

Von 1910–1945 herrschte Japan mit eiserner Faust über Korea. Sogar die eigene Sprache wurde den Bewohnern der Kolonie verboten.

„1930 bin ich in dem koreanischen Dorf Seonchon als japanischer Staatsbürger geboren worden. Meine Eltern haben mir den Namen Choi Changwha gegeben, doch für die Japaner, die unser Land 1910 zur Kolonie gemacht hatten und besetzt hielten, hieß ich Sai Shoka. Das war mehr als nur eine Namensänderung; es hat dem Plan der Besatzungsmacht entsprochen, die ethnische und kulturelle Identität der Koreaner und Koreanerinnen auszulöschen und sie zu Japanern zu machen. Schon vor dem Krieg sind wir in unserem eigenen Land gezwungen gewesen, vor dem Shinto-Schrein, dem Symbol unserer Unterdrückung, den Tenno, den japanischen Kaiser, anzubeten. Kurz vor Kriegsende hat die japanische Militärpolizei dann alle Koreaner in geheime Keller geschleppt und ihnen zwangsweise Fingerabdrücke abgenommen. Für mich war das ein Kotau vor dieser Macht; ich hätte hier meine ethnische Identität ablegen sollen."

Hunderttausende Koreaner erlitten ein ähnliches Schicksal, nachdem sich der östliche Nachbar Japan das Land 1910 endgültig als Kolonie einverleibt hatte. Für Korea und seine Menschen dauerte dieses Martyrium 36 lange Jahre an. Zum Verhängnis war dem Land letztlich seine geographische Lage zwischen dem Großreich China und dem Großmachtambitionen hegenden Japan geworden.

Traditionsreiches Erbe

In der Jahrtausende alten Geschichte des Landes Korea, dessen mythologische Gründung am 3. Oktober 2333 vor unserer Zeitrechnung durch den ersten König Tangun erfolgt sein soll, bildete die Halbinsel ein Scharnier zwischen dem kontinentalen und insularen Ostasien. Kulturelle Neuerungen gelangten von China ebenso über Korea nach Japan wie im 4. Jahrhundert unserer Zeitrechnung der Buddhismus. Für Japan stellte Korea, das im Westen allenfalls als „Einsiedler-Königreich" wahrgenommen wurde, umgekehrt ein Sprungbrett dar, um selbst auf dem asiatischen Kontinent Fuß zu fassen.

Während in den folgenden Jahrhunderten verschiedene Dynastien auf der koreanischen Halbinsel um die politische Vorherrschaft wetteiferten, geriet das

Land immer wieder unter ausländische Kuratel. Im 13. Jahrhundert waren es die Mongolen, die über Korea herrschten. Zwischen 1592 und 1598 wehrten Koreas Militärführer erfolgreich japanische Invasionsversuche ab. Und ab Mitte des 17. Jahrhunderts stand das Land unter Schutzherrschaft der chinesischen Qing-Dynastie. Ein Privileg, das das chinesische Kaiserreich mit seiner Niederlage im Japanisch-Chinesischen Krieg 1895 endgültig einbüßte. Zwischendurch gab es Phasen relativer politischer Ruhe, in denen das Land von der Außenwelt abgeschottet war.

In den Bereichen Kultur, Architektur sowie Seidenmanufaktur genossen Koreas Künstler hohes Ansehen. Zu weiteren außergewöhnlichen Leistungen zählten die Entwicklung des koreanischen Alphabets (*Hangeul*) auf Geheiß König Sejongs im Jahre 1446 und – lange vor Johannes Gutenbergs Erfindung – der Buchdruck mit beweglichen Metalllettern.

1876 erzwang Japan die Unterzeichnung eines Handelsvertrags mit Korea, das fortan seine Häfen für japanische Kaufleute öffnen musste. Ähnliche Handelsverträge Koreas wurden mit den USA, Großbritannien, Frankreich und Russland ausgehandelt. Ende November 1883 gelang sogar dem deutschen Kaiserreich der Abschluss eines Deutsch-Koreanischen Handels-, Freundschafts- und Schifffahrtsvertrages. Tatkräftig mitgewirkt hatte dabei der deutsche Jurist und Sinologe Paul Georg von Möllendorf. Er war ein Jahr zuvor als Berater des Königs an den koreanischen Hof geholt worden, brachte es dort zum Vize-Außenminister und später zum Chef der koreanischen Zollbehörde.

„Vor kaum 20 Jahren wußte man im großen Publikum über Korea nur, daß es eine weltentlegene Halbinsel Ostasiens sei", schrieb 1901 der deutsche Handelsreisende C. Wolter im Rückblick auf die Jahre nach seiner Ankunft auf der Halbinsel in seinem Bericht „Korea, einst und jetzt".

> „So abgeschlossen ist Korea indessen nie gewesen, von Anfang des 17. bis Ende des 18. Jahrhunderts hatte in Busan, im Südosten des Reiches, eine japanische Niederlassung bestanden, in der ein reger Kleinhandel betrieben wurde. Desgleichen vermittelten die Plätze an der chinesisch-koreanischen Grenze, an der Straße zwischen Seoul, der Hauptstadt Koreas, und Peking, der Hauptstadt Chinas, einen regen Güteraustausch, von dessen Bedeutung noch heute die verfallenen Empfangsgebäude an diesem Wege Zeugnis ablegen. Diese Straßen benutzten auch die Karawanen, welche vom König von Korea gesandt immer von neuem den Pekinger Hof von der Ergebenheit des kleinen Herrn in Seoul überzeugen sollten und denen sich erwiesenermaßen manche Kaufleute anschlossen."

Über die Einwohner Koreas hielt Wolter fest:

> „Im Gegensatz zum Chinesen und Japaner ist der Koreaner von dem Landesherrn bis zum geringsten Kuli dem Europäer sehr freundlich gesinnt. Ich sage absichtlich nicht fremdenfreundlich, denn das würde die Japaner einschließen. Während der Chinese mit dem Koreaner fraternisiert, hat der hochmütige Japaner von jeher auf den Koreaner herabgesehen und sich ihm gegenüber bis in die letzten Jahre in einer Weise benommen, die nur dazu beitragen konnte, den im Volke steckenden Haß immer von neuem zu schüren. Die japanische Regierung hat daher vor einigen Jahren ihre Landsleute angewiesen, sich im eigenen Interesse besser zu benehmen, ein gewiß nicht unkluger Schritt."

Die Annektion 1910

Als Japan gegen Ende des 19. Jahrhunderts wirtschaftlich und militärisch erstarkte, geriet Korea immer stärker ins Visier des Nachbarn. Den ersten Waffengang unter der neuen Herrschaft des Tenno führten die japanischen Streitkräfte 1894/95 gegen das Kaiserreich China. Vorrangig ging es um die dauerhafte Vormachtstellung auf der koreanischen Halbinsel.

Korea war lange Zeit gegenüber dem chinesischen Kaiserhaus tributpflichtig und das eigene Königshaus durch interne Revolten und Intrigen geschwächt. 1893/94 brach in Korea der große Tonghak-Aufstand aus, als Endpunkt einer Zerfallskrise der seit 1392 herrschenden Yi-Dynastie. Diese war nicht fähig dazu, den Erfordernissen einer Modernisierung von Staat und Gesellschaft Rechnung zu tragen, zu der die wirtschaftlich-industrielle Entwicklung in der Region und das Eindringen ausländischer Mächte zwangen. Bereits in den 1860er Jahren hatte Choe Che-U (1824–1894) seine Lehre unter dem Namen „Tonghak" („Östliches Lernen") mit der Intention veröffentlicht, den unter Hungersnot und Armut, exorbitanten Steuern und politischer Unterdrückung leidenden Bauern einen Weg zur Verbesserung ihrer Lebens- und Arbeitsbedingungen zu weisen. Im Kern wandte sich die Tonghak-Revolte gegen die korrupte Regierung und die Kaste der Adeligen (*Yangban*) sowie gegen die Ausländer im Land und deren Gedankentum.

Die Ideologie des Tonghak stellte sich als Synkretismus taoistischer, konfuzianistischer, buddhistischer und erstmals auch christlicher Lehrinhalte dar. Wie zahlreiche seiner Landsleute war Choe der Meinung, ausländischen Einflüssen in Korea könne man einen Riegel vorschieben und den Regierungsstil radikal umkrempeln, indem demokratische Verhältnisse und sozialrevolutionäre Neuerungen durchgesetzt würden. Massenhaft beteiligten sich Bauern, denen sich später auch fortschrittlich gesinnte Yangban, Gelehrte und Nationalisten anschlossen, an antifeudalistischen, vielfach guerillaähnlichen Widerstands- und Protestaktionen, um eine neue Landverteilung, eine drastische Reduzierung der Steuern, Demokratie und Menschenrechte einzufordern.

Zwar gelang es dem koreanischen Herrscherhaus, den Tonghak-Aufstand mit Hilfe herbeigerufener chinesischer Truppen und später durch japanische und pro-japanische Kontingente niederzuschlagen. Doch von diesen Entwicklungen profitierten letztlich die waffentechnisch haushoch überlegenen Japaner, während China seinen Einfluss auf der koreanischen Halbinsel dauerhaft verlor und das koreanische Königshaus zur Marionette Japans geriet. Noch bevor Japan Korea annektierte und es in eine Kolonie verwandelte, war Kronprinz Yi Un, der Sohn des letzten koreanischen Königs Kojong, im Jahre 1907 als Geisel genommen und nach Japan gebracht worden. Dort wurde er im Frühjahr 1920 mit der japanischen Prinzessin Masako verheiratet, so wie auch die verbliebenen Mitglieder der koreanischen (allesamt in Japan residierenden) Königsfamilie generell gezwungen wurden, niedrigstehende Mitglieder der japanischen Kaiserfamilie zu heiraten. Japan entschied schließlich den Waffengang gegen China 1895 für sich und erhielt zusätzlich Formosa (Taiwan) als Kriegsbeute.

Interessenskonflikte in Korea und der Mandschurei zwischen Russland und Japan führten 1904/05 zum Russisch-Japanischen Krieg, aus dem Japans Heer und Marine neuerlich siegreich hervorgingen. Auch in diesem militärischen Konflikt war Korea der Zankapfel; es ging um die dauerhafte Kontrolle auf der Halbinsel. Einige Gesandte des koreanischen Königshauses hatten als Gegengewicht zur wachsenden japanischen Präsenz in Korea versucht, das zaristische Russland als Verbündeten zu gewinnen, das seinerseits Ambitionen in Fernost hegte.

1905 zum japanischen Protektorat erklärt, musste Korea seine diplomatischen Rechte an den übermächtigen Nachbarn abtreten. Als erster japanischer Generalgouverneur und faktisch oberster Herrscher Koreas bezog Ito Hirobumi in Seoul Quartier. In Japan galt der ehemalige Premierminister Ito als angesehene Persönlichkeit, die den Tenno in allen wichtigen innen- wie außenpolitischen Fragen beriet. Als glühender Befürworter eines größeren japanischen Reiches beteiligte sich Ito auch maßgeblich daran, die Autorität des koreanischen Königshauses zu untergraben.

So mächtig und angesehen Ito Hirobumi in Japan war, so verhasst blieb er unter der koreanischen Bevölkerung. Im Jahre 1909, während eines Aufenthalts in der mandschurischen Stadt Harbin, wurde Ito das erste prominente Opfer des antikolonialen Protests. Sein Attentäter, der Nationalist Ahn Joong-Geun, wurde am

26. März 1910 hingerichtet. Bis heute gilt Ahn in ganz Korea als Nationalheld, Preise und Ehrungen tragen nach wie vor seinen Namen.

Japan reagierte auf Itos gewaltsamen Tod mit einer noch direkteren Kontrolle Koreas. König Kojong musste zugunsten seines politisch schwächeren Sohnes abdanken, und am 22. August 1910 wurde mit der Unterzeichnung des Annexionsvertrages Koreas Kolonialstatus offiziell besiegelt. Nun hatten japanische Militärs das Sagen, während japanische Großunternehmen und mit dem kaiserlichen Hof liierte Firmen und Banken von Land und Leuten ihren Tribut einforderten. Die Erlöse aus Handel, Bergbau und Landwirtschaft transferierten sie ins „Mutterland" Japan. Zwar wurde die Infrastruktur Koreas verbessert – so ließen die Japaner Straßen bauen und erweiterten das Schienennetz. Doch den Aufbau einer eigenständigen Wirtschaft und Industrie ließen die Besatzer nicht zu.

Protest und Widerstand

Die neue Kolonialmacht führte ein umfassendes Landvermessungsprogramm durch, um einen Überblick über die Eigentumsverhältnisse zu gewinnen. Die bäuerliche Bevölkerung musste innerhalb einer von den Kolonialbehörden gesetzten Frist den japanischen Beamten Lage und Größe ihrer Landparzellen melden. Die meisten Bauern verstanden diese Aufforderung nicht, da sie weder lesen noch schreiben konnten. Verpassten sie den Meldetermin (was die Regel war), verloren sie das Land, von dem ihre Familien seit Generationen gelebt hatten. Zur Abschreckung und Strafe wurden zahlreiche Bauern nach Japan verschleppt, um dort Zwangsarbeit zu leisten.

Sodann ordnete die Kolonialadministration an, dass großflächig Reis anzubauen sei. Der Großteil der Ernten wurde zur Versorgung der japanischen Bevölkerung verschifft, Korea sollte als Nahrungsmittellieferant die japanische Landwirtschaft weitgehend ersetzen. Versorgungsengpässe in Korea, wachsende Armut und Hungersnöte führten dazu, dass viele Bauern übers Land zogen oder im Nordosten Chinas, in der Mandschurei, Arbeit suchten.

Diese Maßnahmen ließen den Widerstand gegen die Kolonialherren erstarken. Nicht nur in Korea selbst, sondern auch in China, wohin zahlreiche Koreaner geflohen waren und in Shanghai eine provisorische Exilregierung gebildet hatten, erhielt die nationalistische Bewegung Zulauf. Ermutigt durch die „14-Punkte-Erklärung" des amerikanischen Präsidenten Woodrow Wilson, die die nationale Selbstbestimmung der Völker proklamierte, übergaben am 1. März 1919 koreanische Oppositionelle der japanischen Regierung eine von namhaften Persönlichkeiten des öffentlichen Lebens unterzeichnete Unabhängigkeitserklärung. Sie verlangten die Wiederherstellung der koreanischen Souveränität.

Diese politische Offensive wurde von massiven Straßenprotesten begleitet. Innerhalb der ersten drei Monate nach Verkündung der Unabhängigkeit registrierten die japanischen Behörden landesweit knapp 1.500 Großdemonstrationen in 217 Städten. Etwa 2 Millionen Menschen beteiligten sich daran – ein Zehntel der damaligen Bevölkerung Koreas. Die japanischen Besatzungstruppen benötigten ein ganzes Jahr, um das Land gewaltsam zu „befrieden". Etwa 7.500 Koreaner wurden getötet, 16.000 verletzt und 46.000 Menschen ins Gefängnis gesperrt.

„Jederzeit aufopferungswillige Untertanen"

„Alles für den Kaiser" – diese Devise galt nicht nur in Japan. Auch das japanische Generalgouvernement in Korea tat alles, um die Bevölkerung im Geiste des Tenno zu erziehen. Aus Koreanern sollten – so wörtlich – „gute, gehorsame und jederzeit aufopferungswillige Untertanen werden." Japan benötigte ergebene Soldaten für seine Invasionstruppen in China, Südostasien und im Pazifik.

Die Devise „Alles für den Kaiser" bedeutete auch, Kultur und Traditionen aus dem kollektiven Gedächtnis der Koreaner auszulöschen. Im öffentlichen Leben Japans galten Koreaner ohnehin als Bürger zweiter Klasse. Nach dem Erdbeben, das den Großraum Tokio im Jahre 1923 erschütterte und große Verwüstungen anrichtete, wurde der Zorn über diese Naturkatastrophe auf die Koreaner gelenkt. Die japanischen Behörden warfen ihnen vor, sie hätten sich angesichts des geschwächten Zustand des Landes zum Aufstand gerüstet. Was dazu führte, dass selbst Katastrophenschutzverbände, unterstützt von aufgebrachten Bürgerwehren, Hatz auf die Koreaner machten. Mindestens 6.000, möglicherweise gar bis zu 10.000 Menschen fielen der Lynchjustiz zum Opfer.

Mit der Ausweitung der japanischen Aggression gegen China 1937 wurde die Lage für die Koreaner immer unerträglicher. Junge Männer wurden zwangsweise zur japanischen Armee eingezogen; schließlich standen weitere Eroberungen im Pazifik und in Südostasien bevor. Familien der Ober- und Bildungsschicht indes, die mit der Besatzungsmacht paktierten oder diese duldeten, waren stolz darauf, ihre Söhne auf Militärakademien in Japan und in der Mandschurei zu schicken.

1938 änderte die japanische Regierung das koreanische Bildungs- und Erziehungswesen von Grund auf. Der Koreanisch-Unterricht an den Schulen wurde vom Lehrplan gestrichen und die Schüler stattdessen gezwungen, Japanisch zu lernen. Öffentliche Verlautbarungen mussten in Japanisch verfasst werden, koreanische Geschichte durfte nicht mehr gelehrt werden. Koreanern war es untersagt, öffentlich ihre Sprache zu sprechen, große Tageszeitungen mussten ihr Erscheinen einstellen.

Vermächtnisworte wie Grabsteine

Ein Erlass aus Tokio zwang die Koreaner dazu, ihre Namen aufzugeben und sich japanische Namen zuzulegen. Aus Protest gegen diese Politik der Besatzer verübten viele der älteren Bewohner Selbstmord. Sie konnten es nicht ertragen, die mit ihren traditionsreichen Namen verbundene Familiengeschichte und Ahnenreihe aufzugeben. Sohn Kee-Chung beispielsweise, der überragende Gewinner des Marathonlaufs bei den 11. Olympischen Sommerspielen 1936 in Berlin, bestieg als „Japaner" das Siegerpodest und ging als „Kitei Son" in die olympischen Annalen ein.

Selbst die Geschichte des Landes wurde umgeschrieben. Für Japan und eine ihm hörige Zunft koreanischer Historiker war Korea demnach zur Stagnation verdammt und unfähig, jemals eigenständig zu werden und unabhängig zu sein. Eine koloniale Durchdringung von Hirn und Herz mit weitreichenden Konsequenzen: Den Koreanern sollten ihr Selbstbewusstsein und der Glaube an sich selbst buchstäblich ausgetrieben werden.

Diese tiefe Demütigung nährte unterschiedliche Reaktionen: von politischem Protest über militärischen Widerstand bis hin zu Verzweiflung und innerer Emigration. Der sensible Poet und Bohemien Kim Hae-Kyoung (1910–37), der sich den Künstlernamen Yi Sang zugelegt hatte und der bereits 1937 als 27-Jähriger an Tuberkulose und den Folgen einer Gefängnishaft starb, verarbeitete die Verwerfungen, Widersprüche und Brüche seiner Zeit literarisch. „Selbstbild" lautet eines seiner Gedichte.

Selbstbild
Hier ist die Totenmaske irgendeines Landes.
Es geht auch das Gerücht um, die Totenmaske sei gestohlen.
Dieser Bart, ein nicht in die Reife gekommenes Grasland der Arktis,
ist seiner Verzweiflung bewusst und pflanzt sich nicht fort.
In einer Fallgrube, wo seit Äonen der Himmel für immer gefangen sitzt,
sind Vermächtnisworte wie Grabsteine, heimlich versunken.
Dann gehen an ihrer Seite unvertraute Handsignale, Fußsignale vorbei,
wohlbehalten und reserviert.
Da beginnt der einst erhabene Inhalt auf ein oder andere Weise zu knittern.

Die Unmöglichkeit, in der kolonialen Situation Subjektivität und menschenwürdige Existenz zu vereinen, war Yi Sangs beherrschendes Thema und gleichzeitig das Dilemma seiner Heimat. *(RW)*

Weiterführende Lektüre

Ch'oe, Che-U (1997): *Das große Buch des Tonghak, Tonggyung Daechon.* (Übersetzt und kommentiert von Kim Sung-Soo.) Frankfurt a.M.

Eggert, Marion/Plassen, Jörg (2005): *Kleine Geschichte Koreas.* München.

Hane, Mikiso/Perez, Louis G. (2009): *Modern Japan: A Historical Survey.* 4th ed. Boulder, CO.

Hielscher, Gebhard (1988): *38mal Korea.* München.

Kleiner, Jürgen (1980): *Korea – Betrachtungen über ein fernliegendes Land.* Frankfurt a.M.

Rheinisches JournalistInnenbüro und Recherche International e.V. (Hg.) (2005): *„Unsere Opfer zählen nicht" – Die Dritte Welt im Zweiten Weltkrieg* (darin das Kapitel zu Ost- und Südostasien). Berlin/Hamburg.

Yisang (2005): *Mogelperspektive. Das poetische Werk.* Aus dem Koreanischen und mit Nachworten von Marion Eggert, Matthias Göritz und Hanju Yang. Graz.

Garküchen und Rezepte des Vergessens

Die ehemalige koreanische Zwangsprostituierte Hwang Kum-Ju streitet seit Jahren für ein Schuldeingeständnis aus Tokio.

Im Zentrum der südkoreanischen Hauptstadt Seoul findet seit dem 8. Jänner 1992 allwöchentlich dasselbe Ritual statt. Jeden Mittwoch zur Mittagszeit, bei klirrender Kälte oder sengender Hitze. Einige ältere koreanische Frauen stellen sich vor das Gebäude der japanischen Botschaft und entrollen Transparente mit Aufschriften wie: „Enthüllt die Wahrheit!" oder: „Löst das Problem der Zwangsprostituierten!" Traurig und bizarr zugleich ist diese allwöchentliche Inszenierung. Die Gruppe der Demonstrantinnen, allesamt ehemalige Zwangsprostituierte der japanischen Militärs, wird stets kleiner. Am 14.12. 2011 nahmen noch 63 Überlebende an dem Protest teil – es war die eintausendste Kundgebung seit dem Beginn der Kampagne. Den teils gebrechlichen, teils von Krankheit gezeichneten Frauen steht, umringt von nur wenigen neugierigen Passanten, ein gnadenlos überlegenes, mitunter sogar martialisch ausgerüstetes Aufgebot junger Polizisten gegenüber. Hinter den Botschaftsmauern und Schutzschilden der Sicherheitskräfte schotten sich die Verantwortlichen ab.

Begegnung in Balsan

Ein Rückblick ins Jahr 2004: Balsan ist ein Vorort der lärmenden Megacity Seoul. Triste, durchnummerierte Hochhäuser, die südkoreanische Variante ostdeutscher Plattenbausilos, säumen lustlos die Straßenzüge. In einem dieser anonymen Wohnhäuser, das die Nummer 507 trägt, lebt die damals 84-jährige Hwang Kum-Ju. Ihr knapp 20 Quadratmeter kleines Appartement im 15. Stockwerk erreicht man mit einem knarrenden, schaukelnden Aufzug.

Mit einem herzlichen Lächeln begrüßt mich die alte Dame an der Haustür, sichtlich erfreut, mich in ihrem bescheidenen Zuhause willkommen zu heißen. Ebenfalls anwesend ist Kim Eun-Sik, der Dolmetscher unseres Gesprächs und eine langjährige Vertrauensperson von Frau Hwang. Kim steht als Generalsekretär dem „Koreanischen Rat für die Rehabilitierung der Gewaltopfer während des Zweiten Weltkrieges" vor. Inmitten von Erinnerungsstücken und Fotoalben setzen wir uns zu dritt auf den Boden. Die Gastgeberin trägt einen farbigen Rock mit einer Schmetterlingsbrosche, hinter ihrer Brille mit Goldrand funkeln wache Augen.

Frau Hwangs Wohnung weist nur ein Zimmer auf, inklusive einer Kochnische. Das WC ist winzig und erlaubt nur streng kontrollierte Bewegungen. Ein Wandregal zieren Plaketten – Mitbringsel zahlreicher Auslandsreisen. In den USA ehrten Elite-Universitäten wie Harvard, Yale und Columbia Frau Hwang Mitte der 1990er Jahre mit Auszeichnungen, darunter jene der „Couragiertesten Frau des Jahres". Am 10. Dezember 2003, dem internationalen Tag der Menschenrechte, zeichnete der südkoreanische Präsident Roh Moo-Hyun Frau Hwang mit dem Demokratie-Preis des Landes aus – für ihr langjähriges Engagement zum Schutz von Minderheiten und der Entrechteten in der Gesellschaft.

> „Ich bin fast überall auf der Welt gewesen, in 22 Ländern. Nach Japan reise ich fünf- bis sechsmal pro Jahr. Aber ich bin auch nach Kanada gefahren und in die Schweiz. Ich kann mich gar nicht mehr genau erinnern, wo ich schon überall war – sogar in der Sowjetunion. Seit gut einem Jahrzehnt tue ich alles, um auf unser Schicksal als ehemalige Zwangsprostituierte hinzuweisen."

Die Stimme der alten Frau ist resolut und voller Ausdrucksstärke, und sie erzählt gerne und lebhaft. Ab und zu steht sie auf, um im Schrank nach weiteren Fotos zu suchen. Geboren wurde sie 1920 in Buyo in der Provinz Süd-Chungcheong, und wuchs unter schwierigen Bedingungen auf:

> „Unser großes familiäres Unglück hat darin bestanden, dass mein Vater fast gleichzeitig mit dem Abschluss seines Studiums in Japan schwer krank geworden ist und regelmäßig Medikamente benötigt hat. Aber gute Medizin war teuer und das Geld dafür haben wir beim besten Willen nicht aufbringen können. Durch Zufall habe ich einen reichen Geschäftsmann aus Seoul kennengelernt und ihn um finanzielle Unterstützung gebeten. Der Mann hat Choe geheißen und ist aus Hamhung im Norden gewesen. Er hat mir tatsächlich so viel Geld gegeben, dass wir meinem Vater wenigstens eine Zeit lang Medizin kaufen konnten. Herr Choe wollte mich zu seiner Adoptivtochter machen. So habe ich mit knapp dreizehn Jahren das elterliche Haus verlassen und versprochen, zurückzukehren, sobald ich es zu etwas gebracht und genügend Geld gespart hätte."

Im Hause ihrer Adoptivmutter in Hamhung, erinnert sich Frau Hwang, sei sie anständig behandelt worden. Sie konnte sogar eine Abendschule besuchen. Tagsüber war sie Mädchen für alles:

„Der damalige Chef unseres Wohnviertels war ein Japaner – ein Steuereintreiber oder ein Militärpolizist. Wir haben direkt hinter seinem Haus gewohnt. Ihn selbst habe ich nur selten zu sehen bekommen, umso häufiger aber seine Frau und die Kinder. Vor allem seine Frau war sehr rührig; sie ist durch die Straßen gezogen, von Haus zu Haus gegangen und hat auf die Leute eingeredet: ‚Der Kaiser hat angeordnet, dass sich unverheiratete Mädchen und Frauen zum dreijährigen Dienst in einer japanischen Militärfabrik melden sollen. Dort verdienen sie eine Menge Geld.' ‚Kongchul' haben sie das genannt – die ‚Öffentliche Ausrufung'. Erst später habe ich erfahren, dass von jedem Wohnbezirk aufwärts bis hin zur Provinzebene erwartet wurde, dass eine bestimmte Zahl von Mädchen und Frauen diesem Aufruf folgen soll. Notfalls haben selbst die jeweiligen Dorfvorsteher und Distriktchefs ihre eigenen Töchter entsenden müssen. Niemand hat bei den Worten ‚kaiserliche Dienste' Verdacht geschöpft.
Im Hause meiner Adoptiveltern waren wir drei unverheiratete Töchter. Da die anderen beiden studierten, habe ich mich angeboten, zwei bis drei Jahre lang in einer japanischen Fabrik zu arbeiten. Meine Adoptivmutter war sehr erleichtert und hat mir versprochen, sich während meiner Abwesenheit um einen Mann zu kümmern, den ich dann nach meiner Rückkehr heiraten könnte."

„Lebend kommen wir hier nicht mehr raus"

Die Frau des Dorfchefs ordnete Hwang Kum-Ju und den anderen Mädchen an, sich vor der Bahnstation in Hamhung zu versammeln. Die meisten Mädchen waren zwischen fünfzehn und siebzehn Jahre alt, Hwang zählte mit knapp Zwanzig bereits zu den Älteren. Es gab keine Abschiedszeremonie. Ein älterer Herr führte die Mädchen wortlos zu einem japanischen Soldaten, der sie dann zum Zug begleitete:

„Die vorderen Waggons waren mit Militärs besetzt und in unserem Waggon haben sich etwa fünfzig Mädchen befunden. Die Fahrt ist nach Norden gegangen, dabei war unser Abteil zumeist abgedunkelt. Häufig ist der Zug in Tunnels stehen geblieben, nachts ist er kaum gefahren. Zweimal am Tag haben wir von den Militärpolizisten, die die Eingänge der Waggons bewachten, einige Reisbällchen mit Wasser erhalten. Einige Tage sind so vergangen. Der Zug hat schließlich den Zielbahnhof in Jilin erreicht. Vor dem Bahnhofsgebäude ist ein Lastwagen gestanden, über den eine Plane gezogen war. Wir mussten auf die Ladefläche steigen, jede mit ihrem Bündel Habseligkeiten bepackt. Einen halben Tag lang sind wir dann über schlechte Straßen und Schlammwege geholpert, bis der Laster ein Militärgelände erreicht hat. Uns wurde als Schlafstätte eine der zahlreichen Baracken zugewiesen, die man ‚koya' genannt hat. Eine koya hatte ein abgerundetes Dach aus Wellblech, der Boden war mit Strohmatten ausgelegt. Wir haben eine Decke bekommen und ein Kopfkissen. Es war so kalt, dass wir uns während des Schlafs aneinander gekuschelt haben."

Frau Hwang und ihre Begleiterinnen trafen auf Frauen und Mädchen, die bereits eine Zeit lang im Lager verbracht hatten. Sie sagten zu den Neuankömmlingen: „Tut einfach nur das, was man von euch verlangt. Sonst prügeln sie euch zu Tode." An dieser Stelle der Erzählung wird Frau Hwangs Stimme zittrig. Leise fährt sie fort, einfühlsam unterstützt von Herrn Kim, dem sie ihre Erlebnisse in der Mandschurei bereits früher eidesstattlich anvertraute:

„Am nächsten Tag hat ein Soldat jede von uns einzeln abgeholt. Ich bin in den Raum eines Offiziers geführt worden. Er hat mich aufgefordert, an sein Bett zu treten und ihn zu umarmen. Als ich mich geweigert habe, hat er mich gefragt, warum ich mich denn ziere. Da habe ich ihm gesagt, ich würde lieber putzen und seine Wäsche waschen.
Als er neuerlich versucht hat, mich zu umarmen, habe ich mich gewehrt. Dann schlug er mir mitten ins Gesicht. Ich habe vor Schmerzen gewimmert und um Mitleid gebeten. Doch er wurde nur wütender. ‚Tu gefälligst, was ich dir sage', hat er mich angebrüllt und gedroht, mich umzubringen. Dann hat er mir das Hemd vom Leib gerissen und mit seinem Schwert meine Unterwäsche zerfetzt. Ich bin ohnmächtig geworden. Später ist ein Soldat gekommen, um mich zurückzubringen. Weinend bin ich langsam hinter ihm hergewankt und habe versucht, mich mit meinen zerrissenen Kleidern notdürftig zu bedecken. Eine Frau aus dem Lager hat zu mir gesagt: ‚Siehst du, hier kommen wir nicht mehr lebend raus'."

Etwa zwei Wochen lang dauerte diese Tortur. Jeden Tag mussten Hwang Kum-Ju und die anderen Mädchen die Offiziere „besuchen". Die Neuankömmlinge waren meistens Jungfrauen und die Offiziere behielten sich vor, sie als erste zu vergewaltigen und anderweitig zu erniedrigen. Kondome benutzten die Vergewaltiger nicht, viele Mädchen waren bald schwanger. Bekamen die Lageraufseher das mit, verabreichten sie den Schwangeren eine Spritze, woraufhin ihre Körper anschwollen und starke Blutungen einsetzten. Danach schabte man ihnen in der Klinik die Gebärmutter aus. Wer diese Prozedur drei- oder viermal mitmachte (und überlebte), wurde nicht mehr schwanger:

„Nach zwei Wochen sind wir zur ‚comfort station' geschickt geworden. Das war eine Holzkonstruktion mit bis zu sechs abgetrennten Räumen. Statt Türen gab es nur Decken.

Vier Gebäude dieser Art sind dicht gedrängt beieinander gestanden. Ich habe gehört, dass es zahlreiche solcher Stationen in der Umgebung gab. Die Räume waren winzig, auf den Holzböden sind Tücher und Decken gelegen. Nach der ‚Arbeit' dort hätten wir eigentlich in unsere ‚koya' zurückgehen sollen. Doch häufig sind wir so erschöpft gewesen, dass wir auch nachts in der ‚comfort station' geschlafen haben. Ständig sind Soldaten ein- und ausgegangen – auch nach Mitternacht.

Wir haben in derselben Kantine gegessen wie die Mannschaften. Die Soldaten haben uns Reis, Suppen mit Bohnenpaste und eingelegten Kohl gegeben. Als Kleidungsstücke erhielten wir weite, am Körper schlabbernde Hosen, übergroße Jacken, Soldatensocken und ausgetretene Stiefel. Später wurden wir mit richtigen Hosen und passenden Hemden ausgestattet. Wir mussten mit wenig Reis und Suppen leben, die hauptsächlich aus Wasser und Salz bestanden haben."

In der „comfort station" gab es keinen Zeitplan, einfache Soldaten und Offiziere suchten dort zu jeder Tageszeit die Mädchen heim. Die Offiziere ließen sich allerdings seltener blicken – aus Angst vor Geschlechtskrankheiten. Täglich wurde jedes Mädchen von bis zu 40 Soldaten vergewaltigt. An Sonn- und Feiertagen bildeten sich vor den „comfort stations" Trauben von Soldaten, die teils in Unterwäsche dastanden.

„Einige Soldaten haben sich wild abreagiert, andere haben wild geheult, weil sie bald an die Front mussten. Einige sind mit Kondomen gekommen, die meisten allerdings ohne. Ich habe auch eine Schachtel mit Kondomen erhalten, sie aber weggeworfen. Ich dachte, dann ließen mich die Soldaten in Ruhe.

Wöchentlich sind wir in die Klinik gegangen, um uns untersuchen zu lassen. Viele Mädchen wurden schwanger und mussten mehrfach Abtreibungen über sich ergehen lassen. Wenn sich eine der Frauen eine ansteckende Krankheit geholt hatte, wurde sie auf eine Isolierstation gebracht. Einige Mädchen sind von den Schamhaaren aufwärts bis zum Bauchnabel mit eiternden Wunden übersät gewesen. Ihre Gesichter waren gelb angeschwollen, sie sind dann einfach verschwunden.

Wenn wir die Regel hatten, haben uns die Ärzte Watte oder Baumwolle gegeben. Wenn der Nachschub stoppte, mussten wir irgendwie an Stofffetzen herankommen. Manchmal haben wir sogar die Einlegesohlen von Soldaten benutzt, die sie weggeschmissen hatten. Wenn sie das herausfanden, schlugen sie uns und sagten, das bringe Unglück."

Täglich wurden Frau Hwang und die anderen Mädchen geschlagen. Selbst wenn sie in den Nachthimmel blickten und den Mond ansahen, so erinnert sie sich, schlugen die Soldaten auf sie ein und wollten wissen, woran die Mädchen gerade dachten. Bei Selbstgesprächen prügelte man sie ebenfalls, weil die Soldaten vermuteten, sie würden beleidigt oder verspottet:

> „Ich bin so häufig geschlagen worden, dass ich heute noch manchmal minutenlang nichts hören kann. Meine Knie und Oberschenkel sind bandagiert. Immer, wenn ich diese Bandagen vor dem Baden abnehme, treten Schwellungen auf und ich habe große Schwierigkeiten, aufrecht zu sitzen.
> Eines Tages habe ich nicht ‚arbeiten' können, da meine Gebärmutter geschwollen war und ich stark geblutet habe. Ein Offizier hat mir befohlen, seinen Penis zu saugen. Ich habe ihm geantwortet: ‚Ihren Kot würde ich wohl essen, aber das mache ich nicht.' Er hat gefaucht: „Ich bringe diese Nutte um!' Dann hat er wie wild auf mich eingeschlagen. Mir ist schwindlig geworden und ich bin in Ohnmacht gefallen. Später hat man mir erzählt, ich sei drei Tage lang bewusstlos gewesen."

Lebhaft erinnert sich Frau Hwang an den 15. August 1945. Niemand rief an diesem denkwürdigen Tag zum Abendessen. Überall im Lager herrschte ungewohnte Stille. Als sie im leeren Speisesaal gerade Wasser trank, erschien ein Soldat. Er sagte ihr, sie sei jetzt frei und solle sofort flüchten, bevor die Chinesen kämen und alle töten würden. Der Kaiser habe kapituliert, weil die Amerikaner Bomben mit verheerender Wirkung über Japan abgeworfen hätten.

> „Sofort habe ich die anderen Frauen informiert. Aber sie haben über große Schmerzen im Unterleib geklagt und wollten die weite Flucht nicht riskieren. Sie haben geweint und mich gebeten, alleine zu gehen. Zuerst wollte ich das nicht, aber dann bin ich trotzdem geflohen.
> Ich bin so schnell gerannt, wie ich konnte. Der Militärkomplex ist viel größer gewesen, als ich gedacht habe. Mehrere Tore habe ich passiert und zerschnittene Stacheldrahtverhaue und nach etwa 15 Kilometern bin ich auf eine belebte Straße gestoßen, die sich immer mehr gefüllt hat. Die Leute hatten nur ein Ziel vor Augen: die Flucht Richtung Süden.
> Durch Betteln habe ich mich während der Flucht über Wasser gehalten. Unterwegs habe ich auch ab und zu weggeworfene Kleidungsstücke gefunden, die immer noch in besserem Zustand als meine völlig verdreckten Kleider waren. Nach viermonatigem Fußmarsch bin ich schließlich im Dezember 1945 in der Station Cheungryangri in Seoul eingetroffen."

Unter Brückenpfeilern und auf der Flucht

Nach dem Krieg lebte Frau Hwang drei Jahre lang in Cheungryangri unter einer Brücke. Sie bettelte und kochte sich Brei, den sie in die Butterbüchsen der amerikanischen Besatzer abfüllte. In der Nähe gab es eine Gemeinde von Adventisten:

„Als die Leute mitbekommen haben, dass ich häufig starke Unterleibsblutungen und große Schmerzen hatte, haben sie gedacht, ich würde daran zugrunde gehen. Sie haben den Chefarzt eines amerikanischen Krankenhauses informiert. Drei Ärzte haben mich dann operiert und mir die Gebärmutter entfernt."

Frau Hwang rückt näher zu uns, zieht mit einem Ruck ihr Hemd hoch und zeigt uns eine große Narbe.

„Erst nach drei Monaten konnte ich aufstehen. Da ich damals unter einer Brücke geschlafen hatte, haben die Ärzte ein Zimmer für mich gemietet, neben der Polizeiwache von Cheungryangri. Die Leute haben mir Töpfe, Geschirr, Kleidungsstücke und Schuhe gebracht, halt alles, was man zum Leben braucht. Ich habe mich reich gefühlt."

Ein kurzlebiges Gefühl. Im Sommer 1950 stürzte ein verheerender Bruderkrieg die koreanische Halbinsel in Elend und Chaos. Wie Millionen ihrer Landsleute begab sich Frau Hwang mit ihren wenigen Habseligkeiten auf die Flucht in den Süden:

„Ich habe Waisenkinder aufgenommen. Während des Krieges hat es von ihnen nur so gewimmelt. Wohin man gekommen ist, überall waren Kinder ohne Eltern. Sobald die Kinder mich sahen, haben sie ‚Mama, Mama' gerufen und sich an mich geklammert. Eines dieser Kinder habe ich auf den Rücken gepackt und wir sind nach Busan geflüchtet. Dort haben wir den Sommer verbracht, dann sind wir nach Daegu gegangen. Es war leichter, mit einem Kind durchs Leben zu kommen. Alle wollten ihm etwas zum Essen geben, so habe ich uns täglich ernähren können. Auf dem Weg zurück nach Seoul habe ich das Kind die ganze Zeit auf dem Rücken getragen. Kaum sind wir dort angekommen, mussten wir wieder nach Süden fliehen, weil nordkoreanische Truppen auf dem Vormarsch waren. Unterwegs sind mir wieder Kinder zugelaufen. Da hat meine ‚Busan-Tochter' gesagt: ‚Mama, nimm noch ein Kind mit!' ‚Und was ist dann mit dir?', habe ich sie gefragt. Sie hat gemeint, sie werde dann zu Fuß gehen. So habe ich wieder ein Kind auf den Rücken gepackt. Wir sind gelaufen und gelaufen, endlos, wieder nach Daegu. Später bin ich mit meinen neuen Kindern noch einmal zwei Monate lang zu Fuß nach Seoul zurückgegangen."

Späte Öffnung

Insgesamt kümmerte sich Frau Hwang während der Kriegswirren um fünf Waisenkinder. Nachdem der Krieg im Sommer 1953 endlich vorbei war, arbeitete sie eine Zeit lang als landwirtschaftliche Gehilfin. Doch auf dem Lande hielt sie es nicht lange aus. Es zog sie zurück nach Seoul, erneut in die Nähe der Station Cheungryangri. Kleine Ersparnisse ermöglichten ihr einen großen Sprung; sie konnte sich eine Garküche leisten – sogar mit eigenem Imbissstand. So überlebte sie, ohne auf fremde Hilfe angewiesen zu sein. Ihr Überlebensrezept bestand darin, das Vergangene zu vergessen und sich mit ihrer selbstständigen Arbeit Respekt zu verschaffen:

„Ich habe meine Vergangenheit verheimlicht, weil es mir so peinlich war. Wenn ich meine Geschichte erzählt hätte, wäre ich wie eine Aussätzige behandelt worden. Deshalb habe ich geschwiegen. Nur dem Arzt habe ich alles erzählt, bevor ich operiert wurde. Er musste mir aber hoch und heilig versprechen, nichts weiterzuerzählen."

Frau Hwangs Leben veränderte sich schlagartig, als die mittlerweile verstorbene Kim Hak-Sun, ebenfalls eine ehemalige Zwangsprostituierte, Anfang der 1990er Jahre als Erste ihr Schicksal und das ihrer zahlreichen Leidensgenossinnen publik machte. Dazu gehörte großer Mut:

„Ich habe Kim Hak-Sun zum ersten Mal 1991 in den Fernsehnachrichten gesehen. Sie hat Frauen, die Ähnliches wie sie erlebt haben, aufgefordert, zu ihr nach Yongsan zu kommen und gemeinsam ein Projekt zu starten. Am nächsten Tag habe ich mich direkt auf den Weg nach Yongsan gemacht."

„Sie warten auf unseren Tod"

Die Zusammenarbeit mit Kim Hak-Sun bestand darin, sich an japanische Regierungsstellen zu wenden und diese aufzufordern, sich für das Unrecht und die Demütigungen, welche die zahlreichen Zwangsprostituierten während des Krieges erleiden mussten, zu entschuldigen. Bislang erfolglos, was Frau Hwang und ihre Mitstreiterinnen nicht daran hindert, für ihre Forderungen auch weiterhin zu kämpfen und auf die Straße zu gehen:

> „Solange ich lebe, werde ich darauf warten, dass aus Tokio endlich ein Schuldeingeständnis kommt. In den 1970er Jahren sind Japaner gewaltsam nach Nordkorea entführt worden, was die Regierung in Pjöngjang erst kürzlich öffentlich eingestanden hat. Fünf der etwa ein Dutzend verschleppten Japaner sind zwischenzeitlich in Nordkorea gestorben. Die japanischen Behörden haben deswegen ein Mordsgeschrei gemacht und verlangt, dass sich Nordkorea entschuldigt und die Opfer entschädigt. Von uns aber wollen dieselben Stellen in Japan nichts wissen und hören. Sie warten wohl nur darauf, dass wir sterben."

Frau Hwang weiß, dass ihre verlorene Jugend „nicht wieder gut zu machen" ist. Eine finanzielle Entschädigung interessiert sie in ihrem Alter kaum noch. Vom Staat bekommt sie einen Zuschuss für ihren Lebensunterhalt und die Miete, und Freunde unterstützen sie mit allem Notwendigen. Bekäme Frau Hwang jemals eine Entschädigung, würde sie das Geld ohnehin unter engen Freunden und engagierten Frauenorganisationen aufteilen. Aber sie möchte mit dem Gefühl sterben, nicht auch noch für das verachtet zu werden, was ihr die Japaner angetan haben. Ihr letzter Wunsch: Sie möchte neben Kim Hak-Sun begraben werden, weil nach ihrem Tod sonst niemand zu ihr sprechen würde. *(RW)*

(Nachtrag: Zum Zeitpunkt des Erscheinens dieses Buchs im Februar 2012 war Frau Hwang noch immer für die Rechte der ehemaligen Zwangsprostituierten aktiv)

„Trost spenden“ im Dienste des Tenno

Zu den Opfern des japanischen Militarismus in Ost- und Südostasien zählten auch schätzungsweise 200.000 Mädchen und Frauen, die als Zwangsprostituierte missbraucht wurden. Sie stammten aus Korea, China, den Philippinen, Indonesien (im ehemaligen Niederländisch-Indien waren auch niederländische Frauen betroffen), Portugiesisch-Timor (seit Mai 2002 die Republik Osttimor) und Burma/Myanmar. Von den Truppen der Kaiserlich-Japanischen Armee wurden diese Frauen zwischen 1932 und 1945 gewaltsam in Soldatenbordelle verschleppt und dort systematisch missbraucht. Die meisten der Zwangsprostituierten waren Koreanerinnen, die Zahlen schwanken zwischen 80.000 und 120.000. Die Gewalt, die ihnen angetan wurde, wurde mit vielerlei Begrifflichkeiten kaschiert – allesamt herabsetzend oder beschönigend. So wurden sie im Englischen „comfort women“ genannt, was im Deutschen „Trostfrauen“ bedeutet und die Betroffenen als willfährige „Trösterinnen“ denunziert. Während des Krieges nannte man sie in Korea *jungshindae*: jene, die „den Körper freiwillig für die Arbeit einsetzen“. Tatsächlich war dieser „Dienst“ für die Truppen des japanischen Kaisers alles andere als freiwillig. Vielmehr wurden die Frauen dutzendfach am Tag vergewaltigt.

Erst zu Beginn der 1990er Jahre brachen mutige Frauen aus Korea und den Philippinen ihr langjähriges Schweigen und machten in der Öffentlichkeit auf ihr Schicksal aufmerksam. Ein Jahrzehnt verging, bis eine internationale Gruppe von Juristinnen anlässlich eines – symbolischen – Kriegsverbrechertribunals in Tokio Kaiser Hirohito Mitte Dezember 2000 wegen Verbrechen gegen die Menschlichkeit schuldig sprach. Die Zwangsprostituierten der Kaiserlich-Japanischen Armee waren gewaltsam rekrutiert und in Hunderten von Militärbordellen, die in den oben genannten Ländern sowie in Rabaul (der japanischen Kommandozentrale während des Pazifikkrieges in Papua-Neuguinea) errichtet worden waren, systematisch missbraucht worden. Die Generalität hatte sich für den Bau solcher Bordelle eingesetzt, weil sie Unruhen in der Bevölkerungen befürchtete, wenn es zu unkontrollierten Vergewaltigungen durch marodierende japanische Soldaten gekommen wäre. Durch die militärische Kontrolle der Bordelle wollte man außerdem vermeiden, dass sich Geschlechtskrankheiten verbreiteten, und sicher stellen, dass die Opfer nicht flüchteten und eventuell militärische Geheimnisse verraten konnten. Wie viele Frauen in diesem Netzwerk des organisierten Terrors und auch noch nach der Kapitulation Japans ums Leben kamen, ist nicht bekannt.

1991 entstand der „Koreanische Rat der für sexuellen Missbrauch durch japanische Militärs zwangsrekrutierten Frauen". Anfang 1992 machte der Rat erstmalig öffentlich auf sich aufmerksam, als der damalige japanische Premierminister Miyazawa Kiichi in Südkorea zur Staatsvisite weilte. „Wir erwarten, dass die japanische Regierung die Wahrheit enthüllt", forderte die Organisation, „die Verantwortlichen zur Rechenschaft zieht, sich offiziell für diese Verbrechen entschuldigt, die Opfer gemäß internationaler Rechtsnormen entschädigt, die Geschichtsbücher korrigiert und ein Mahnmal errichtet."

Der Rat will solange protestieren, bis die japanische Regierung die volle Verantwortung für diese Kriegsverbrechen übernimmt. Ähnliche Selbstorganisationen betroffener Frauen existieren mittlerweile auch andernorts – so auf den Philippinen, in Indonesien und Osttimor. Den Opfern ist vor allem ein Dorn im Auge, dass Japan die Einrichtung eines sogenannten Wohltätigkeitsfonds billigte, der sich aus Privatspenden speist und aus dem in Einzelfällen und selektiv Gelder an Betroffene gezahlt werden – ein verdeckter Ablasshandel im Habitus der Mildtätigkeit. Hingegen haben japanische Gerichte Entschädigungsklagen ehemaliger Zwangsprostituierter (und auch von Zwangsarbeitern) bislang stets abgeschmettert.

So groß anfänglich der Schock war, als 1991 die mittlerweile verstorbene Kim Hak-Sun das Schicksal der Zwangsprostituierten der japanischen Armee enthüllte, so beharrlich widersetzen sich seitdem die Herrschenden in den jeweiligen Ländern der Aufarbeitung der Vergangenheit. Weitere lange Jahre vergingen, bis dieses heikle Kapitel des japanischen Militarismus auch international Beachtung fand und die Sonderberichterstatterin der Vereinten Nationen, Gay McDougall, im Jahre 1998 die Vergewaltigungscamps der japanischen Armee als „eklatante Menschenrechtsverletzung" einstufte.

Wie viele überlebende Zwangsrekrutierte es in Ost- und Südostasien sowie im Pazifik noch gibt, ist unbekannt. In Südkorea, so berichtete die Seouler Tageszeitung „JoongAng Ilbo" am 7. August 2003, lebten im Jahre 2002 noch insgesamt 132 von ihnen (vermutet wird eine geringfügig höhere Zahl in Nordkorea), die bis dahin vergeblich auf Schuldeingeständnisse oder Entschädigungszahlungen gewartet hatten. *(RW)*

Der Autor ist folgenden Personen zu besonderem Dank verpflichtet: Kim Eun-Sik, Generalsekretär des „Koreanischen Rates für die Rehabilitierung der Gewaltopfer während des Zweiten Weltkrieges" (Seoul), und der Übersetzerin Jung-Hwa Nataly Han vom Korea-Verband e.V. (Berlin).

Weiterführende Lektüre

Choi, Mira/Mühlhäuser, Regina (1996): *„Wir wissen, dass es die Wahrheit ist ..." Gewalt gegen Frauen im Krieg – Zwangsprostitution koreanischer Frauen 1936-1945*. Berlin.

Evangelisches Missionswerk in Südwestdeutschland e.V. (Hg.) (2000): *Comfort Women – Zwangsprostitution der japanischen Armee 1933-1945. Zwangsprostitution – nie wieder!* Informationsdienst Ostasien 02. Stuttgart.

Jun, Tschongmo (1995): *Meine Mutter war eine „Korea-Nutte"*. Übersetzung aus dem Koreanischen von Helga Picht. Schwedt.

Koreanische Frauengruppe in Deutschland (Hg.) (1996): *In die Prostitution gezwungen: Koreanische Frauen erinnern sich. Zeugenaussagen aus dem japanischen Asien-Pazifik-Krieg*. Osnabrück.

Koreanische Frauengruppe Berlin e.V. (1993): *Menschenrechte – Frauenwürde. Krieg und Vergewaltigung*. Bericht zur Internationalen Konferenz in Berlin. Berlin.

Imperiales Design

Für Japans Kriegswirtschaft wurden die Länder Südostasiens zu gewaltigen Opfern gezwungen.

Am 1. August 1940 verkündete die Regierung in Tokio offiziell ihr Konzept der „Größeren Ostasiatischen Gemeinsamen Wohlstandssphäre“. Wenige Tage zuvor hatte Außenminister Matsuoka Yosuke erstmals während einer Pressekonferenz von dieser imperialen Idee gesprochen. Japans Außenpolitik, so Matsuoka, werde darangehen, „die Größere Ostasiatische Gemeinsame Wohlstandssphäre mit Japan, der Mandschurei und China als ihrem Kern zu errichten.“

„Die Welt“, so begann die japanische Regierungserklärung,

> „ist an einem Wendepunkt angelangt, an dem neue Formen der Regierung, Wirtschaft und Kultur entstehen (...) Um in dieser Lage unsere nationale Politik in Übereinstimmung mit dem hehren Geist, in dem unser Land gegründet wurde, durchzusetzen, stellen wir uns der bedeutsamen Aufgabe und dringlichen Notwendigkeit, den unausweichlichen Entwicklungen der Weltgeschichte Rechnung zu tragen, zügig grundlegende Erneuerungen in allen Bereichen der Regierung einzuleiten und die Vervollkommnung einer Staatsstruktur anzustreben, die für die nationale Verteidigung entsprechend gewappnet ist.“

Neue nationale und internationale Herausforderungen

Als vorrangiges Ziel formulierte die Erklärung vom 1. August 1940 die Schaffung des Weltfriedens im Gründergeiste Japans. Als erster Schritt in diese Richtung „dient der Aufbau einer neuen Ordnung im Größeren Ostasien, dessen Fundament die Solidarität von Japan, Mandschukuo und China ist.“ Die nationale Verteidigung und Außenpolitik Japans müssten so gestaltet werden, dass das Land den neuen nationalen und internationalen Herausforderungen – darunter „eine vollständige Beilegung der China-Angelegenheit“ – gemäß seiner Stärke vollauf gewachsen sei. Sämtliche internen Strukturen sollten so weit verändert und erneuert werden, dass sie sich „in Harmonie mit den fundamentalen Prinzipien der nationalen Politik befinden“. Landesweit wollte die Regierung ethische Grundsätze verankern, „die den Dienst für den Staat über alles stellen und selbstsüchtige und materialistische Gedanken ausmerzen“. Staat, Gesellschaft und das Kaiserhaus sollten im nationalen Interesse künftig enger zusammen arbeiten.

Weiter hieß es in dem Dokument vom 1. August 1940: „Der Aufbau der nationalen Verteidigungswirtschaft basiert auf der autonomen Entwicklung der Wirtschaften von Japan, Mandschukuo und China mit Japan als ihrem Zentrum." Anschließend wurde in 11 Punkten skizziert, wie Japans Verteidigungswirtschaft am Besten zu organisieren sei. Dazu zählten beispielsweise die Einführung einer staatlich geplanten und geregelten Wirtschaft, die enge Zusammenarbeit von Regierung und Bevölkerung sowie die Perfektionierung eines vereinheitlichten Kontrollsystems in den Bereichen Produktion, Verteilung und Konsum lebensnotweniger Güter, um die Selbstversorgung des Landes zu garantieren. Das Finanzwesen sollte effektiver gestaltet und der Bankensektor unter staatliche Aufsicht gestellt werden. Das Ziel: eine „epochale Ausweitung solch lebensnotwendiger Industrien wie der chemischen, Maschinen- und Schwerindustrie, gekoppelt mit einer ebenso bahnbrechenden Förderung der Wissenschaft und der Rationalisierung der Produktion".

„Asien den Asiaten"

Das Konzept der Größeren Ostasiatischen Gemeinsamen Wohlstandssphäre zielte im Innern auf die Umgestaltung von Staat, Gesellschaft, Politik und Wirtschaft ab, um für die bevorstehenden Kriegshandlungen in der Region gewappnet zu sein. Gleichzeitig berücksichtigte es den antikolonialen und antiimperialistischen Geist, der zahlreiche Länder Ost- und Südostasiens erfasst und zum Widerstand gegen die westlichen Kolonialmächte getrieben hatte. Diese Bestrebungen wurden in der griffigen Losung „Asien den Asiaten" zum Ausdruck gebracht. Schließlich war das Konzept der Größeren Ostasiatischen Gemeinsamen Wohlstandssphäre auch Teil der Strategie Japans, im Westen die Allianz mit den faschistischen Regime in Deutschland und Italien zu festigen, um:

- sich für die Invasion in China den Rücken frei zu halten, wo Japans Feldzug aufgrund der Zusammenarbeit zwischen Nationalisten (Guomindang) und Kommunisten schwieriger und verlustreicher verlief als ursprünglich angenommen;
- die Invasion anderer Länder Südostasiens vorzubereiten, um sich deren Bodenschätze anzueignen (beispielsweise Öl in Niederländisch-Indien und Kautschuk in Indochina) und die eigene Kriegsindustrie auszuweiten sowie
- die europäischen Kolonialmächte (England, Frankreich und die Niederlande) in der Region zu schwächen, die mittlerweile in Europa in den Zweiten Weltkrieg hineingezogen worden waren.

In Japan stieß die Propaganda für die Größere Ostasiatische Gemeinsame Wohlstandssphäre auf keinen nennenswerten Protest oder Widerstand. Die überwiegende Mehrheit der Bevölkerung konnte sich damit identifizieren. Stärkte die neue Politik doch die Binnensolidarität, den unerschütterlichen Glauben an die eigene herausragende Stellung in Asien und an die Mission der eigenen Regierung in der Region: einen von Japan dirigierten autarken Block asiatischer Nationen zu schaffen, der frei von Einflüssen westlicher Mächte sein sollte. Entsprechend wurden die Invasionen der Kaiserlich-Japanischen Truppen in Ostasien, Südostasien und im Pazifik im Land selbst als der „Große Ostasiatische Krieg zur Befreiung Asiens vom Joch des europäischen und amerikanischen Kolonialismus" bezeichnet.

Kernidee der Größeren Ostasiatischen Gemeinsamen Wohlstandssphäre war die ökonomische und politische Zurichtung der ost- und südostasiatischen sowie pazifischen Peripherien auf das japanische Zentrum hin. Um dieses Zentrum sollten sich – in Form kleinerer und größerer konzentrischer Kreise – unterschiedliche Länder gruppieren, aus denen Tokio die für den Unterhalt seiner Kriegsmaschinerie benötigten Ressourcen beziehen würde – von Bodenschätzen bis hin zu „Menschenmaterial". Zum engsten Kreis zählten das östliche China, Korea und die Insel Formosa (Taiwan), die als Reiskammern Japans dienen sollten. Aus Korea wurden Arbeiter zwangsrekrutiert, die in japanischen Bergwerken, in der Schwer- und Rüstungsindustrie sowie beim (Aus-)Bau von Straßen und Häfen eingesetzt wurden. Ein größerer Kreis umfasste neben dem Kernland Chinas Kontinentalsüdostasien (im Westen bis einschließlich Thailand) und mit den Philippinen einen Teil des insularen Südostasiens. Die äußere Peripherie stellte die pazifische Inselwelt (einschließlich Indonesien, Papua-Neuguinea, Nordaustralien) dar und der indische Subkontinent, mit Burma als Brücke zwischen Südost- und Südasien. Aus diesen Regionen sollten jeweils strategisch wichtige Rohstoffe (von Erdöl, Kupfer, Kautschuk und Bauxit bis hin zu Baumwolle und Zitrusfrüchten) bezogen werden, die sowohl zivilen wie militärischen Zwecken dienen und Japan befähigen würden, sich gänzlich unabhängig vom Handel mit anderen Ländern und Regionen zu machen und Embargomaßnahmen des Westens zu unterlaufen. Gleichzeitig wollte sich Japan in diesen Regionen Absatzmärkte für seine Produkte und Land für Siedlungsprogramme sichern.

Wären diese imperialen Kalküle Tokios aufgegangen und seine Truppen über Burma siegreich nach Indien vorgerückt, hätte dort ein erfolgreiches Zusammentreffen mit den Truppen Nazi-Deutschlands erfolgen sollen. Sofern es den Nazis geglückt wäre, sich ihrerseits über die Sowjetunion und ihre zentralasiatischen Republiken – mit Hilfe der in der Wehrmacht beziehungsweise Waffen-SS integrierten „Indischen Legion" – siegreich den Weg bis zum indischen Subkontinent zu bahnen.

Die Idee eines „erstklassigen Landes"

Das Konzept der Größeren Ostasiatischen Gemeinsamen Wohlstandssphäre war nicht grundlegend neu. Es knüpfte an Vorstellungen an, die bereits im späten 19. Jahrhundert entstanden und in den 1920er und 1930er Jahren verfeinert worden waren. Die Vorstellung, dass die Japaner „allen anderen asiatischen Rassen" kulturell überlegen seien, grassierte bereits im späten 19. Jahrhundert. Fukuzawa Yukichi (1835-1901), einflussreicher Autor, politischer Theoretiker, Pädagoge und Gründer der Keio-Universität, vertrat bereits in seiner 1882 veröffentlichten Schrift „Japans Mission in Asien" die Auffassung einer asiatischen Leitkultur unter japanischer Führung, eine Idee, die vor allem nach dem Sieg gegen Russland (1904/05) enormen Rückenwind erhalten hatte. Immerhin war es Japan erstmalig geglückt, eine westliche Macht in die Knie zu zwingen und den eigenen Führungsanspruch zu untermauern. In diese Zeit fiel auch die Gründung mehrerer ultranationalistischer Gruppierungen wie der „Schwarzer-Drachen-Gesellschaft", die geheimdienstliche Tätigkeiten in Russland, den USA und einigen Ländern Südostasiens (z.B. den Philippinen) mit messianischem Sendungsbewusstsein „der einzigartigen, moralisch reinen, auf die Sonnengöttin Amaterasu zurückgehenden Yamato-(japanischen) Rasse" und kolonialen Ambitionen verknüpften.

Kolonialbesitz sah Japan als eine Vorbedingung dafür an, international Ansehen zu erlangen und in die Phalanx der „erstklassigen Länder" (*ittô koku*) vorzustoßen. Doch unter den Kolonialmächten spielte Japan keine bedeutende Rolle. Das Land und seine Regierung empfanden die Haltung des Westens als eine Mischung aus Zwang, Demütigung und Provokation. 1919 war auf der Versailler Friedenskonferenz das Ansinnen Japans, in das Regelwerk des Völkerbundes eine Klausel über die Rassengleichheit aufzunehmen, brüsk abgelehnt worden. Als es 1921–22 auf der Washingtoner Konferenz darum ging, in Marineverträgen die Höchstgrenze von Kriegsschiffen festzulegen, fühlte sich Japan wiederrum benachteiligt; es wurde eine Regelung im Verhältnis von 5:5:3 für die USA, Großbritannien und Japan getroffen. Und im Jahre 1924 wurde in den USA ein Gesetz erlassen, dass Japanern die Immigration in die Vereinigten Staaten untersagte.

Brutale Folgen

Alle diese Maßnahmen begünstigten in Japan eine Politik, die letztlich im Konzept der Größeren Ostasiatischen Gemeinsamen Wohlstandssphäre ihren Ausdruck fand. Um diese gegenüber den Nachbarn hoffähig zu machen, propagierte die japanische Regierung als eines ihrer Ziele, den noch vom westlichen Kolonialismus unterdrückten Ländern beizustehen und ihnen zur Unabhängigkeit zu verhelfen. Dabei wähnte sich das Kaiserreich „als Zentrum und Pionier der orientalischen Moral und des kulturellen Wiederaufbaus".

Doch schon bald musste die Bevölkerung in den besetzten Ländern am eigenen Leib erfahren, wie wenig die Wirklichkeit der neuen japanischen Ordnung mit den hehren Idealen der Gemeinsamen Wohlstandssphäre gemein hatte. Die neuen Kolonialherren zeigten eine – vielfach abgrundtiefe – Verachtung der lokalen Sitten, Bräuche und Glaubensvorstellungen und setzten eine umfassende „Japanisierung" durch. Die Folge: Hunderttausende Menschen in den Ländern Ost- und Südostasiens wurden gefoltert, hingerichtet oder starben infolge von Zwangsarbeit. Die Größere Ostasiatische Gemeinsame Wohlstandssphäre entpuppte sich letztlich als zumindest ebenso repressives Regime wie das des westlichen Imperialismus. *(RW)*

Weiterführende Lektüre

Fukuzawa, Yukichi (1963): *„Datsu-a Ron" (On Saying Good-bye to Asia).* Reprinted in: Takeuchi Yoshimi (ed.): Azia Shugi (Asianism) Gendai Nihon Shiso Taikei (Great Compilation of Modern Japanese Thought), vol. 8, pp. 38-40. Tokyo.

Nishikawa, Shunsaku (1993): *Fukuzawa Yukichi (1835–1901),* in: Prospects: quarterly review of comparative education. 23-3/4: 493-506. UNESCO: International Bureau of Education. Geneva/Paris.

Rheinisches JournalistInnenbüro/Recherche International e.V. (2005) (Hg.): *„Unsere Opfer zählen nicht" – Die Dritte Welt im Zweiten Weltkrieg.* Berlin/Hamburg (hier: das Asien-Kapitel).

Saaler, Sven (2000): *Zwischen Demokratie und Militarismus: Japans Kaiserliche Armee in der Politik der Taisho-Zeit 1912–1926.* Bonn.

„Ihre Seelen müssen endlich Ruhe finden"

Wie viele seiner Landsleute wurde der Koreaner Chung Ki-Young während des Zweiten Weltkriegs als „Studentensoldat" in die japanische Armee gepresst.

Um die Macht des Kaiserreiches zu nähren und Japans Wohlstand zu mehren, wurden Ende der 1930er Jahre immer mehr Koreaner im Rahmen der allgemeinen Mobilmachung für den bevorstehenden Krieg im Pazifik und gegen die Länder Südostasiens dienstverpflichtet und zwangsrekrutiert. Dies betraf insgesamt über 4,5 Millionen Menschen, die im Lande selbst mobilisiert oder an verschiedene Fronten des Kriegs geschickt wurden.

Unter ihnen befand sich auch Chung Ki-Young. Ich treffe ihn in dem kleinen Seouler Büro einer südkoreanischen Nicht-Regierungsorganisation, die seit Jahren über die Schicksale koreanischer Opfer vor und während des Zweiten Weltkrieges forscht. Herr Chung, ein rüstiger Mann in seinen Achtzigern mit weißen Haaren, trägt einen eleganten Markenanzug mit Krawatte. Er spricht langsam, seine Augen und sein Lächeln strahlen Warmherzigkeit aus. Und er nimmt sich viel Zeit für den Besucher, zeigt mir Karten und Bücher zur koreanischen Geschichte des Krieges, an denen er mitgewirkt hat. Immer wieder kommt Chung auch auf Europa und Deutschland zu sprechen:

> „Wenn die japanischen Behörden nach dem Krieg nur einen Bruchteil dessen geleistet hätten, was bei Ihnen in Deutschland bei der Aufarbeitung der Nazi-Vergangenheit getan wurde", sagt er, „hätte das mein eigenes Engagement in all den Jahren sehr erleichtert."

In Chinju, in der Nähe der südkoreanischen Hafenstadt Busan, wurde Chung Ki-Young im Jahre 1920 geboren. 1942 begann er an der damaligen Reichsuniversität in Tokio Geschichte Ostasiens zu studieren. Anfang 1944 kehrte er nach Korea zurück, um sein Studium an der Keijo Reichsuniversität (nach der Befreiung in Seouler Nationaluniversität umbenannt) fortzusetzen und seine Abschlussarbeit vorzubereiten. Zum Diplom kam er allerdings nicht mehr.

Denn Chung Ki-Youngs Leben änderte sich abrupt, als japanische Militärs ihn am 20. Januar 1944 zwangsweise einzogen. Über Nacht war aus einem Studenten ein sogenannter Studentensoldat geworden. Dieses Schicksal ereilte auch zahlreiche seiner Kommilitonen:

„Mit einem Schlag sind wir zu Soldaten der Kaiserlich-Japanischen Armee gemacht worden. In der ersten Woche haben wir mehrere Impfungen über uns ergehen lassen müssen, dann wurden wir in die Stadt Daegu südlich von Seoul verfrachtet. Dort war die ‚Einheit 80' stationiert, ein Regiment, dem wir von nun an angehört haben. Wenig später hat man uns in den Zug Richtung Norden gesetzt. Nach einigen Tagen sah ich Teile der ‚Großen Mauer' – wir waren tatsächlich in China angekommen! In der Nähe von Shanghai haben uns die Japaner in die 60. Division eingegliedert. So weit ich es überblicken konnte, befanden sich etwa 300 koreanische Studentensoldaten mit mir. Einige, darunter auch ich, haben eine sechsmonatige Offiziersausbildung erhalten."

Als Zugführer und Offizier wurde Chung Ki-Young im Juni 1945 ins 13. Hauptquartier der japanischen Truppen in Shanghai verlegt. Dort erfuhr er rein zufällig, dass ein Freund von ihm namens Han Seong-Ju von der japanischen Polizei gefangen genommen, als Geldbeschaffer der koreanischen Untergrundarmee beschuldigt und daraufhin hingerichtet worden war. „Ich war schockiert und wie gelähmt", erinnert sich Chung,

„Han Seong-Ju war ein enger Freund von mir. Ich habe gewusst, dass auch in und um Shanghai koreanische Partisanen verdeckt operierten und Kontakt zu dem Führer der nationalistischen Bewegung Kim Kyu-Shik unterhalten haben. Sofort bin ich mit unserem Hauptquartier in Kontakt getreten und habe erfahren, dass die Nachricht über Hans Tod tatsächlich stimmte."

Wie Müll verscharrt

Der Tod des Freundes, so Herr Chung, habe ihn tief erschüttert und erstmalig über seine Flucht nachdenken lassen. Da er Offizier war, hatte er wenigstens ab und zu Gelegenheit, in der Stadt auszugehen:

„Während eines Ausgangs in Shanghai ist es mir und drei koreanischen Kameraden gelungen, uns von der Truppe abzusetzen und zu den Partisanen durchzuschlagen. Zu dieser Zeit operierten in China mehrere koreanische Guerillagruppen, die hinter den Frontlinien die Japaner bekämpften. Uns ist es schließlich geglückt, Verbindung mit Leuten aufzunehmen, die ihrerseits Kontakt zur Nationalrevolutionären Sozialistischen Partei unterhalten haben. Ihre Anhänger sind hauptsächlich in der Umgebung von Hangzhou nahe Shanghai aktiv gewesen."

„In den letzten Kriegstagen", setzt Herr Chung weiter fort,

> „hat überall große Aufregung und Verwirrung geherrscht. Wie ein Lauffeuer hat sich die Nachricht über die Kapitulation Japans verbreitet. Selbst auf großen Wandzeitungen ist das zu lesen gewesen. Die Leute haben nur noch versucht, sich irgendwie in Sicherheit zu bringen. Mit einigen meiner Kameraden bin ich kurzzeitig der Kumhua beigetreten, der Koreanischen Unabhängigkeitsarmee. Diese hat für die gemeinsame Sache gekämpft, nämlich die Befreiung unseres Landes. Aber in ihr gab es zwei Fraktionen – eine war nationalistisch ausgerichtet, die andere stand ideologisch der Nationalrevolutionären Sozialistischen Partei nahe."

Während seiner Zeit in China hörte Chung Ki-Young auch erstmalig vom Schicksal Zehntausender Koreanerinnen, die in japanische Militärbordelle verschleppt und dort systematisch vergewaltigt worden waren. Er selbst konnte mit einigen betroffenen Frauen sprechen und bot ihnen an, sich für sie einzusetzen und nach seiner Rückkehr ihre Verwandten aufzusuchen:

> „Doch die Frauen haben uns angefleht, das auf keinen Fall zu tun – offensichtlich aus tiefer Scham und aus Furcht, dann erst recht keine Chance mehr zu bekommen, wieder in den Kreis ihrer Verwandten und Bekannten aufgenommen zu werden. Wir haben ihnen schließlich angeboten, sie mitzunehmen. Die meisten Frauen sind mit uns gekommen. Insgesamt waren wir etwa 1.500 Personen, denen es in kleineren und größeren Gruppen gelungen ist, sich per Schiff und auf langen Fußmärschen nach Seoul durchzuschlagen. Nach sieben Monaten sind wir dort Mitte März 1946 eingetroffen."

Mit dem Kriegsende hatte Chung Ki-Young, wie er betont, doppeltes Glück. Er fand schnell Arbeit und kam auch noch in den Genuss einer größeren Erbschaft. Chung arbeitete einige Jahre in der staatlichen „Behörde für die Herausgabe der koreanischen Geschichte" mit und veröffentlichte mehrere Artikel in koreanischen und japanischen Zeitschriften, die sich mit der Rolle Koreas vor und während der Kriegszeit befassten. Seine Erinnerungen ließen ihn nie ruhen. Selbst nachdem er in Pension gegangen war, recherchierte er jahrelang über das Schicksal derer, die wie er direkt von der Universität an die japanische Kriegsfront verschickt worden waren.

> „Von den mindestens 1,6 Millionen koreanischen Zwangsarbeitern haben die Japaner 360.000 Mann in ihre Armee gepresst. Darunter etwa 7.000 Studentensoldaten. Selbst

NHK, die staatliche japanische Rundfunk- und Fernsehanstalt, hat vor einiger Zeit darüber berichtet, dass ein solches Schicksal Tausenden Koreanern widerfahren ist."

Der Tod seines Freundes Han Seong-Ju bedrückt Chung Ki-Young bis heute:

„Wie Han sind zig Koreaner von den Japanern hingerichtet und danach einfach wie Müll verscharrt worden. Bis zu meinem Lebensende werde ich dieser Menschen gedenken und tun, was in meiner Kraft steht, um ihnen eine würdige letzte Ruhestätte zu verschaffen. Das bin ich ihnen schuldig, weil ich im Gegensatz zu ihnen Glück im Leben gehabt habe und überleben durfte. Ihre Seelen müssen endlich zur Ruhe kommen."

Seit 1991 reiste Chung über 40-mal nach Japan, um dort Archivstudien zu betreiben und mit japanischen Historikern und Angestellten des Wohlfahrtsministeriums zu sprechen. Seither ist es ihm gelungen, mit Hilfe von Freunden 1.200 koreanische Opfer des Zweiten Weltkriegs in die Heimat zu überführen und sie dort angemessen zu bestatten. Und gemeinsam mit Gleichgesinnten ließ Chung Ki-Young in ehrendem Gedenken an ihre früheren Leidensgefährten zuerst in Seoul und später in der Hafenstadt Busan ein Mahnmal errichten. *(RW)*

(Nachtrag: Herr Chung verstarb vor Drucklegung dieses Buches).

Wie Hunde und Schweine

Verdrängte Schuld: Zehntausende der Atombombenopfer von Hiroshima und Nagasaki waren Koreaner.

US-Präsident Harry S. Truman nannte es einen „Regen der Zerstörung aus der Luft": Am 6. und 9. August 1945 zündete die US-Luftwaffe über Hiroshima und Nagasaki zwei Bomben mit jeweils mehr als 200.000 Tonnen Sprengkraft. 400.000 Menschen starben bis heute aufgrund von Spätfolgen der atomaren Verseuchung. Im sogenannten kritischen ersten Stadium betrug die Gesamtzahl der Atombombentoten in den Städten Hiroshima und Nagasaki zirka 120.000 beziehungsweise 70.000 Menschen.

Beim alljährlichen Gedenken an diese Katastrophe gerät regelmäßig die Opferrolle Japans ins Blickfeld weltweiter Aufmerksamkeit, während ein anderes Volk ebenso regelmäßig ausgeklammert bleibt. Doch etwa ein Viertel der Toten im nuklearen Hades waren Koreaner, die von der Kaiserlich-Japanischen Armee bei ihren imperialistischen Feldzügen deportiert und in Japan zum Arbeitseinsatz in Werften, Kohlengruben und Rüstungsbetrieben zwangsverpflichtet worden waren. Die Aufarbeitung dieses dunklen Kapitels der japanischen Geschichte begann erst zwei Jahrzehnte nach Kriegsende und ist über Ansätze nie hinaus gekommen.

Traumatisiert und gedemütigt

Als in den 1950er Jahren die von etwaigen Entschädigungszahlungen an einstige Zwangsarbeiter unbehelligten Firmen des japanischen Big Business wieder in neuem Glanz erstrahlten, bekannte sich die Regierung in Tokio erstmals in juristischer Form zur Fürsorgepflicht gegenüber den Strahlenopfern von Hiroshima und Nagasaki – den „Hibakusha". (*) Am 30. April 1952 wurde das „Gesetz zur Versorgung der Kriegsversehrten und Kriegshinterbliebenen" verkündet, das allerdings nicht für „normale Bürger" galt. Noch schlimmer erging es den koreanischen Hibakusha; sie fristeten eine Existenz zwischen Traumatisierung, Demütigung und Ignoranz. Stellvertretend für das Schicksal der 20.000 Zwangsarbeiter in Nagasaki, die bis 1945 zum Dienst für den Mitsubishi-Konzern abkommandiert waren (der dort Kreuzer und Torpedoboote für die kaiserliche Kriegsmarine fertigte und reparierte) gab der Augenzeuge Pak Su-Ryong zu Protokoll: „Zwangsarbeiter wurden seinerzeit ausnahmslos in Baracken gesteckt. Wie Hunde und Schweine. Viele kamen aus dem Norden (Koreas – Anm. d. A.). Sie haben die Camps nicht verlassen, mit niemandem reden dürfen. (...) Sie wurden mit Bohnenkeks gefüttert, das in Japan als Schweinefutter gilt. Als die Bombe fiel, sind viele aus den Baracken geflohen, aber nur wenige überlebten."

Da für die überlebenden Koreaner nach dem Abwurf der Atombomben in den wenigen erhaltenen Gebäuden an der Peripherie von Hiroshima und Nagasaki kein Platz war, kehrten sie oft als erste in die verseuchte Atomwüste nahe dem Explosionsnullpunkt zurück, um dort zu campieren. Waren sie verwundet, wurden sie als Letzte ärztlich versorgt. Wie weit diese Erniedrigung nachwirkte, zeigten selbst Kontroversen um die angemessene Würdigung der koreanischen Opfer im Friedenspark von Hiroshima. Während der Gedenkstein für die japanischen Atombombenopfer inmitten des Friedensparks steht, befand sich das Mahnmal zur Erinnerung an die Koreaner bis vor wenigen Jahren außerhalb des Parks auf der anderen Flussseite. Erst nach langjährigen Auseinandersetzungen gemahnt nunmehr auch eine Stele im Friedenspark an die koreanischen Hibakusha.

Nach Kriegsende klammerten sich viele der in Japan registrierten Koreaner (im August 1945 über 2,3 Millionen) an die Hoffnung, möglichst bald in ihre Heimat zurückkehren zu können. Die etwa 30.000 Hibakusha glaubten fest daran, dass sie zu Hause ein besseres Leben erwartete als im japanischen Nachkriegschaos. Viele Koreaner verkauften ihre letzte Habe in Japan, um den Seeweg in die Heimat antreten zu können. Je ärmer die Rückkehrer, desto zerbrechlicher waren ihre Boote, mit denen sie nach Hause fuhren. Wie viele dieser ersten „boat people" Ostasiens nach 1945 untergingen und ertranken, wurde in keiner Statistik erfasst.

Bereits 1947 ließ die Rückkehrbereitschaft der Koreaner spürbar nach. Ursache dafür waren die politische und wirtschaftliche Lage Südkoreas unter der amerikanischen Militärregierung und die rigide Beschränkung für mitgeführtes Bargeld. Nach Statistiken des japanischen Ministeriums für Sozialfürsorge gab es Ende der 1940er Jahre noch 647.000 Koreaner in Japan. Fast 80 Prozent hatten erklärt, trotz aller Widrigkeiten heimkehren zu wollen – der Beginn des Koreakrieges im Sommer 1950 durchkreuzte diesen Wunsch für eine lange Zeit.

Ausgegrenzt

Den Hibakusha wurde in Südkorea weder ein Anspruch auf bezahlbare ärztliche Betreuung noch öffentliche Hilfe zugestanden. Appelle an den südkoreanischen, japanischen und amerikanischen Staat verhallten ungehört.

In dem 1965 auf Druck der USA zustande gekommenen „Normalisierungsvertrag" mit dem ehemaligen Aggressor Japan verzichtete das südkoreanische Militärregime gegen Zahlung von umgerechnet 500 Millionen Dollar auf jedwede weitere Entschädigung für die Gräuel der Kolonialzeit. Das Geld verwendete Seoul für Prestigeprojekte und den Bau von Autobahnen, während die Opfer der Okkupationszeit leer ausgingen. Auf eben diesen Vertrag, mit dem der damalige südkoreanische Diktator Park Chung-Hee seine Bevölkerung verriet, beruft sich die Regierung in Tokio bis heute, um den in Korea lebenden Atombombenopfern eine Wiedergutmachung vorzuenthalten.

Die USA verweigerten Zahlungen an die koreanischen Hibakusha stets mit dem Argument, der Sieger eines Krieg hafte nicht für dessen Folgen. Eine Position, die allein deshalb absurd ist, weil Präsident Truman die Entscheidung über den Abwurf der Atomwaffen Anfang August 1945 in einem Augenblick traf, als die Kapitulation Japans unmittelbar bevorstand. Es sollte in jenen Tagen schlichtweg die letzte, sich auf lange Sicht bietende Gelegenheit genutzt werden, die neue Uran- beziehungsweise Plutonium-Waffe in einem „wirklichen" Krieg zu testen und das gegenüber der Sowjetunion zu demonstrieren.

Die koreanischen Zwangsarbeiter in Hiroshima und Nagasaki befanden sich nicht im Kriegszustand mit den USA – zumindest humanitärer Beistand nach dem 6. beziehungsweise 9. August 1945 wäre angemessen gewesen. Dazu kam es nie. *(RW)*

(*) Hibakusha (wörtlich: „gebombter Mensch") nannte man nach dem Krieg jene Personen, die die Atombombenabwürfe über Hiroshima und Nagasaki als Strahlenopfer überlebten.

Weiterführende Lektüre

Hippin, Andreas (2005): *Hiroshima-Opfer: „Ihre Narben glänzten im Licht der Sonne"*, in: SPIEGEL online, 02.08.

Im Auge des Taifuns – Atomare Schicksale und Strategien in Korea (1987). Basisinfo 26 des Vereins für Friedenspädagogik Tübingen e.V.

Komitee zur Dokumentation der Schäden der Atombombenabwürfe von Hiroshima und Nagasaki (Hg.) (1988): *Leben nach der Atombombe: Hiroshima und Nagasaki 1945–1985*. Frankfurt am Main/New York.

Tashiro, Elke/Tashiro, Jannes Kazuomi, in: *die tageszeitung* (taz). Berlin, 5.8.1982.

The Children of the Atom - The Cases of the Second Generation Atom-bomb Victims, Seoul 1986 – Dokumentation verfasst von Park Soo-Bok im Auftrag der Korea Church Women United.

Kapitel II

Der 38. Breitengrad – Teilung und Krieg

(1945–1953)

Verbrannte Erde

Der Koreakrieg (1950–53) war ein erbittert geführter Bürgerkrieg und zugleich der erste „heiße Konflikt" im Kalten Krieg.

„Vor uns stand eine merkwürdige, etwas vorgebeugte Gestalt mit gespreizten Beinen und seitwärts gestreckten Armen. Er hatte keine Augen, und seinen ganzen Körper, der fast überall durch verbrannte Stofffetzen hindurch sichtbar war, bedeckte eine harte schwarze, mit gelbem Eiter gesprenkelte Kruste. Der Mann musste stehen, weil sein Körper keine Haut mehr hatte, sondern von einer leicht zerbrechlichen mürben Kruste überzogen war. Ich dachte an die Hunderten von niedergebrannten Dörfern, die ich persönlich gesehen hatte, und stellte mir die Verlustliste vor, die an der Koreafront ins Unermessliche wachsen musste."

Der britische Korea-Korrespondent René Cutforth über die Opfer einer bis dahin unbekannten chemischen Substanz, die erstmals flächendeckend auf der koreanischen Halbinsel als Kriegsmittel eingesetzt wurde: Napalm.

„Unmittelbar nach der Befreiung begann der Kalte Krieg, der eigentlich bis zu Beginn der 1990er Jahre andauerte. Und mit dem Krieg kam die Teilung unseres Landes. Das Tragischste war, dass das alltägliche Leben stets durch Unterdrückung und Bevormundung geprägt war und unsere Familien zerrissen blieben. Die Nord- und Südkoreaner mussten jahrelang auf rauchenden Kanonenrohren ihren Reis kochen."

Hwang Suk-Yong, Südkoreas bedeutendster zeitgenössischer Schriftsteller, am 25. Juni 2005 im Gespräch mit dem Autor

Sehnlichst hatten die Koreaner gehofft, das Ende des Zweiten Weltkrieges werde ihnen nach 36-jähriger Kolonialherrschaft die Freiheit bescheren. Doch bereits vor Unterzeichnung der Kapitulationsurkunde durch Japan am 2. September 1945 hatten sich die Siegermächte USA und Sowjetunion darauf verständigt, Korea entlang des 38. Breitengrads in zwei Besatzungszonen aufzuteilen und das Land zumindest fünf Jahre lang treuhändisch zu verwalten.

Nördlich des 38. Breitengrades hatte die Rote Armee das Sagen und protegierte den antijapanischen Partisanenverband des späteren Präsidenten Kim Il-Sung. Südlich des 38. Breitengrades kontrollierten die USA das politische Geschehen. Washington verhalf dort dem eigens aus amerikanischem Exil nach Seoul eingeflogenen Dr. Rhee Syngman zur Macht – entgegen dem Willen der damals überall in Korea rasch entstandenen Volkskomitees. Diese waren, erstmalig in der Geschichte des Landes, Ausdruck einer breiten Massenbewegung, deren vorrangiges Ziel darin bestand, die eigenen Belange selbstbestimmt und demokratisch zu regeln. Führend beteiligt an dieser Bewegung waren sowohl Nationalisten, wie Konservative, Sozialisten und Kommunisten, die auf unterschiedliche Weise gegen die japanische Kolonialmacht opponiert oder als Partisanen militärisch Widerstand geleistet hatten und die nunmehr über widerstreitende Ideen und Ideologien hinaus ein zentrales Anliegen einte – das koloniale Erbe schnellstmöglich zu beseitigen und die Weichen für ein unabhängiges und demokratisches Korea zu stellen.

Es waren die Volkskomitees, die diese Vision verfolgten, die mit Kriegsende die Verwaltung des Landes übernahmen und auf ihrer Repräsentativversammlung am 6. September 1945 in Seoul die gesamtnationale Volksrepublik Korea proklamierten und eine Regierung wählten. Diese fühlte sich folgenden zentralen Zielen verpflichtet: Durchführung einer umfassenden Land- und Agrarreform, Nationalisierung großindustrieller Komplexe sowie die Durchsetzung des Achtstundentags, eines Mindestlohns und von Preiskontrollen bei wichtigen Nahrungsmitteln und Mieten. Diese Forderungen waren außerordentlich populär und wurden landesweit unterstützt. Dennoch hielt sich diese Regierung nur kurz an der Macht – und die internationale Anerkennung blieb ihr versagt.

„Befriedung“ statt Unabhängigkeit

Während Einheiten der Roten Armee bereits Mitte August 1945 in Korea einmarschierten und – wie zuvor mit den USA vereinbart – am 38. Breitengrad Halt machten, landete die 7. US-Infanteriedivision erst am 8. September 1945 in Incheon an der Westküste Koreas. Von der gerade gebildeten koreanischen Regierung nahmen die amerikanischen Besatzungstruppen unter Führung von General John R. Hodge keine Notiz. Stattdessen wurde südlich des 38. Breitengrads die „United States Army Military Government in Korea (USAMGIK)“ gebildet, die US-amerikanische Militärregierung in Korea. Sie bestimmte, was die Koreaner fortan zu tun und zu lassen hatten. Im ersten Generalbefehl der USAMGIK wurde die Bevölkerung aufgerufen, ihre Anweisungen strikt zu befolgen. Die Menschen in der Hauptstadt Seoul staunten nicht schlecht, als wenig später anstelle der koreanischen Flagge das Sternenbanner gehisst wurde.

Kein Mitglied der amerikanischen Militärregierung in Korea sprach Koreanisch. Die Volkskomitees waren den neuen Besatzern von Anfang an ein Dorn im Auge und galten als „akute Bedrohung und kommunistisch unterwandert". Es kümmerte die Amerikaner auch nicht, dass in diesen Komitees hoch angesehene Persönlichkeiten des öffentlichen Lebens (wie Yo Un-Hyong, Kim Ku und Kim Kyu-Sik) eine herausragende Stellung einnahmen. Tragischer noch: Die Sicherheitskräfte der USAMGIK und Rhee Syngmans rekrutierten sich mehrheitlich aus ehemaligen Kollaborateuren mit den japanischen Besatzern. „Als wir hier die Polizei übernahmen", erklärte der amerikanische Chef der südkoreanischen Polizeidivision, Oberst William Maglin, im Rückblick, „waren unter den 20.000 Polizisten 12.000 Japaner. Was wir taten, war Folgendes: Wir schickten die Japaner nach Hause, stockten die Zahl der Koreaner auf und bildeten einen Apparat, in den sämtliche jungen Männer integriert wurden, die der Polizei vorher geholfen hatten. Einige fragten sich, ob es klug sei, von den Japanern ausgebildetes Personal einfach zu übernehmen. Doch wir dürfen nicht vergessen: Viele Leute sind geborene Polizisten. Wenn sie unter den Japanern gute Arbeit gemacht hatten, warum nur sollten sie nicht auch für uns gute Arbeit leisten? Es wäre doch unfair gewesen, sie nur deshalb davonzujagen, weil sie früher einmal unter den Japanern gedient hatten."

Als ein Mitte November 1945 tagender Kongress der koreanischen Volksrepublik es ablehnte, sich selbst aufzulösen, erklärte General Hodge ihn kurzerhand für ungesetzlich. Auf Initiative der USAMGIK konstituierte sich Mitte Februar 1946 ein sogenannter Parlamentarischer Demokratischer Rat, dessen Vorsitz Rhee Syngman übertragen wurde, der während des Pazifischen Krieges in Washington die Korea-Kommission geleitet hatte. Obgleich er die koreanische Nachkriegsrealität nicht kannte, stieg Rhee mit amerikanischer Rückendeckung zur Galionsfigur konservativer, rechter Kräfte auf: Großgrundbesitzer, Adelige, Staatsbürokraten und Sicherheitskräfte, von denen die meisten mit der früheren Kolonialmacht Japan zusammengearbeitet hatten. Rhee Syngman genoss deshalb von Anfang an wenig Sympathien in der Bevölkerung. Selbst unter Mitarbeitern der USAMGIK stieß Rhees Auftreten und sein zunehmend autoritärer Führungsstil auf Kritik. „Rhee Syngmans Rückkehr fand im Allgemeinen wenig Beachtung, obwohl er offenbar vom ersten Augenblick an die Gunst der kollaborationistischen Gruppen gewonnen hatte", urteilte beispielsweise das zeitweilige Mitglied der USAMGIK Alfred Crofts. „Vor der Landung der Amerikaner konnte eine politisch rechtsgerichtete Partei, die in der Vorstellung des Volkes mit der Kolonialherrschaft assoziiert wurde, nicht bestehen. Doch kurz danach brachten wir die konservative Parteicliquen an die Macht."

Im September 1946 erließen die amerikanischen Behörden Haftbefehl gegen namhafte kommunistische Führer. Diese setzten sich daraufhin in den nördlichen Landesteil ab. Und alle, die im Süden in der Kunst und Kulturszene, im Literatur- und akademischen Betrieb und als kritische Intellektuelle Rang und Namen hatten, ließen sich aufgrund des zunehmend repressiver werdenden Klimas in den folgenden Monaten nördlich des 38. Breitengrads nieder. Im Süden eskalierten Widerstand und gewaltsame Proteste, die sich in erster Linie dagegen richteten, dass pro-japanische Kollaborateure in Amt und Würden belassen und die Bauern gezwungen wurden, zusätzliche (Ernte-)Abgaben an die Behörden zu leisten. Demonstrationen wurden von US-Truppen und vor allem rechten paramilitärischen Schlägertrupps niedergeknüppelt. Zu diesen zählte unter anderen die notorische „Nordwest-Jugend“, Söhne von im Norden enteigneten Grundbesitzern und pro-japanischen Kollaborateuren, die auf Rache sannen und unter den Fittichen der USAMGIK ihr Unwesen treiben konnten. Zur zusätzlichen Überwachung und Einschüchterung der Bevölkerung entstanden sogenannte „strategische Weiler“, zentrale Sammelstellen, in die sich die Menschen zu Zehntausenden begeben und sich einer „vorsorglichen Untersuchung und Inhaftierung“ *(Yebi geumsok)* unterziehen mussten, um nicht als „Umstürzler“ zu gelten.

Separatwahlen und fortschreitende Entfremdung

Im November 1947 beschloss die Vollversammlung der Vereinten Nationen, die sich damals mehrheitlich aus den Vertretern pro-amerikanischer Staaten zusammensetzte, die Gründung einer Provisorischen Kommission für Korea. Als Reaktion auf diese Internationalisierung der Korea-Frage verweigerte die Sowjetunion Vertretern der Kommission die Einreise in den von ihr kontrollierten Norden. Im Gegenzug propagierten die USA und die Korea-Kommission die Durchführung separater Wahlen zur Nationalversammlung im südlichen Landesteil. Dort fanden schließlich am 10. Mai 1948 unter UN-Aufsicht Wahlen statt, die allerdings von den meisten Parteien als „Schandwahlen“ bezeichnet und boykottiert wurden. Betrug, massive Stimmenthaltung, Schlägereien und Benachteiligung der Opposition kennzeichneten den Urnengang; die sogenannten „ungebildeten Bevölkerungsschichten“ durften daran gar nicht erst teilnehmen.

Im Vorfeld der Wahlen hatten sich überdies bewaffnete Gruppierungen blutige Gefechte geliefert, die über 500 Menschenleben forderten. Und die wenigen Wahlbeobachter der UN (etwa drei Dutzend) waren außerstande, ihrer Aufgabe auch nur annähernd gerecht zu werden. Trotzdem bestätigte die UN-Vollversammlung ein halbes Jahr später Rhee Syngman als Wahlsieger und drückte ihm und der von seiner Regierung am 15. August 1948 ausgerufenen Republik Korea den Stempel der Legitimität auf. Wörtlich hieß es in der UN-Resolution vom Dezember 1948, dass „die Regierung Rhee Syngman gesetzmäßig ist; sie über den Teil Koreas, den die Provisorische Kommission zu inspizieren imstande war, wirksame Machtbefugnisse ausübt; dass diese Regierung aus Wahlen hervorgegangen ist, die einen gültigen Ausdruck des freien Willens der Wähler in jenem Teil Koreas darstellen; und sie als einzige derartige – das heißt: gesetzmäßige und frei gewählte – Regierung in Korea existiert."

Landesweit hatten die Wahlen einen Sturm der Enttäuschung und Entrüstung entfacht. Zahlreiche gesamtkoreanische Konferenzen von Parteien und gesellschaftlichen Organisationen hatten wiederholt und eindringlich davor gewarnt, separate Wahlen abzuhalten, und gefordert, dass sämtliche im Lande stationierte ausländische Truppen abgezogen werden müssten. Andernfalls drohe die in den dunklen Jahren der japanischen Okkupation gewahrte nationale Einheit gesprengt und das Land auf Dauer geteilt zu werden. Eine berechtigte Befürchtung: Als Reaktion auf die Ereignisse im Süden fanden im August 1948 auch im Norden Wahlen zur Obersten Volksversammlung statt. Sie verliefen weitaus weniger turbulent, doch waren auch sie nicht frei und fair organisiert. Wer sich an den Urnen nicht botmäßig im Sinne der Herrschenden verhielt, dem entzogen die Behörden kurzerhand den Bezugsschein für Lebensmittelrationen. Am 9. September schließlich rief Kim Il-Sung die Koreanische Volksdemokratische Republik in der Hauptstadt Pjöngjang aus.

Die politische Lage blieb in diesen Monaten vor allem im Süden extrem angespannt. Die Menschen waren unzufrieden über die anhaltend miserablen sozialen und wirtschaftlichen Verhältnisse. Überall mangelte es an Nahrungsmitteln, Kleidung und Unterkünften. Die alten, wieder an die Macht gelangten Großgrundbesitzer beuteten die Bauern schamlos aus; Pachtabgaben bis zu 70 Prozent des Ernteertrags waren nicht selten. Häufig auch wurden Pächter kurzerhand von ihren Parzellen vertrieben, Protest und Widerstand dagegen stets umgehend und unerbittlich unterdrückt. Willige Instrumente der Repression waren nebst ehemaligen japanischen Kollaborateuren vor allem aus dem nördlichen Landesteil geflüchtete Großgrundbesitzer samt ihren Schergen. Zu Letzteren zählten die bereits erwähnten, hysterisch antikommunistischen Banden der „Nordwest-Jugend", deren brutales Vorgehen gegen alles tatsächlich oder vermeintlich Oppositionelle selbst die amerikanischen Militärberater erschreckte. Ihrer Brutalität fielen Zehntausende zum Opfer, sodass die Führung fortschrittlicher und linker Bewegungen im Süden der Halbinsel quasi physisch liquidiert wurde.

Verdrängtes Trauma – der Aufstand von Jeju

Auf der südlichen Insel Jeju, wo sich die Volkskomitees am Längsten zu halten vermochten, war es Anfang April 1948 zu einem Volksaufstand gegen die Regierung gekommen. Diese Erhebung wurde mit äußerster Brutalität niedergeschlagen und kostete zwischen 30.000 und 60.000 Menschen das Leben. Neuere südkoreanische Untersuchungen gehen noch weiter und sprechen davon, dass etwa ein Viertel der damals 300.000 Bewohner Jejus ums Leben kamen. 40.000 Personen soll die Flucht nach Japan geglückt sein. Lange Zeit in den USA unter Verschluss gehaltene Dokumente und eine über ein halbes Jahrhundert von den jeweiligen Regierungen in Seoul strikt verfügte Tabuisierung dieses dunklen Kapitels sorgten dafür, dass der Getöteten und ihrer Hinterbliebenen erst Jahrzehnte später öffentlich gedacht werden konnte. (Vergleiche auch Kapitel VI dieses Buches – Anm. d. A.)

> „Es waren koreanische Polizisten und Paramilitärs, die sich die Inselbewohner mit Folter und Mord schon zu Feinden gemacht hatten, bevor der Aufstand am 3. April 1948 begann. Es waren koreanische Soldaten, die nicht nur die kleinen Trupps der Rebellenführer jagten, sondern Kinder exekutierten, Greise zu Tode quälten und Frauen vergewaltigten, erschossen oder bei lebendigem Leibe begruben. Und es war die amerikanische Militärregierung (USAMGIK), die vom 15. August 1945 bis zum 15. August 1948 als höchste und einzig legale Autorität über das Korea südlich des 38. Breitengrades wachte. Koreanische Armee und Polizei standen über diese Frist hinaus bis zum 30. Juni 1949 unter operativer Kontrolle der USA. Wie die Kontrolle über die Insel aussah, kann heute in den US-Nationalarchiven eingesehen werden. Bruce Cumings, Geschichtsprofessor und Korea-Experte an der Universität Chicago, hat die 30 Jahre lang geheimen Berichte der lokalen Polizeistellen, der US-Militärregierung und des Counter-Intelligence Corps der Armee (CIC) durchforstet. Sein Urteil: ‚Diese Materialien dokumentieren einen gnadenlosen, totalen Angriff auf die Bevölkerung von Jeju.'"

Aus einem Artikel von Christian Schmidt-Häuer mit dem Titel „Tötet alle, verbrennt alles!", erschienen in der „Zeit" im Jahr 2002

Der verstorbene Präsident Roh Moo-Hyun entschuldigte sich am 31. Oktober 2003 erstmals offiziell für das Massaker, während es rechtsradikale und antikommunistische Gruppierungen im Lande noch heute als „notwendige Maßnahme" für das Entstehen der Republik Korea erachten.

Aufbruchstimmung im Norden

Anders verlief die Entwicklung im nördlichen Teil der Halbinsel. Dort ließ die sowjetische Besatzungsmacht die Volkskomitees im Wesentlichen gewähren und warf ihr politisches Gewicht für die vormals im Grenzgebiet zur Mandschurei und der Sowjetunion operierende antijapanische Partisanentruppe um Kim Il-Sung in die Waagschale, die lediglich als einer von mehreren solcher Verbände aktiv gewesen war. Bereits im Frühjahr 1946 hatte der Norden ein sozialpolitisches Signal gesetzt, als eine weitreichende Bodenreform über 700.000 besitzlosen Bauernfamilien zu Landbesitz verholfen hatte – zum Verdruss der früheren Grundbesitzer. Die sahen in Nordkorea keine Zukunft mehr für sich. Scharenweise wanderten sie in den Süden ab. Für Kim und seine Gefolgsleute bedeutete die überaus populäre Bodenreform zusätzlich einen enormen Legitimationsgewinn (was selbst USAMGIK-Vertreter offen eingestanden), zumal eine ähnliche Reform im Süden der Halbinsel ausblieb.

Der nordkoreanischen Führung kam zugute, dass sie nicht im Entferntesten mit dem Makel von pro-japanischer Kollaboration und politischer Repression behaftet war. Gesellschaft, Politik und Wirtschaft wurden dominiert von Personen, die gegen das japanische Kolonialjoch gekämpft hatten – ein scharfer Kontrast zu den alten, neuen Eliten im Süden, die es, gestützt auf die Gewehre der USAMGIK, erneut und schnell geschafft hatten, Macht und Pfründe unter sich aufzuteilen.

Der Personenkult um Kim Il-Sung existierte damals noch nicht. Dieser entwickelte sich erst in den Jahren nach dem Ende des Koreakrieges, als die Führungsgruppe um Kim sich politisch konsolidiert hatte und den Kurs strikter Selbstbestimmung *(Dschutsche)* einschlug, sich also bewusst weder eng an Moskau, noch an Peking anlehnte. Diese Position trug der nordkoreanischen Führung seinerzeit innerhalb der internationalen kommunistischen und Arbeiterbewegung den Vorwurf des „Zentrismus“ ein.

Erst Teilung ...

Beide neuen Staaten beanspruchten jeweils für sich, legitimer Sachwalter des *einen* Korea zu sein. Sah sich die Führung in Seoul als „Vorposten der freien Welt und im Feldzug gegen den Kommunismus“, wähnte sich die Regierung in Pjöngjang als „Basis der koreanischen Revolution und als Bollwerk nationaler Befreiung“. Notfalls, so die schrille Propaganda in beiden Hauptstädten, werde man mit Gewalt die Einheit wiederherstellen. Bewaffnete Provokationen und Konfrontationen entlang der Demarkationslinie am 38. Breitengrad waren an der Tagesordnung und häuften sich ab der Jahreswende 1949/50. Noch herrschte ein labiles Gleichgewicht, wenngleich selbst US-Außenminister Dean Acheson mehrfach gerügt hatte, wie launisch und unkalkulierbar Südkoreas Präsident handelte. Rhee hatte sich mehrfach öffentlich damit gebrüstet, für einen Waffengang gerüstet zu sein und „im Marsch gen Norden Pjöngjang innerhalb von drei Tagen zu erobern". „Ich fühle sehr", schrieb Rhee beispielsweise in einem mit 30. September 1949 datierten Brief an Dr. Robert Oliver von der Penn State University, „dass jetzt der beste psychologische Zeitpunkt gekommen ist, eine aggressive Maßnahme zu ergreifen. (...) Wir werden einige von Kim Il-Sungs Leuten in die Berge vertreiben und dort aushungern. Dann werden wir in einer hundertprozentig besseren Ausgangslage sein."

Seine Einschätzung teilten hochrangige Offiziere der südkoreanischen Armee. Südkoreas Präsident war unbeliebt und hätte sich in Friedenszeiten nicht lange an der Macht halten können. Für ihn wie auch für Tschiang Kai-schek im benachbarten Taiwan, so schrieb der amerikanische Journalist I. F. Stone, hätte Frieden das politische Ende bedeutet. Rhee wusste nur zu gut, dass im Falle einer Eskalation der Auseinandersetzungen US-Truppen in das Geschehen eingreifen und ihm Rückhalt verschaffen würden. Auch hätte der Frieden, so lautete jedenfalls die damalige Mehrheitsmeinung in Washington, den Plan erschwert, die alten Achsenmächte Japan und Westdeutschland in einen neuen antisowjetischen Kreuzzug einzubinden.

Gleichermaßen ging die Führung um Kim Il-Sung davon aus, dass sich vor allem nach der Proklamation der Volksrepublik China am 1. Oktober 1949 in Peking durch Mao Zedong die Ausgangslage für einen unter ihrer Ägide geführten Befreiungskrieg spürbar verbessert hatte. Mittlerweile ist verbürgt, wie Kim Il-Sung seit 1949 sowohl Stalin als auch Mao um logistische Unterstützung für ein solches Unterfangen bat. Auf der Grundlage geöffneter russischer Archive wurde bekannt, dass Kim Il-Sung 1949/50 mehrere Geheimreisen in die Sowjetunion und die VR China unternahm, um Stalin und Mao davon zu überzeugen, der Zeitpunkt sei günstig, gegen die Truppen des Südens offensiv vorzugehen und das Regime Rhee Syngmans zu stürzen. Erst im Frühjahr 1950 gab man in Moskau wie in Peking grünes Licht für einen derartigen Plan. Für das Kalkül Kim Il-Sungs dürfte die Äußerung von US-Außenminister Dean Acheson mitausschlaggebend gewesen sein, wonach sich der amerikanische Verteidigungsgürtel („defensive perimeter") lediglich von den (bei Alaska befindlichen) Aleuten über Japan sowie über die Ryukyu-Inseln bis zu den Philippinen erstrecken würde – und Korea somit implizit „außen vor" ließ.

Seit Mai 1949 war es entlang des 38. Breitengrads mehrfach zu unterschiedlich heftigen militärischen Auseinandersetzungen gekommen. Ein Ziel der Attacken der südkoreanischen Armee war die Halbinsel Ongjin, die, wenn sie eingenommen worden wäre, den Truppen Rhee Syngmans einen direkten und raschen Zugang nach Pjöngjang ermöglicht hätte. Vieles spricht dafür, dass im Nordwesten der Demarkationslinie – nahe der Stadt Haeju – südkoreanische Vorstöße auf erbitterten nordkoreanischen Widerstand stießen und nordkoreanische Verbände ihrerseits Vorstöße unternahmen – und der Norden mehr und mehr Truppen in dieser Region massierte. Einige Autoren verweisen in diesem Zusammenhang auf Meldungen des United States Armed Forces Radio Service aus Seoul, wonach Haeju Anfang Juni 1950 von südkoreanischen Einheiten eingenommen worden sei. Gleiches vermeldete die „New York Herald Tribune" unter Berufung auf Militärkreise in der südkoreanischen Hauptstadt. Vor allem galten die in fraglichem Gebiet operierende 1. Division und das 17. (Infanterie-)Regiment, eine Spezialeinheit antikommunistischer Hardliner unter dem Befehl des späteren ersten Viersternegenerals Südkoreas Paik Sun-Yup und des Brigadegenerals Kim Sok-Won, als „draufgängerische" Kampfeinheiten. Paik hatte seine militärischen Sporen in der Armee des japanischen Vasallenstaates Mandschukuo verdient, während Kim zuvor der Kaiserlich-Japanischen Armee als Generalmajor gedient hatte. Nur zu gern hätte Rhee Syngman Letzteren zum Armeechef ernannt, was der US-Generalstab vereitelte. Für die Amerikaner galt Kim als unberechenbar und dragonerhaft; mehrfach hatte dieser öffentlich als sein oberstes Ziel verkündet, „in Haeju zu frühstücken, in Pjöngjang zu Mittag zu essen und das Abendessen in Wonsan (nordkoreanische Hafenstadt an der Ostküste – Anm. d. A.) einzunehmen."

... dann Krieg

Im Morgengrauen des 25. Juni 1950 überquerten nordkoreanische Panzereinheiten die Demarkationslinie entlang des 38. Breitengrads. Ohne nennenswerte Gegenwehr rückten sie in Seoul ein und stießen binnen weniger Tage sogar bis kurz vor die Hafenstadt Busan im Süden vor. Rhees Truppen mangelte es an Motivation und Kampfkraft, scharenweise desertierten seine Soldaten und liefen zur anderen Seite über.

Die Stimmung jener Tage charakterisierte ein ehemaliges Mitglied der USAMGIK so:

„Die russischen Panzer der Invasoren hätten in den Bergen von einer entschlossenen Verteidigung leicht aufgehalten werden können. Die kommunistische Doktrin machte wenig Eindruck auf eine Bevölkerung, der die grässlichen Berichte nordkoreanischer Flüchtlinge bekannt waren. Andererseits begrüßten Millionen von Südkoreanern die Aussicht auf Wiedervereinigung des Landes, selbst unter den Bedingungen der Kommunisten. Diese Menschen hatten die Brutalität der Polizei, geistige Unterdrückung und politische Säuberungen erlebt. Nur wenige waren bereit, für Kriegsgewinnler und Schieber zu kämpfen oder für Rhee Syngman zu sterben. Nur zehn Prozent der Bevölkerung von Seoul verließen die Stadt; zahlreiche Soldaten desertierten und Persönlichkeiten des öffentlichen Lebens, darunter Kim Kyu-Sik, liefen zu den Nordkoreanern über."

Noch am 25. Juni 1950 brachten die USA eine Resolution in den UN-Sicherheitsrat ein. Die damals von den USA dominierten Vereinten Nationen unternahmen keinen Versuch, die nordkoreanische Seite wenigstens anzuhören und stimmten umgehend der Forderung Washingtons zu, mit einem eigenen Truppenkontingent Rhee Syngman zu unterstützen und „die Aggression Nordkoreas" zu stoppen. Ein Akt, der dadurch erleichtert wurde, dass die Sowjetunion den Sicherheitsrat seit Januar 1950 boykottierte – aus Protest gegen die Weigerung Tschiang Kai-scheks, seinen Sitz im Sicherheitsrat an die Volksrepublik China abzutreten. Folglich unterblieb ein sowjetisches Veto und die USA erhielten am 27. Juni 1950 das Mandat der UNO, in Korea einzugreifen. Präsident Harry S. Truman hatte allerdings bereits Besatzungstruppen aus Japan nach Südkorea verlegt, deren Soldaten fest davon überzeugt waren, dass ihnen in Korea allenfalls ein wenige Wochen dauerndes „Abenteuer" bevorstand. Die USA hatten außerdem das Kommando über eine aus 15 Staaten bestehende UN-Streitmacht inne. Die UN-Truppen sollten de jure als multilateraler Schirm der US-Intervention in Korea fungieren, faktisch aber blieben sie dem Befehl des US-Generalstabs unterstellt – sehr zum Verdruss des damaligen norwegischen UN-Generalsekretärs Trygvie Lie.

Während in den westlichen Hauptstädten davon die Rede war, Nordkorea hätte einen „Überraschungsangriff" durchgeführt, fragte der rührige US-Publizist I. F. Stone danach, wie sich unbemerkt etwa 70.000 Mann und mindestens 70 Panzer an vier verschiedenen Orten gleichzeitig in Marsch hätten setzen können, wo doch noch wenige Tage zuvor hochrangige US-Politiker und -Militärs den 38. Breitengrad inspiziert hatten.

Wie eine Feuerwalze rollten die Kriegsmaschinerien beider Seiten mehrfach über die koreanische Halbinsel hinweg – mal in Nord-Süd-Richtung, dann wiederum in Süd-Nord-Richtung. Als die Soldaten unter dem Befehl von General Douglas

MacArthur, dem Oberkommandierenden der US-Streitkräfte im Fernen Osten, den Grenzfluss Yalu zwischen Nordkorea und der Volksrepublik China erreichten, ließ das in Peking die Alarmglocken schrillen. Die chinesische Führung schickte am 19. Oktober 1950 Freiwilligenverbände nach Nordkorea, um dort, so die offizielle Version, „Krieg zum Widerstand gegen die USA und zur Hilfe für Korea" zu führen. Es galt, die erst wenige Monate zuvor errungene Souveränität der Volksrepublik zu wahren und den nordkoreanischen Genossen nunmehr ihrerseits politisch und militärisch beizustehen, von denen noch bis vor Kurzem einige Zehntausende auf Seiten der chinesischen Volksbefreiungsarmee in der Mandschurei gekämpft hatten. Außerdem unterstützte die Sowjetunion Nordkorea mit Panzern und anderem Militärgerät und stellte China zinsgünstige Kredite bereit. Zu einem späteren Zeitpunkt stimmte Stalin auch dem Einsatz von MIG-15-Bombern zu, deren Existenz während der Kriegshandlungen strikter Geheimhaltung unterlag. Die Piloten flogen in chinesischen Uniformen und mit koreanischen Hoheitszeichen Einsätze gegen amerikanische Jagdbomber.

Erst nach zähen, immer wieder unterbrochenen Verhandlungen kam es am 27. Juli 1953 im Ort Panmunjom auf Höhe des 38. Breitengrads zum Waffenstillstandsabkommen. Die Demarkationslinie entsprach in etwa derjenigen vor Kriegsbeginn. Unterzeichnet wurde das Abkommen von Nordkorea, der Volksrepublik China und dem amerikanischen General Mark W. Clark im Auftrag der Vereinten Nationen. Südkoreas Präsident Rhee Syngman hingegen weigerte sich nicht nur, das Abkommen zu unterschreiben, er wollte sogar den Krieg fortsetzen. Erst als die US-Regierung einem bilateralen Sicherheitspakt zustimmte, ihr in Südkorea stationierter Oberbefehlshaber auch die Kommandogewalt über die südkoreanischen Truppen übernahm und der südkoreanischen Seite beträchtliche Wirtschafts-, Finanz- und Militärhilfe in Aussicht gestellt wurden, erklärte sich auch Rhee bereit, den Waffenstillstand zu respektieren. Entlang der entmilitarisierten Zone *(DMZ)* sorgte fortan eine Waffenstillstandskommission *(„Military Armistice Commission", MAC)* dafür, dass der fragile Frieden gewahrt wurde. Dieser Kommission gehörten Beobachter neutraler Staaten (Schweden und die Schweiz für Südkorea, Polen und die Tschechoslowakei für Nordkorea) an, die jeweils auf der entsprechenden Seite der Grenze stationiert waren.

Beschwiegene Massaker

In den ersten Kriegswochen und -monaten gab es nur sehr wenige couragierte Journalisten, die ein Bild des Krieges zeichneten, das nicht den in West wie Ost gleichermaßen kolportierten Schwarz-Weiß-Schemata entsprach. Sensible Korrespondenten schockierte vor allem das zutiefst rassistische und manisch-antikommunistische Weltbild der amerikanischen Soldaten. Koreaner galten ihnen als „Gooks", als „schlitzäugige Untermenschen" und „Freiwild". Charles Grutzner berichtete damals für die *New York Times* aus Korea, „dass aus Furcht vor Infiltration und Unterwanderung Hunderte südkoreanischer Zivilisten, Frauen wie Männer, von US-Truppen und Polizeieinheiten der Republik Korea einfach niedergemetzelt wurden." Sein amerikanischer Kollege Keyes Beech schrieb: „Gegenwärtig ist es nicht gut, Koreaner zu sein, denn die Yankees zielen auf sie. Nervöse, in Panik geratene amerikanische Soldaten sind jederzeit bereit, Koreaner zu erschießen."

James Cameron, der aus Korea für die Londoner „Picture Post" berichtete, beschrieb im Spätsommer 1950 seine Eindrücke über ein Lager in der Hafenstadt Busan, das er als „südkoreanisches Konzentrationslager" bezeichnete, mit folgenden Worten:

> „Ich habe Belsen gesehen, doch das hier ist schlimmer. Diese Menschenmenge – zu nichts verurteilt, nicht einmal angeklagt, Südkoreaner in Südkorea, die man lediglich für ‚unzuverlässig' hält. Es sind Hunderte von ihnen – bis auf Skelette abgemagert, Marionetten mit ergrauten Gesichtern, in Ketten gelegt und aneinander gebunden, zur Schau gestellt in klassisch orientalischer Manier der Unterwerfung, kauernd, wie Fötusse im Dreck liegend. Neben diesem mittelalterlich anmutenden Marktplatz hielten sich in sicherer Entfernung amerikanische Soldaten auf, die die Szenen lässig beäugten und fotografierten. Mich empörte das dermaßen, dass ich die UN-Kommission darüber informierte. Dort teilte man mir lapidar mit: ‚Na ja, das ist schon erschütternd. Doch vergessen Sie bitte nicht – es sind Asiaten, mit anderen Verhaltensweisen, sie gelten allesamt als sehr schwierig.' Ich kochte vor Wut, was selten genug passierte. Alles haben wir sorgfältig recherchiert und in Wort wie Bild festgehalten. Fast hätte es mich meinen Job gekostet."

Das Magazin druckte diesen Beitrag ihres Korrespondenten Cameron allerdings nicht ab. In der Redaktion führte das zu einem Aufstand und die Zeitschrift wurde eingestellt.

Am Rande eines Dritten Weltkriegs

In pausenlosen Einsätzen klinkte die US-Luftwaffe aus B-29-Bombern ihre tödliche Fracht aus und beschränkte sich nicht nur auf großflächiges Dauerbombardement. Überdies drohte der bis April 1951 amtierende Oberbefehlshaber der kombinierten US- und UN-Streitkräfte, General Douglas MacArthur, mit dem Einsatz atomarer und chemischer Waffen. „In postum veröffentlichten Interviews behauptete MacArthur", so der amerikanische Koreaexperte Bruce Cumings,

> „einen Plan ausgearbeitet zu haben, mit dem er den Krieg innerhalb von zehn Tagen gewinnen wollte: ‚Ich hätte mehr als 30 Atombomben über das gesamte Grenzgebiet zur Mandschurei abgeworfen.' Anschließend wären am Yalu eine halbe Million nationalchinesischer Soldaten – die sich nach ihrer Niederlage 1949 aus dem kommunistischen China nach Taiwan abgesetzt hatten – zum Einsatz gekommen und dann hätten MacArthurs Mannen zwischen dem Japanischen und dem Gelben Meer einen mit radioaktivem Kobalt verseuchten Landgürtel geschaffen. Da Kobalt zwischen 60 und 120 Jahre aktiv bleibt, wäre ‚mindestens 60 Jahre lang keine Invasion über Land nach Südkorea von Norden aus möglich gewesen'. MacArthur war überzeugt davon, dass die Russen angesichts dieser extremen Strategie nichts unternommen hätten: ‚Mein Plan war bombensicher.'"

Die „Pulverisierung" (die atomare Verwüstung) grenznaher chinesischer Städte, um angeblich den Krieg in Korea abzukürzen – das ging selbst Präsident Harry S. Truman zu weit. Nach einem Krisentreffen mit MacArthur auf der Pazifikinsel Wake gab Truman am 11. April 1951 vor der internationalen Presse die Absetzung des Generals bekannt und schloss seine Erklärung mit den Worten: „Wir bemühen uns, einen Dritten Weltkrieg zu verhindern."

Als Nachruf auf den entfesselten Luftkrieg sei sein Erfinder, der Chef des Strategischen Luftkommandos (SAC) General Curtis LeMay, zitiert. 1966 sagte er dazu in einem Interview:

> „Wir schoben beim Pentagon sozusagen eine Mitteilung unter der Tür durch, die in etwa lautete: ‚Lasst uns doch fünf der größten Städte in Nordkorea niederbrennen, sie sind nicht besonders groß, und damit dürfte die Angelegenheit dann beendet sein.' Als Antwort kam das empörte Geschrei von vier, fünf Leuten: ‚Ihr werdet eine Menge Nichtkombattanten töten', und: ‚Nein, das ist zu schrecklich.' Innerhalb von etwa drei Jahren haben wir jede Stadt in Nordkorea und auch in Südkorea niedergebrannt. Tja, über einen Zeitraum von drei Jahren kann man das offenbar goutieren, aber ein paar Menschen zu töten, damit das gar nicht erst passiert, das können viele Leute eben nicht verkraften."

Vermächtnisse des Krieges

Wie so häufig in seiner Geschichte wurde Koreas Lage dem Land zum Verhängnis. Eingekeilt zwischen den übermächtigen Nachbarn China und Sowjetunion und nur durch eine schmale Meerenge vom besiegten Japan entfernt, wo die US-Streitkräfte das Sagen hatten, bildete die koreanische Halbinsel im äußersten Südosten des asiatischen Kontinents einen geo- und militärstrategisch bedeutsamen Brückenkopf. Insbesondere während des beginnenden West-Ost-Konflikts wurde Korea zur Nahtstelle des Kalten Krieges. Gegen Kriegsende integrierten die USA den südlichen Teil der Insel zusammen mit Japan fest in den militär-politischen Einflussbereich der USA und verwandelten Südkorea in ein Bollwerk gegen die Sowjetunion und die junge Volksrepublik China.

General James A. Van Fleet erklärte als Oberbefehlshaber der 8. US-Armee anlässlich des Korea-Besuchs einer philippinischen Delegation im Januar 1952: „Korea hat sich als ein Segen erwiesen. Es musste ein Korea geben, ob nun hier oder anderswo in der Welt." Für die USA, wo dieser Krieg anfangs „Koreanischer Konflikt" genannt und später als „Polizeiaktion" beziehungsweise „begrenzter Krieg" deklariert wurde, bedeutete diese blutige Konfrontation eine tiefe Zäsur. Sie markierte den Beginn der Herausbildung eines weltumspannenden Netzwerks von Luftwaffenstützpunkten und Marinebasen und eines stets machtvoller werdenden militärisch-industriellen Komplexes. Der Krieg bestärkte aus Sicht der USA auch die Notwendigkeit der bereits 1947 entworfenen Truman-Doktrin mitsamt drastisch erhöhten Militärausgaben, um fortan überall dort zu intervenieren, wo es galt, tatsächliche oder vermeintliche sowjetische Einflusssphären zunächst „einzudämmen" („policy of containment") und später „zurückzudrängen" (roll-back). In Asien gewann diese Politik bereits ein Jahr nach Ende des Koreakrieges an scharfen Konturen, als am 8. September 1954 in der philippinischen Hauptstadt Manila unter amerikanischer Ägide die SEATO als „südostasiatisches Pendant" zur NATO aus der Taufe gehoben wurde.

„Eine fünf Jahre währende Revolution und Konterrevolution eskalierte zum Koreakrieg, ein letzter und grausamer Schritt zur Zerschlagung der Arbeiter- und Bauernrevolution, die auf die Niederlage der Japaner im Zweiten Weltkrieg folgte", schreibt der australische Linksaktivist Iggy Kim. Die innerkoreanischen Konfliktkonstellationen und daraus resultierenden schroffen Klassengegensätze (vor allem zwischen der armen ländlichen, bäuerlichen Bevölkerung und Großgrundbesitzern) nach 1945 waren höchst komplex. Kompliziert gestaltete sich auch eine gesamtkoreanische Sozial- und Wirtschaftspolitik in den Nachkriegsjahren, infolge der von den Siegermächten USA und Sowjetunion gezogenen Trennlinie entlang des 38. Breitengrads. Höchst unterschiedliche Ideologien und Perspektiven in Nord wie Süd sowie die unterschiedliche Behandlung ehemaliger pro-japanischer Kollaborateure begünstigten zusätzlich eine tiefe Spaltung der Gesellschaft, deren Machtzentren in Seoul und Pjöngjang jeweils für sich exklusiven politischen Führungsanspruch reklamierten – mit fatalen Konsequenzen im Rahmen des eskalierenden Kalten Krieges.

Die ungelösten Klassengegensätze schürten einen zunehmend erbittert ausgetragenen Bürgerkrieg, der vom Sommer 1950 bis Sommer 1953 internationalisiert wurde. Was die USA zuvor als „imaginäre Linie" entlang des 38. Breitengrads konzipiert hatten, wurde in Korea nicht als eine Trennlinie zwischen zwei Nationen verstanden oder gar akzeptiert. In diesem Zusammenhang hob Bruce Cumings (unter anderem mit Verweis auf den amerikanischen Bürgerkrieg) mehrfach hervor, dass schwerlich „Koreaner in koreanisches Territorium einmarschieren konnten" oder dieses „besetzen".

Bis heute besteht der Konflikt als Relikt des Kalten Krieges in der etwa 240 Kilometer langen und vier Kilometer breiten „demilitarisierten Zone" fort. Ein beschönigender Begriff: De facto ist es die weltweit bestbewachte, höchstmilitarisierte Region, in der sich noch immer über eine Million Soldaten, inklusive mehrerer tausend amerikanischer GIs, gegenüberstehen.

„Vom 25. Juni 1950 bis zum 27. Juli 1953", hieß es in dem am 23. Juni 2001 in New York verkündeten Urteil des Korea International War Crimes Tribunal „kamen nach konservativen westlichen Schätzungen über 4,6 Millionen Koreaner ums Leben, einschließlich drei Millionen Zivilisten im Norden und 500.000 Zivilisten im Süden der Halbinsel." Zirka 40.000 UN-Soldaten (davon 36.000 Amerikaner) verloren in Korea ihr Leben. Wenngleich in der Vergangenheit die Opferzahlen der chinesischen Freiwilligenverbände mit weit über 300.000 Personen angegeben wurden, bezifferten chinesische Behörden diese Ende Oktober 2010 mit 183.108 Soldaten und Offizieren – unter ihnen auch Mao Zedongs ältester Sohn Mao Anying.

In keinem vorangegangenen Krieg in diesem Gebiet war die Zahl der zivilen Opfer so hoch gewesen wie im Koreakrieg von 1950–53. Ganze Landstriche waren auf Jahre verwüstet, Deiche gezielt von amerikanischen Kampfbombern gesprengt worden. Sämtliche größeren Städte glichen Ruinenlandschaften. Allein in Pjöngjang waren bei Kriegsende nur knapp ein halbes Dutzend Häuser halbwegs unversehrt geblieben. In Korea wurden mehr Napalmbomben abgeworfen als später in Vietnam. Und ihre Wirkung war verheerender, da es im Norden Koreas mehr

Ballungszentren mit einer größeren Bevölkerungsdichte und mehr innerstädtische Industrieanlagen gab als in Nordvietnam.

Profiteure des Krieges waren paradoxerweise die Hauptaggressoren des Zweiten Weltkriegs – Japan und (West-)Deutschland. In jenen Jahren sorgte der Krieg für eine signifikante Steigerung des Wirtschaftswachstums (vor allem in der Investitions- und Konsumgüterindustrie), was im damals beschaulichen Bonn den Begriff „Korea-Boom" unter Ökonomen und Politikern gleichermaßen zur Lieblingsvokabel des einsetzenden „Wirtschaftswunders" werden ließ. So konnten bislang unausgelastete Kapazitäten im Maschinen- und Fahrzeugbau genutzt sowie chemische und elektrotechnische Produkte aufgrund einer gesteigerten Nachfrage viel rascher und in größerem Umfang als in Friedenszeiten abgesetzt werden. Gegenüber dem Jahr 1950 verdoppelte sich 1952 allein das BRD-Exportvolumen von annähernd 8,5 Milliarden DM auf knapp 17 Milliarden DM.

Gleichzeitig führten die Ereignisse in Korea dazu, dass in der jungen Bundesrepublik Deutschland sowie in zahlreichen Ländern des Westens der Antikommunismus zur Staatsräson wurde. So endete schließlich im Sommer 1956 das von der Adenauer-Regierung im November 1951 eingeleitete Rechtsverfahren gegen die Kommunistische Partei Deutschlands nach knapp fünfjährigem juristischem Tauziehen mit einem vom Ersten Senat des Bundesgerichtshofes verkündeten KPD-Verbot. Überdies forcierte der Koreakrieg die feste Westintegration der BRD und die von alten Militaristen ersehnte Wiederbewaffnung und Aufstellung einer neuen Armee – der Bundeswehr. *(RW)*

Weiterführende Lektüre

Bechtol, Bruce E. (2006): *Paradigmenwandel des Kalten Krieges: Der Koreakrieg 1950-1953*, in: Greiner, Bernd/Müller, Christian Th./Walter, Dierk (Hg.): Heiße Kriege im Kalten Krieg. Hamburg, S.141–166.

Cumings, Bruce (1981/1990): *The Origins of the Korean War*. Princeton, NJ. 2 vols. - hier vor allem vol. 2, S. 753 f.

Cumings, Bruce (2004): *Der Vernichtungsfeldzug der US Air Force: Napalm über Nordkorea*, in: Le Monde diplomatique. Berlin/Zürich, Dezember.

Cumings, Bruce (2010): *The Korean War: A History*. New York.

Deane, Hugh (1999): *The Korean War, 1945-1953*. San Francisco.

Downing, Taylor (1999): *Der Kalte Krieg wird heiß*. Ausgestrahlt vom NDR. (Hamburg) am 26.7. - 23:00 - 23:45 Uhr.

Endicott, Stephen/Hagerman, Edward (1999): *Der Koreakrieg als Testfeld für die biologische Kriegführung*, in: Le Monde diplomatique, Berlin/Zürich. Juli.

Fleming, D. F. (1961): *The Cold War and Its Origins, 1917-1960*. New York. 2 vols.

Gupta, Karunakar (1972): *How did the Korean War begin?*, in: The China Quarterly 52: 699-716.

Halliday, Jon/Cumings, Bruce (1988): *Korea: The Unknown War*. London.

Hart-Landsberg, Martin (1998): *Korea: Division, Reunification, and U. S. Foreign Policy*. New York.

Hasegawa, Tsuyoshi (ed.) (2011): *The Cold War in East Asia: 1945-1991*. Washington, D. C./Palo Alto, CA.

Kaku, Michio/Axelrod, Daniel (1987): *To Win a Nuclear War: The Pentagon's Secret War Plans*. Boston, MA.

Kim, Iggy (2000): *The Korean War: a war of counter-revolution* – veröffentlicht am 19. Juli 2000 auf der Webseite der australischen Green Left Party: http://www.greenleft.org.au/2000/412/23267

Lindlar, Ludger (1997): *Das missverstandene Wirtschaftswunder. Westdeutschland und die westeuropäische Nachkriegsprosperität*. Tübingen.

Schauen, Ullrich (1998): *Koreas Teilung*. Produktion des WDR (Köln) aus dem Jahre 1998 & ausgestrahlt im WDR3 am 9.1.1999 - 08:00 - 8:30 Uhr.

Schmidt-Häuer, Christian (2002): *„Tötet alle, verbrennt alles!"*, in: Die Zeit, 23. Mai. Hamburg.

Shen, Zhihua/Li, Danhui (2011): *After Leaning to One Side: China and Its Allies in the Cold War*. Washington, D.C./Palo Alto, CA.

Steininger, Rolf (2006): *Der vergessene Krieg. Korea 1950-1953*. München.

Stone, I. F. (1952): *The Hidden History of the Korean War*. New York.

Weathersby, Kathryn (2004): *The Soviet Role in the Korean War: The State of Historical Knowledge*, in: William Stueck (ed.): The Korean War in World History. University Press of Kentucky.

Werning, Rainer (2005): *„… ein einziger Schutthaufen" - Krieg am 38. Breitengrad*. Zweite Folge der vierteiligen Reihe KOREA. Ausgestrahlt von SWR 2 am 21. Oktober. Stuttgart.

Gefrorene Erde

Kim Namjo, 1927 in Daegu im Süden Koreas geboren und eine Zeitzeugin des Krieges, beschwört in ihrem 1996 veröffentlichten Gedichtband „Windtaufe" (Unkel/Bad Honnef: Horlemann Verlag) das Hoffen auf einen Neubeginn nach dem Koreakrieg. Ein Gedicht aus diesem Band heißt schlicht „Leben":

Das Leben
kommt als kalter Körper.
Die grüne Wintergerste,
die nackt in der gefrorenen Erde wächst,
die Mutter des Lebens,
ist auch als kalter Körper weit gekommen.

Auch die Wahrheit
kommt zerfallend und brennend,
hingeworfen und verblutet.

Seht die Winterbäume,
wie sie sich mit der Klinge der Kälte pflegen,
wie die gefallenen Blätter
zur Verfügung der Zukunft gerufen werden,
wie der Ast der Träger neuen Lebens wird.

Wer Zerrissenes und Verformtes nicht lieben kann,
ist kein wahrer Freund,
wer keinen verwundeten Körper küssen kann,
ist kein wahrer Freund.

Das Leben
kommt als kalter Körper.
Als Kälte kommt das Leben
an den zwölf Toren vorbei,
als große Schneeflocke,
die sich weiß niederlegt,
kommt es.

„Ausgezeichnete Ergebnisse“

Während des Koreakrieges (1950-53) bekämpften südkoreanische Partisanen die Armee ihres Landes und die amerikanischen Besatzungstruppen. Massaker wie jenes von No Gun Ri und hohe Verluste unter der Zivilbevölkerung wurden jahrzehntelang der nordkoreanischen Armee angelastet – zu Unrecht.

„Fast die gesamte Halbinsel Korea ist ein einziger Schutthaufen“, erklärte der amerikanische Luftwaffengeneral Emmett O'Donnell in den letzten Monaten des Koreakriegs. Mit dem Unterton des Bedauerns fügte der General hinzu: „Alles ist zerstört. Nichts Nennenswertes ist stehen geblieben. Kurz bevor die Chinesen in den Krieg eintraten, wurden von unseren Bombern keine Angriffe mehr geflogen. Es gab in Korea schlicht keine Ziele mehr.“ Drei lange Jahre, von Ende Juni 1950 bis Ende Juli 1953, setzte die US-Luftwaffe in Korea systematisch und flächendeckend Napalm gegen Mensch und Natur ein. Städte und Dörfer waren davon ebenso betroffen wie dicht bewaldete Berghänge, aus denen bald nur noch verdorrte Baumstümpfe in den Himmel staken.

Das Massaker von No Gun Ri

In den ersten Kriegstagen evakuiert die US-Armee vielfach ganze Dörfer im Süden Koreas. So müssen auch im Juli des Jahres 1950 die Bewohner von No Gun Ri ihre Häuser verlassen. Dieser Ort und die angrenzenden Gebiete galten vor der Ankunft amerikanischer Truppen in Korea als eine Hochburg des antijapanischen Widerstandes. Nach der Kapitulation Japans Mitte August 1945 entstand hier das Yongdong-Volkskomitee, das in der vorwiegend bäuerlichen Bevölkerung großen Rückhalt erfuhr. Noch vor der Evakuierung No Gun Ris, so erfahren später eingerückte Einheiten der nordkoreanischen Volksarmee, seien annähernd 2.000 Zivilisten von GIs in die nahen Berge getrieben und dort regelrecht exekutiert worden. Der amerikanische Historiker und Koreaexperte Bruce Cumings verweist auf ein an Generalmajor Clark Ruffner adressiertes geheimes Nachrichtenmemo der US-Armee aus jener Zeit, in dem „Hinrichtungskommandos“ gefordert werden, um Leute „auszuschalten“, die im Verdacht stehen, der Guerilla zuzuarbeiten – eine Vorwegnahme jener perfiden Taktik, die 20 Jahre später die CIA im Rahmen ihrer „Operation Phönix“ in großem Stil in Vietnam praktizieren wird.

Soldaten des 7. US-Kavallerieregiments graben sich am 26. Juli 1950 bei No Gun Ri auf einem mehrere hundert Meter langen Frontabschnitt ein. Am

Morgen desselben Tages funkt die Führung der 8. US-Armee folgenden Befehl an alle Truppen im Kampfgebiet: „Flüchtlinge dürfen die Front nicht überqueren. Es wird auf jeden geschossen, der versucht, die Linien zu überschreiten. Im Fall von Frauen und Kindern ist Besonnenheit zu bewahren.“ Generalmajor William B. Kean erteilt der nahe No Gun Ri in Stellung gegangenen 25. Infanteriedivision den Befehl: „Alle Zivilisten, die sich in diesem Gebiet aufhalten, werden als Feinde betrachtet und entsprechend behandelt.“ Als sich noch am selben Tag ein Treck von 500 bis 600 Bewohnern umliegender Dörfer, die sich auf der Flucht vor anrückenden nordkoreanischen Einheiten befinden, der amerikanischen Front nähert, werden die Flüchtlinge von der Straße vertrieben. Die GIs wollen den Weg für US-Militärfahrzeuge frei halten und treiben die Menschen auf einen angrenzenden Bahndamm. Als die Flüchtlinge dort rasten, werfen US-Kampfflugzeuge plötzlich Bomben auf sie ab und feuern mit Maschinengewehren auf den Konvoi. Etwa Hundert Menschen kommen nach koreanischen Augenzeugenberichten bei dem Beschuss aus der Luft ums Leben. Die Überlebenden – hauptsächlich alte Männer, Frauen und Kinder – flüchten sich in einen Tunnel unter einer nahe gelegenen Eisenbahnbrücke. Schutz finden sie dort allerdings nicht: unablässig wird auf sie gefeuert. Verzweifelt stapeln einige der Flüchtlinge Leichen übereinander, um Schutzwälle zu errichten, während andere mit bloßen Händen Löcher in den Boden graben, um vor dem Kugelhagel in Deckung zu gehen. Letztlich sterben an die 400 koreanische Zivilisten bei diesem Blutbad der US-Truppen.

Das verantwortliche 7. US-Kavallerieregiment macht seinem Ruf alle Ehre. Seit seiner Aufstellung im Oktober 1866 unterwarf es zunächst gewaltsam die Indianer im eigenen Land (und war am Massaker von Wounded Knee Ende 1890 beteiligt), um 1900 „reinigte“ es die Philippinen und Kuba von „Insurrectos“ („aufständischen Banditen“), um nunmehr in Korea die abschätzig „gooks“ („schlitzäugige Asiaten“) genannte Bevölkerung zu terrorisieren.

Fast ein halbes Jahrhundert bleiben die grausamen Geschehnisse in No Gun Ri vergessen und verdrängt. Wenngleich bereits 1982 erste Geheimdokumente über die amerikanische Kriegführung in Korea öffentlich zugänglich gemacht werden. Doch zu dieser Zeit interessiert sich in Südkorea und in den USA kaum jemand für diese Ereignisse. Seit Ende des Zweiten Weltkriegs herrschen in Seoul die Militärs, in dem antikommunistischen Frontstaat par excellence bleibt No Gun Ri tabuisiert. Solche und ähnliche Massaker werden in der offiziellen Geschichtsschreibung Südkoreas als Werk nordkoreanischer Kommunisten dargestellt. Und in Washington herrscht auf dem Höhepunkt des Kalten Krieges, des neuerlichen Wettrüstens gegen die Sowjetunion und nur eineinhalb Jahrzehnte nach dem

Massaker im vietnamesischen My Lai kein Interesse daran, den Geschehnissen von No Gun Ri, einer der vielen Gräueltaten vor My Lai, nachzuspüren und sie öffentlich einzugestehen.

„Tragische Begleiterscheinung“

Erst Mitte der 1990er Jahre wenden sich 30 Überlebende und Hinterbliebene des No Gun Ri-Massakers mit einer Petition an das sogenannte Kompensationskomitee der südkoreanischen Regierung in Seoul. Zunächst bestreiten sowohl südkoreanische als auch amerikanische Militärbehörden die Vorwürfe kategorisch. Doch in den südkoreanischen Medien können sich die Opfer Gehör verschaffen, bis am 30. September 1999 „Associated Press“ einen Bericht über No Gun Ri veröffentlicht und darin auch ein Dutzend amerikanische Kriegsveteranen zu Wort kommen lässt. Pete McCloskey, der wegen seines Einsatzes im Koreakrieg mit Tapferkeitsmedaillen ausgezeichnet wurde und als Abgeordneter im US-Kongress saß, gibt zu Protokoll: „Ich glaube, die amerikanische Regierung, das Pentagon und die meisten Behörden wollen nicht, dass die Wahrheit ans Licht kommt. Das würde sie arg in Verlegenheit bringen.“

In Südkorea und in den USA regen sich nach den Medienberichten Empörung und Abscheu. Nunmehr ist auch das Pentagon gefordert, sich zu den Ereignissen in No Gun Ri zu äußern. Nach 15-monatiger Untersuchung schließt der Generalinspekteur der US-Armee im Januar 2001 seinen Bericht ab. Die koreanischen Überlebenden sowie die meisten amerikanischen Zeitzeugen sind empört über das Ergebnis. Im letzten Satz dieses Reports heißt es wörtlich: „Was den Zivilisten in der Nähe von No Gun Ri Ende Juli 1950 widerfuhr, war eine tragische und zutiefst bedauernswerte Begleiterscheinung eines Krieges, der unvorbereiteten amerikanischen und südkoreanischen Streitkräften aufgezwungen worden war.“ Befehle, auf Zivilisten zu schießen, hätte es laut dem Bericht nicht gegeben. Zwar bedauert der aus dem Amt scheidende Präsident Bill Clinton im Januar 2001 den Tod unbewaffneter Zivilisten in No Gun Ri. Förmlich entschuldigen will er sich aber nicht. Nach amerikanischer Lesart hatten die GIs in Korea nicht vorsätzlich getötet; dieses Eingeständnis hätte das US-Militär öffentlich an den Pranger gestellt und wäre ein justiziables Kriegsverbrechen gewesen.

Die offizielle Darstellung der Behörden in Washington, untermauert vom Ex-Offizier Robert L. Bateman, wird schließlich durch ein Dokument widerlegt, das der Historiker Sahr Conway-Lanz im US-Nationalarchiv entdeckt. Es handelt sich um ein Schreiben des damaligen US-Botschafters in Südkorea, John J. Muccio,

„Feuert auf sie. Tötet sie alle"

„US-Soldaten in den umliegenden Schützengräben haben einige Leute erschossen, die weglaufen wollten", berichtet Chung Goo-Ho. „Als es dunkel wurde, haben die Soldaten Scheinwerfer auf uns gerichtet. Dann begannen sie, in die Menge zu schießen. An die hundert Leute sind geflohen, weil sie schnell laufen konnten, darunter auch mein Vater. Aber die meisten Frauen und Kinder haben zurückbleiben müssen. Drei Tage und Nächte ist immer wieder auf uns geschossen geworden. Ich habe gedacht, ich würde sterben. Als sich die GIs am dritten Tag zurückzogen haben, hat es nur ungefähr 20 Überlebende gegeben, darunter meine jüngere Schwester und ich." Auch Chung Choon-Ja, damals ein zwölfjähriges Mädchen, überlebt das Blutbad von No Gun Ri: „Die amerikanischen Soldaten haben mit unserem Leben wie kleine Jungen mit Fliegen gespielt." Die Gesamtzahl der Opfer bei No Gun Ri wird von koreanischen Zeugen auf etwa 400 beziffert. Elf Mitglieder verliert allein die Familie Chung im Tunnel von No Gun Ri.

Einer der amerikanischen Zeitzeugen, Eugene Hesselman, erinnert sich an den Befehl seines Hauptmanns: „Zur Hölle mit all' diesen Leuten, erledigen wir sie allesamt!" „Es war Massenmord", sagt der ehemalige Gefreite Herman Patterson. „Wir haben sie einfach umgelegt", bestätigt der frühere MG-Schütze Norman Tinkler. Und der damalige Leutnant Robert M. Carroll weiß noch, als am Morgen des 26. Juli 1950 per Funkspruch der Befehl erging, die Flüchtlinge zu erschießen: „Was machen Sie, wenn der Befehl lautet, niemanden durchzulassen? Wir mussten sie erschießen, um sie am Vorrücken zu hindern." Ex-GI Joe Jackman: „Es gab einen Leutnant, der wie ein Besessener tobsüchtig herumschrie: ‚Feuert auf sie. Tötet sie alle.' Ich wusste nicht, ob da Soldaten waren oder nicht. Ich habe nur viele Jugendliche gesehen. Egal, ob sie acht oder achtzig Jahre alt waren, blind, verkrüppelt oder verrückt – auf alles wurde wie wild gefeuert."

Es gibt auch andere Stimmen. Der US-Veteran Donald Donally beispielsweise, ebenfalls ein Zeuge des No Gun Ri-Massakers, sagt über seine Zeit als Soldat heute: „Ich habe nichts zu bereuen, weil ich eine wundervolle Karriere hatte."

vom 26. Juli 1950. Darin unterrichtet der Botschafter das US-Außenministerium über eine „notwendige" Entscheidung der 8. US-Armee in Korea, die in den USA zu negativen Reaktionen führen könnte. Muccio spricht von einem „sehr ernsten Problem", das zunehmend „auch das Militär herausfordere". Die durch Flüchtlingsströme verstopften Straßen und Zufahrtwege behinderten die eigenen Militärfahrzeuge, und außerdem befürchte man, dass sich unter den Flüchtlingen nordkoreanische Agenten befänden. Sodann verweist Muccio auf ein tags zuvor stattgefundenes Treffen mit dem Kommandeur der 8. US-Armee und deren Sicherheitsdienst, Mitarbeitern des südkoreanischen Innenministeriums und des Ministeriums für soziale Angelegenheiten sowie dem Direktor der Nationalpolizei. Kernpunkt dieses Treffens sei der Befehl gewesen: „Nähern sich Flüchtlinge nördlich der US-Linien, werden Warnschüsse abgefeuert. Rücken sie dennoch weiter vor, werden sie erschossen."

Muccios Brief wurde weder im Abschlussbericht des Generalinspekteurs der US-Armee berücksichtigt, noch ist er den südkoreanischen Behörden, die sich ihrerseits mit der Untersuchung der Geschehnisse in No Gun Ri befassen, zugegangen. Yi Mahn-Yol, Vorsitzender des Nationalen Instituts der Geschichte Koreas und ein Mitglied der südkoreanischen Regierungskommission zur Klärung der Vorfälle in No Gun Ri, geht deshalb davon aus, dass von Anfang an „das Kommandosystem in alles einbezogen war und es sich keineswegs um einen beklagenswerten Unfall handelte." Der manisch-repressive Antikommunismus der US-Besatzungstruppen und ihres südkoreanischen Statthalters Rhee Syngman, manifester Rassismus unter den GIs und eine systematisch tolerierte und praktizierte Verletzung internationaler Völker- und Menschenrechtsnormen waren verantwortlich für das, was in No Gun Ri und andernorts während des Koreakrieges geschah.

Kriege im Krieg

Im Jahr 1950 bleibt das Massaker von No Gun Ri kein Einzelfall. Im August gibt Generalmajor Hobart R. Gay den Befehl, eine Brücke über den Naktong zu sprengen. Dabei kommen zahlreiche Menschen ums Leben, so der Zeitzeuge und ehemalige Feldwebel Carroll F. Kinsman: „Die komplette Brücke war voller Flüchtlinge". In den Militärannalen heißt es dazu lakonisch: „Ausgezeichnete Ergebnisse." Im selben Monat finden 80 Zivilisten durch einen amerikanischen Angriff den Tod, die in einem Schrein des Dorfes Kokaan-Ri nahe der südkoreanischen Stadt Masan Schutz gesucht hatten. An den Stränden der Hafenstadt Pohang kommen einen Monat später weitere 400 Zivilisten durch gezielten Artil-

Schonungslose Aufklärung

„In der Zeit vom 25. Juni 1950 bis zum 27. Juli 1953 kamen nach konservativen westlichen Schätzungen über 4,6 Millionen Koreaner ums Leben, einschließlich drei Millionen Zivilisten im Norden und 500.000 Zivilisten im Süden der Halbinsel. Die Beweise für die US-Kriegsverbrechen, die diesem Tribunal präsentiert wurden, lieferten Augenzeugenberichte und Dokumente über Massaker an Tausenden Zivilisten, die von den amerikanischen Militärstreitkräften während des Krieges im Süden Koreas verübt wurden. Darüber hinaus gab es erdrückende Beweise der kriminellen US-Politik im Norden Koreas, wo systematisch die meisten Häuser und Gebäude durch US-Artilleriefeuer und Luftangriffe in Schutt und Asche gelegt wurden, wo amerikanische und südkoreanische Verbände gemeinsam brutal gegen Zivilisten und Kriegsgefangene vorgingen, wo mutwillig lebensnotwendige Einrichtungen des öffentlichen Lebens und wirtschaftliche Produktionsanlagen zerstört und geächtete Waffen sowie biologische und chemische Kampfmittel im Krieg gegen seine Bevölkerung eingesetzt wurden. Zahlreiche Dokumentationen und Augenzeugenberichte beweisen überdies die allgegenwärtige und systematische Gewalt gegen Frauen im Norden und Süden Koreas, die Massenvergewaltigungen, anderen sexuellen Erniedrigungen und Nötigungen ausgesetzt waren und oftmals ermordet wurden. Die Teilnehmer dieses Tribunals fordern die US-Regierung auf, sämtliche Informationen über begangene US-Kriegsverbrechen und andere Gräueltaten zugänglich zu machen, die in Korea seit dem 7. September 1945 (dem Tag der Landung erster US-Kontingente nach der Kapitulation Japans – Anm. d. A.) begangen wurden“.

Auszug aus dem Verdikt des „Korea International War Crimes Tribunal“, New York, 23. Juni 2001. Als Vorsitzender und Chefankläger des Tribunals fungierte der ehemalige US-Justizminister Ramsey Clark.

leriebeschuss der US-Marine ums Leben. Bislang sind über 60 solcher Massaker des Koreakrieges bekannt und dokumentiert.

Als Südkoreas Präsident Rhee Syngman von US-Truppen zurück zu seinem Amtssitz in Seoul, das zeitweilig unter nordkoreanischer Kontrolle stand, eskortiert wird, nehmen seine Leute furchtbare Rache an allen, die sie verdächtigen, der gegnerischen Seite zuzuarbeiten. Mehrere Zehntausend Menschen fallen diesen Racheakten zum Opfer. Das wiederum führt zu verstärkten Guerillaaktivitäten, die im Januar 1951 ihren Höhepunkt erreichen.

Das US-Oberkommando schätzt die Zahl der Aufständischen auf 30.000 bis 35.000 Personen. Um sie auszuschalten, beginnen die Militärstrategen die „Operation Rattentöter", dessen Kommando einem der schärfsten antikommunistischen Haudegen Südkoreas, General Paik Sun-Yup, übertragen wird. General Matthew B. Ridgway, der zwischenzeitlich den von US-Präsident Truman entlassenen Oberkommandierenden Douglas MacArthur abgelöst hat, verkündet Ende Januar 1952 den Erfolg dieser Operation: „Nahezu 20.000 Freischärler – Banditen und organisierte Guerilleros – wurden getötet oder gefangengenommen. Damit war diese Irritation ein für allemal beendet". *(RW)*

Weiterführende Lektüre

Bateman, Robert L. (2002): *No Gun Ri: A Military History of the Korean War Incident.* Mechanicsburg, PA.

Conway-Lanz, Sahr (2006): *Collateral Damage: Americans, Noncombatant Immunity, and Atrocity after World War II.* New York/Abingdon.

Department of the Army Inspector General (2001): *No Gun Ri Review.* Washington, D.C. January 2001.

Halliday, Jon/Cumings, Bruce (1988): *Korea: The Unknown War.* London/New York.

Hanley, Charles J./Choe, Sang-Hun/Mendoza, Martha with research assistance by Randy Herschaft (2001): *The Bridge at No Gun Ri: A Hidden Nightmare from the Korean War.* New York.

Korea International War Crimes Tribunal – Final Judgment. June 23, 2001. New York.

Paik, Sun-Yup (1999): *From Busan to Panmunjom: Wartime Memoirs of the Republic of Korea's First Four-Star General.* Foreword by Gen. Matthew B. Ridgway & Gen. James A. Van Fleet. Dulles, VA.

Rheinisches JournalistInnenbüro/Recherche International e. V. (2005) (Hg.): *„Unsere Opfer zählen nicht" – Die Dritte Welt im Zweiten Weltkrieg*. Berlin/Hamburg.

Werning, Rainer (2005): *„... ein einziger Schutthaufen" – Krieg am 38. Breitengrad.* Teil II einer 4-teiligen Radiosendung über Korea im SWR 2 (Red.: Wissen), ausgestrahlt am 21. Oktober 2005. Stuttgart.

Wiese, Marc (2007): *Das Massaker von No Gun Ri*. Eine Koproduktion des WDR/RBB, ausgestrahlt von der ARD am 29. März 2007. Köln/Berlin.

Williams, Lee (2001): *„Kill 'em All"*. A *Timewatch* documentary about the No Gun Ri killings and American military conduct in Korea. London: BBC / 01.02.2001.

Kapitel III

Getrennte Wege, wechselseitige Feindbilder

(1953–1997)

Nord-Süd-Annäherungen im Stechschritt

Exzessive Feindbilder prägten seit dem Koreakrieg das Verhältnis der beiden Staaten im Süden und Norden der Halbinsel. Seit den 1970er Jahren kam es aber immer wieder zu gemeinsamen Vorstößen.

Am 4. Juli 1972 schlug die in beiden Hauptstädten Koreas gleichzeitig bekannt gegebene „Gemeinsame Süd-Nord-Erklärung über die friedliche nationale Wiedervereinigung" wie eine Bombe ein. Darin hieß es:

> „Beide Seiten einigten sich über folgende Prinzipien der Wiedervereinigung des Vaterlandes:
>
> 1. Die Wiedervereinigung soll unabhängig, das heißt ohne sich auf eine fremde Macht zu stützen, noch mit deren Einmischung erreicht werden.
> 2. Die Wiedervereinigung soll mit friedlichen Mitteln, das heißt ohne Waffeneinsatz der einen Seite gegen die andere verwirklicht werden.
> 3. Die große nationale Einheit soll vor allem durch ein gemeinsames Nationalgefühl gefördert werden, ungeachtet der Unterschiede der Ideologien, Ideale und Systeme.
>
> Beide Seiten halten sich von der Verleumdung der anderen Seite und von bewaffneten Provokationen, kleinen oder großen, zurück und wirken daraufhin, Zwischenfälle durch unerwartete militärische Konflikte zu vermeiden, damit die Spannung zwischen dem Norden und dem Süden überwunden und eine vertrauensvolle Atmosphäre geschaffen werden kann."

Zugleich wurde vereinbart, die Zusammenarbeit auf den verschiedensten Ebenen, vorrangig im Rahmen medizinischer Hilfe, zu fördern. Außerdem sollte zwischen beiden Hauptstädten ein „heißer Draht" hergestellt und daraufhin gewirkt werden, dass ein noch zu schaffendes „Nord-Süd-Koordinationskomitee" die vereinbarten Punkte realisiert. Doch die Nachwirkungen des unerwarteten Besuchs von US-Präsident Richard M. Nixon in der Volksrepublik China (eine für Südkorea unerwünschte Annäherung an einen Erzfeind), die Verhängung des Kriegsrechts durch Seouls Machthaber im Oktober 1972 sowie die Entführung des namhaften Oppositionspolitikers Kim Dae-Jung durch KCIA-Agenten aus Tokio im August 1973 machten die hehre „Gemeinsame Süd-Nord-Erklärung" zur Makulatur.

Südkoreas Diktator Park Chung-Hee sah in der euphorischen Stimmung der Nation unmittelbar nach dem Zustandekommen der „Gemeinsamen Süd-Nord-Erklärung" einen innenpolitischen Befreiungsschlag zur Konsolidierung seiner Alleinherrschaft. Im Juni 1973 schlug er die getrennte Aufnahme beider Korea in die UNO vor. Diesen Vorschlag lehnte Kim Il-Sung mit dem Argument ab, dies würde die Teilung des Landes international festschreiben. Stattdessen wollte er eine gemeinsame „Konföderative Republik Korea" schaffen. Gleichzeitig setzte er sich dafür ein, das Waffenstillstandsabkommen von 1953 durch einen Friedensvertrag zwischen Nordkorea und den USA zu ersetzen. Bis zur Ermordung von Park Chung-Hee durch seinen eigenen Geheimdienstchef im Oktober 1979 kam es zu keinen weiteren Gesprächen zwischen Nord und Süd.

Im Rechenschaftsbericht des ZK der Partei der Arbeit Koreas (PdAK) auf dem VI. Parteitag im Oktober 1980 fasste Kim Il-Sung den bis dahin mehrmals unterbreiteten Vorschlag zur Bildung einer Konföderation von Nord- und Südkorea („Demokratische Konföderative Republik Koryo") in 10 Punkten zusammen. Die an Legitimitätsdefiziten leidende Regierung Chun Doo-Hwans lehnte im Januar 1981 diesen Vorschlag aus dem Norden ab und schlug stattdessen ein Gipfeltreffen vor. Bis Mitte der 1980er Jahre gab es keine nennenswerte Bewegung im innerkoreanischen Dialog, außer der Lieferung nordkoreanischer Hilfsgüter für die Opfer der Flutkatastrophe im Süden im September 1984 und dem einmaligen wechselseitigen Besuch einer jeweils 150 Mitglieder großen Gruppe von getrennt lebenden Familien.

Entgegen der Hoffnung, die herrschenden Militärs mit Stimmzetteln zu Fall zu bringen, ging Roh Tae-Woo aus der Präsidentschaftswahl im Dezember 1987 als Sieger hervor, da die Opposition in zwei Lager gespalten war. Mit dem Bonus des Gastgebers der XXIV. Olympischen Sommerspiele in Seoul im Jahre 1988 versuchte Roh nunmehr, offensiv gegen Nordkorea vorzugehen. Im Juli 1988 unterbreitete er sein Konzept der „Nordpolitik". Diese verfolgte vor allem das Ziel, die Kontakte mit den ehemaligen Verbündeten der Sowjetunion in Osteuropa zu intensivieren, um Nordkorea zu isolieren.

Um die Jahreswende 1990/1991 – nach vielen ergebnislosen Gesprächsrunden – handelten Nord- und Südkorea schließlich ein „Grundlagenabkommen für Entspannung, Kooperation und Versöhnung" aus, das den beiderseitigen Austausch in den Bereichen Kultur, Wirtschaft und Politik vorsah und regelmäßige gemeinsame Besuchsprogramme ermöglichen sollte. Mit der Unterzeichnung des Zusatzprotokolls zu diesem „Grundlagenabkommen" trat auch die Erklärung über ein atomwaffenfreis Korea in Kraft.

Doch die Vertragsunterzeichnung fiel in eine für Nordkorea überaus bedeutsame Umbruchphase. In Berlin war die Mauer gefallen, der Zusammenbruch der Sowjetunion und der realsozialistischen Regime in Osteuropa stand bevor. Nordkorea stellte sich gegen die Politik von „Glasnost" und „Perestroika" in der Sowjetunion. Die Regierung in Pjöngjang witterte darin eine – so wörtlich – „ideologische Kontaminierung" und zog kurzerhand ihre im Ausland stationierten Kader und Techniker ab. Auf die Umbruchphase in Osteuropa reagierte Nordkorea auf seine Weise: Es schottete sich gegenüber der (westlichen) Außenwelt ab, setzte stärker als zuvor auf ideologische Erziehung und Kampagnen, entwarf das Konzept des „Sozialismus in den eigenen Farben" (*Urishik Sahoijui*) und propagiert seitdem den „starken und gedeihenden Staat" (*Kangseung Daeguk*) sowie die Politik des „Das Militär zuerst!" (*Seungun*).

Mitten in der neu entstandenen weltpolitischen Konstellation nach dem Fall der Berliner Mauer führte der verschärfte Konflikt zwischen Nordkorea und den USA um die Inspektion der nordkoreanischen Atomanlage in Yongbyon durch die Internationale Atomenergiebehörde (IAEA) auch zur prompten Abkühlung des innerkoreanischen Dialogklimas im Gefolge des hoffnungsvollen „Grundlagenabkommens". *(DYS/RW)*

Weiterführende Lektüre

Grabowsky, Volker (1987): Die Wiedervereinigungspolitik der DDR und Nordkorea: Ein Vergleich. Offenbach/M.

McCormack, Gavan/Gittings, John (1977): Crisis in Korea. London/Amsterdam.

Song, Du-Yul (Hg.) (1980): Wachstum, Diktatur und Ideologie in Korea. Bochum.

Song, Du-Yul (1995): Korea-Kaleidoskop. Aktuelle Kontexte zur Wiedervereinigung. Osnabrück, S. 22-32.

Schmachvolle Haft

Nach fast einjähriger Gefangenschaft in Nordkorea kehrte die Besatzung der „USS Pueblo" zu Weihnachten 1968 in ihre Heimat zurück.

Die Regierungen in Pjöngjang und Washington waren nie zimperlich im Umgang miteinander. Das resultiert aus den Erfahrungen des Koreakrieges und erst recht aus der bis heute in Washington nicht verwundenen Schmach über den sogenannten „USS Pueblo"-Vorfall, der sich Ende der 1960er Jahre, auf dem Höhepunkt des Vietnamkrieges, in nordkoreanischen Gewässern ereignete.

Am 23. Januar 1968 hatten nordkoreanische Patrouillenboote das amerikanische Schiff „USS Pueblo" vor der Küste Nordkoreas aufgegriffen, die gesamte 83-köpfige Besatzung unter dem Befehl von Kapitän Lloyd Mark „Skip" Bucher gefangengenommen und sie der Spionage bezichtigt. Die Pueblo, erklärten die Verantwortlichen in Pjöngjang, sei innerhalb der Zwölf-Seemeilen-Zone aufgegriffen worden und somit unrechtmäßig in nordkoreanisches Terrain eingedrungen. Demgegenüber sprach die amerikanische Regierung vom illegalen Kapern des Schiffs. Und die dem US-Verteidigungsministerium nahestehende Zeitschrift „Pacific Stars & Stripes" prangerte die „Entführung eines US-Marineschiffes durch die Kommunisten" an.

Zwölf Tage zuvor, am 11. Januar 1968, hatte die Pueblo, ein von der US-Navy für ihre Zwecke umgebautes Frachtschiff, den Hafen im japanischen Sasebo verlassen. Im Japanischen (beziehungsweise Ost-)Meer sollte die Besatzung routinemäßige Erkundungstrips durchführen und in gemeinsamem Auftrag von US-Marine und Nationaler Sicherheitsbehörde (NSA) ozeanographische Daten sammeln. So jedenfalls stellte es der damalige Marineminister John Chafee dar. Amerikanischen Berichten zufolge sei die Pueblo nicht mit der neuesten Navigationstechnik ausgestattet und die junge Besatzung unerfahren gewesen, sodass das Schiff möglicherweise irrtümlich die international anerkannte Zwölf-Seemeilen-Zone überschritten habe. Kapitän Bucher berichtete später, die Pueblo sei bei ihrer Fahrt plötzlich unter Beschuss geraten. Er habe zunächst keine akute Gefahr wahrgenommen, zumal es gerade in diesen Gewässern, in denen auch sowjetische Spionageschiffe kreuzten, immer wieder zu Scharmützeln gekommen wäre.

Für die US-Marine bedeutete diese Affäre eine herbe Schlappe. Mit der Pueblo fielen den Nordkoreanern strategisch sensible Daten in die Hände, die es unter anderem der mit ihnen befreundeten Sowjetunion ermöglichte, nachrichtendienstlich relevante Codes zu knacken. Nachdem das Schiff lange Zeit in Wonsan an

Nordkoreas Ostküste ankern musste, wurde es später in die im Westen gelegene Hauptstadt Pjöngjang gebracht und dort auf dem Taedong-Fluss wie eine Trophäe ausgestellt. Zudem sickerten Berichte durch, die gefangengenommenen Amerikaner seien in der Haft gefoltert und einer Gehirnwäsche unterzogen worden. Kapitän Bucher und seine Crew wurden gezwungen, ein Schuldeingeständnis zu unterschreiben, was die nordkoreanischen Medien weidlich ausschlachteten.

Während in den USA die Stimmen lauter wurden, die aus Rache einen Militärschlag gegen Nordkorea befürworteten, setzte der damalige US-Präsident Lyndon B. Johnson auf eine politisch-diplomatische Lösung des Konflikts. Die US-Regierung entschuldigte sich dafür, dass die Pueblo die Hoheitsrechte der Volksrepublik verletzt habe. Wenngleich der US-Vertreter in der Militärischen Waffenstillstandskommission (MAC), Generalmajor Gilbert Woodward, dieses Zugeständnis mit der Erklärung herunterspielte, es sei dabei einzig um die Befreiung der Pueblo-Crew gegangen, wollte Johnson offensichtlich ein weiteres Fiasko in Asien vermeiden. Denn bereits im Frühjahr 1968 verdichteten sich die Anzeichen, dass die USA in Südvietnam militärisch scheitern und eine Niederlage erleiden würden.

Jedenfalls landeten am Weihnachtsabend 1968 – nach elfmonatiger Gefangenschaft – 82 Mann der Pueblo-Besatzung unversehrt auf der Miramar Naval Air Station im kalifornischen San Diego und wurden dort im Rahmen einer emotionsgeladenen Welcome-Party begrüßt. Ein amerikanischer Soldat war seinen Verletzungen erlegen, die er sich während des Schusswechsels vor dem Aufgreifen der Pueblo zugezogen hatte.

Nach ihrer Freilassung aus nordkoreanischer Gefangenschaft wurde die Besatzung des Schiffs in ein langwieriges Verfahren verwickelt, in dem vor allem Kapitän Bucher ins Visier des US-Marinekommandos geriet. Er wurde als Hauptschuldiger für das Desaster angeklagt. Schließlich war es in „Friedenszeiten" das erste Mal in der Geschichte der USA passiert, dass das Land eines seiner Schiffe einer fremden Macht überlassen musste. Eine Verurteilung Buchers und eines Teils seiner Crew durch ein Militärgericht wurde letztlich vom Marineministerium und im Kongress mit dem Argument abgewiesen, die Pueblo-Besatzung hätte bereits so sehr gelitten, dass eine zusätzliche Bestrafung der Soldaten unangemessen sei. *(RW)*

Ein Massaker im Namen „nationaler Sicherheit“

Im Mai 1980 schlägt das südkoreanische Militär mit Duldung der USA den Volksaufstand in der Stadt Gwangju brutal nieder.

In den 1960er und 1970er Jahren erlebte die Republik Korea (Südkorea) eine rasante, staatlich gelenkte industrielle Entwicklung. Zweistellige Wachstumsraten pro Jahr waren die Regel, langsam entstand auch eine dünne Mittelschicht in den städtischen Zentren. Doch die Masse der Bevölkerung hatte keinen Anteil an dem neuen Reichtum. Den teilten die Vertreter der *chaebol*, der mächtigen Finanz- und Wirtschaftskonglomerate, und die politisch-militärische Führungsriege um General Park Chung-Hee, der das Land mit eiserner Faust und mittels Kriegsrecht regierte, unter sich auf. 1979 kam es nach Jahren militärisch verordneter Ruhe landesweit zu Protestmärschen und Streiks: Dem Ruf nach Demokratisierung, verbesserten Arbeits- und Lebensbedingungen, Versammlungs- und Organisationsfreiheit und Wiedervereinigung mit Nordkorea schlossen sich nunmehr auch bürgerlich-gemäßigte – doch politisch ausgegrenzte – Kräfte um die bekannten Oppositionspolitiker Kim Dae-Jung und Kim Young-Sam an. Schließlich residierte im Weißen Haus mit Jimmy Carter (1977-81) ein US-Präsident, der nicht nur oberster militärischer Schutzpatron über den Süden der geteilten koreanischen Halbinsel sein wollte, sondern die weltweite Wahrung und Durchsetzung der Menschenrechte zur Maxime seiner Politik erklärt hatte.

Präsident Park wurde unter diesen Bedingungen selbst unter den Herrschenden immer mehr zur Hypothek. Am 26. Oktober 1979 wurde er von seinem eigenen Geheimdienstchef Kim Jae-Kyu erschossen. Anschließende Unruhen im Lande und innermilitärische Konflikte wusste eine Gruppe um Generalleutnant Chun Doo-Hwan geschickt für ihre eigenen Interessen zu nutzen. Mitte Dezember 1979 putschte Chun mit seinen Getreuen gegen die damalige Militärführung, die ihm zu lasch erschien, stellte den Sicherheitschef Chung als Komplizen des Tyrannenmords vor Gericht und rächte Parks Tod, indem er den Attentäter Kim Jae-Kyu und vier Mitverschwörer hängen ließ. Seine eigene Macht vervollkommnete der neue „starke Mann“ im April 1980, als er überdies die Führung des mächtigen Geheimdienstes KCIA, des südkoreanischen Pendants zur amerikanischen CIA, an sich ziehen konnte. Da Chun bereits den militärischen Sicherheitsdienst kontrollierte, besaß er eine bis dahin unerreichte Machtfülle, die ihn prädestinierte, schließlich selbst ins Blaue Haus, den Amtssitz des Präsidenten, einzuziehen und den Übergangspräsidenten Choi Kyu-Hah abzulösen.

Unumschränkte Macht der Generäle

In den sechs Monate währenden Wirren nach der Ermordung Park Chung-Hees waren Großdemonstrationen in zahlreichen Städten an der Tagesordnung. Im Lande herrschte Aufbruchsstimmung. Vor allem die Studentenschaft, die niedrig bezahlten, schlecht behandelten Industriearbeiter und in der Illegalität oder Halblegalität arbeitende Gewerkschafter und Gemeindemitarbeiter der Kirchen drängten auf demokratische Verhältnisse. Die Presse schrieb so frei wie nie seit 18 Jahren, politische Gefangene wurden entlassen. Die Universitäten erhielten mehr Autonomie und die Opposition konnte sich relativ frei äußern.

Am 20. Mai 1980 sollte das Parlament über den Oppositionsantrag zur Aufhebung des Kriegsrechts abstimmen. Das ging den Militärs dann doch zu weit. Sie verhängten zwei Tage zuvor ein verschärftes Kriegsrecht und verhinderten die Abstimmung, schlossen Parlament, Parteibüros und Universitäten, verboten jede politische Betätigung und warfen Hunderte Oppositionelle, aber auch einige Rivalen aus dem Regierungslager, ins Gefängnis. Die Begründung der Militärführer: Die Sicherheit des Landes sei in Gefahr, verdächtige Truppenbewegungen seien am 38. Breitengrad ausgemacht worden (was das Oberkommando der amerikanischen UN-Truppen in Südkorea jedoch dementierte). Der Oppositionspolitiker Kim Dae-Jung, der schon unter Park im Gefängnis gesessen war und die meisten Anhänger in der Arbeiterschaft besaß, wurde erneut eingesperrt. Kim Jong-Pil, stockkonservativer Vorsitzender der Regierungspartei der Republikaner, der 1961 Parks Machtergreifung maßgeblich mitorganisiert hatte, wurde unter Anklage der Korruption verhaftet. Schließlich wurde auch Kim Young-Sam, Vorsitzender der Oppositionspartei, unter Hausarrest gestellt. Das entmachtete Kabinett trat geschlossen zurück.

Kim Dae-Jung stammte aus der südwestlichen Provinz Süd-Cholla (*Cholla Namdo*), in deren Hauptstadt Gwangju die heftigsten Demonstrationen gegen die Willkürmaßnahmen der Militärs stattfanden. Traditionell war Cholla von der Zentralregierung vernachlässigt worden; bei staatlichen Entwicklungsvorhaben wurde die Region immer zuletzt bedacht, während ihre Bürger überproportional Steuern und andere Abgaben zu leisten hatten. Im Mai 1980 machten 200.000 Bürger und Studenten der Stadt, gut ein Viertel der Einwohner, in friedlichen Umzügen ihrem Ärger über die Mächtigen in Seoul Luft. Erst das brutale Eingreifen einer Eliteeinheit von Fallschirmjägern führte zu gewalttätigen Straßenschlachten, in deren Folge zahlreiche Personen getötet und verwundet wurden. Die Lage radikalisierte sich sehr rasch. Studentinnen wurden auf offener Straße nackt ausgezogen und mit Bajonetten erstochen, anderen die Brüste abgeschnitten. Verletzte wurden in Krankenhäusern vom Operationstisch gerissen und aus dem Fenster gestürzt. Solche Gräueltaten brachten Gwangjus Bürger schließlich dazu, Waffen- und Munitionsdepots zu stürmen und die „Freistadt Gwangju" auszurufen. Aus friedlichen Demonstrationen wurde ein bewaffneter Aufstand, die Truppen flohen aus der rebellischen Stadt.

Danach erlebte Gwangju sechs Tage trügerischer Freiheit. Die erbeuteten Waffen wurden eingesammelt und im Regierungsgebäude gelagert, wo sich auch eine provisorische Verwaltung etablierte. Die aktiven Rebellen fanden vielfache Unterstützung. Während Präsident Choi Kyu-Hah in einer Fernsehansprache zum Dialog aufrief, wurde der Belagerungsring um Gwangju immer enger zusammengezogen. „Äußerste Milde" versprach der Präsident und „keine Racheakte" des Militärs. Als die Truppen in der Nacht zum 27. Mai das Stadtzentrum stürmten, die Häuser durchsuchten und Hunderte Einwohner Gwangjus verhafteten, waren alle Versprechungen hinfällig geworden.

Notizen und Berichte von Zeitzeugen, die das Massaker überlebten, geben einen tiefen Einblick in die Geschehnisse:

> „Eine hochschwangere Frau, die kurz vor ihrer Entbindung stehen musste, wurde von zwei Soldaten der militärischen Sondereinheiten wie ein Hund die Straße entlang gezerrt. ‚He, du Hure, was hast du denn in deiner Tasche?', rief einer. Ich verstand diese Frage zuerst nicht, da die Frau nichts in den Händen trug, und auch ihr Kleid, soweit ich sah, keine Taschen hatte. ‚Weißt du Scheißhure nicht, ob es ein Rotzer oder eine Pisserin ist?' Erst als der zweite Soldat diese Frage stellte, verstand ich. Ich konnte zwar die leise Stimme der Frau nicht hören, aber wahrscheinlich sagte sie so etwas wie: ‚Ich weiß es nicht.' ‚Dann zeige ich es dir.' Mit diesen Worten riss ihr einer der beiden Soldaten, ohne ihr weiter Zeit zur Antwort zu geben, das Kleid vom Leib, und sie stand splitternackt da, der andere Soldat stach mit dem Bajonett in sie hinein, und ich musste sehen, wie ihre Eingeweide herausquollen. Dann schlitzten sie ihren Unterleib auf, rissen den Fötus heraus und warfen ihn auf sie; sie lebte offensichtlich noch. Die Leute, die diese unglaublich brutale Szene miterleben mussten, wandten sich vor Wut schäumend und zitternd ab.
> Ich machte meine Augen zu und biss mir in die Zunge; ich war wie gelähmt. Als ich meine Augen wieder öffnete, waren die Soldaten und die Leiche verschwunden. Einer der Männer neben mir sagte: ‚Die Soldaten haben sie wie Abfall in einen Sack gesteckt und mit der Müllabfuhr wegfahren lassen.' Ich begann mich zu schämen, weil ich diese Grausamkeit ganz still aus meinem Versteck mit ansah, um mein eigenes Leben zu retten. Ich war von mir selbst maßlos enttäuscht, als ich mich als solchen Feigling erleben musste. Die Leute neben mir schlichen sich davon und verschwanden nacheinander."

„Schreie aus allen Richtungen und Ecken, Schmerzgebrüll und Todesschreie, Menschenschreie. Die Erde schien ihre Poren zu öffnen und langsam das Blut aufzusaugen, das aus dem Freiheitsgeist der jungen Menschen herausgesaugt wurde. Der Himmel drohte manchmal unter der Gewalt der Schreie zu bersten.

Ich rettete mich in ein Gebäude, als ich plötzlich beim Eintreten ein Gewehr an meiner Schulter spürte. Zum Glück hatte jemand unmittelbar vor mir das Haus betreten und in diesem Moment eine Gittertür herabgelassen, sodass ich um Sekunden den Kolbenhieben des Soldaten auf meinen Schädel entging. Zum ersten Mal in meinem Leben wusste ich, was Todesnähe war. Ich befand mich dort nicht allein und spähte zusammen mit anderen Flüchtlingen ängstlich wie eine Maus durch das Gitter auf die Straße. Überall Schüsse, scharfe Messer, Eisenkeulen, allenthalben grausames Morden. Alte und Junge, Studenten und Bürger, unterschiedslos wurde auf sie alle eingeschlagen, eingestochen und geschossen.

In diesem Augenblick wurde meine Aufmerksamkeit auf einen etwa 70-jährigen Mann gelenkt, der von einem Soldaten mit einer Eisenkeule wilde Schläge auf den Kopf erhielt und aus dessen Mund Blut wie aus einer Fontäne spritzte. Lautlos stürzte er zu Boden. Ich wusste nicht, was zu tun war und setzte mich einfach völlig hilflos auf die Steintreppe."

„Der 19. und 20. Mai 1980 waren die Tage, an denen die schöne, idyllische Stadt Gwangju, die so viele demokratische Persönlichkeiten hervorgebracht hat, zum blutigen Schlachtfeld wurde. Als ich an jenem Tag sah, wie schnell der Expressbus die Passagiere ausspuckte, um sich in Sicherheit zu bringen, da ahnte ich, wie ernst die Lage geworden war. Ich warf mich erschöpft auf den Rücksitz eines Taxis und sagte dem Fahrer, er solle mich zum Regierungsgebäude fahren. Der reagierte darauf so heftig, dass ich fast Mitleid mit ihm hatte. Er bremste jäh ab und deutete mit unmissverständlicher Geste an, dass ich dorthin leider zu Fuß zu gehen habe. So stieg ich aus und ging in Richtung Im-dong weiter. Bald sah ich ausgebrannte Polizeistationen, wie man sie nur nach Kriegen sieht, und überall bewaffnete Soldaten, sodass man sich an der Front glaubte.

Die Volksmenge flüchtete Hals über Kopf in die Gassen, Teehäuser, Restaurants, Geschäfte und Häuser. Die Soldaten hatten blutunterlaufene Augen und schienen wie Blutegel Blut einzusaugen, schossen, stachen und schlugen mit Eisenkeulen wild um sich. Rings um sie herum fielen die Leute reihenweise zu Boden. Diese Soldaten schienen eine unbegrenzte Mordlizenz in der Tasche zu haben. Immer wieder musste ich solche brutalen Szenen mit ansehen, die ich vorher nie für möglich gehalten hätte. Benutzen diese Menschen wirklich dieselbe Sprache wie ich? Nicht einmal nordkoreanische Guerilleros können so grausam sein.

Da schrien Flüchtende, die Zeugen des Gemetzels waren, vor blinder Wut auf. Einer machte sich zum Wortführer und brüllte: ‚Liebe Mitbürger, wir müssen uns jetzt erheben, bevor all unsere Kinder sterben. Ergreift Hacken und Stangen und was ihr sonst noch zu fassen kriegt, aber nehmt den Kampf auf!‘ Er fand spontane Zustimmung, die Menge formierte sich. Innerhalb kurzer Zeit sah man Leute mit Stangen und Knüppeln bewaffnet, ohne dass man sagen konnte, woher diese so schnell kamen. Das noch kurz zuvor gejagte und gehetzte Volk widersetzte sich nun entschlossen den Soldaten. Der Spieß war förmlich umgedreht worden.

21. Mai. Die ganze Nacht hindurch hörte man Schüsse, wie man dies sonst nur aus Kriegsfilmen kennt. Inzwischen verbreitete sich die Kunde, dass die Sondereinheiten des Überfallkommandos abgezogen worden waren. Ein Offizier ließ später verlauten, dass es innerhalb dieser Spezialtruppen ernste Auseinandersetzungen gegeben hatte. Einer dieser Soldaten, er stammte aus der Region (*Cholla Namdo*), soll für den raschen Abzug indirekt verantwortlich gewesen sein. Als dieser Soldat nämlich mit ansehen musste, wie unbescholtene, unschuldige Bürger seiner Provinz wahllos niedergestochen und erschossen wurden, feuerte er in einem tobsüchtigen Wutanfall auf seine eigenen Kameraden Gewehrsalven ab, tötete fünf von ihnen und erschoss sich daraufhin selbst. Die Sondereinheiten wurden sodann in die Vororte der Stadt abgezogen. Dafür rückten reguläre Kampftruppen ein und setzten das Morden fort. An sämtlichen Knotenpunkten der Stadt bezogen sie Stellung und mähten die Bürger haufenweise nieder. Die Soldaten liefen mit aufgepflanzten Bajonetten wie die Sieger durch die Stadt, und ich bekam allmählich eine Gänsehaut.“

Mit Billigung der USA

Am 27. Mai 1980 erlebte die Stadt Gwangju den schwärzesten Tag ihrer Geschichte. Mit Wissen und stillschweigender Duldung des Chefs des amerikanisch-südkoreanischen Oberkommandos, General John A. Wickham, stürmten unter anderem aus der Grenzregion zu Nordkorea abgezogene Elitesoldaten der südkoreanischen Streitkräfte die Stadt. Laut offiziellen Angaben kamen dabei annähernd 200 Menschen ums Leben, nichtstaatliche Stellen sprechen hingegen von über 2.000 Toten.

Als Folge dieses von den USA zumindest gebilligten Massakers wurden in den folgenden Monaten Brandstiftungen an amerikanischen Kultureinrichtungen in Gwangju, Seoul und der Hafenstadt Busan, der zweitgrößten Stadt des Landes, verübt. Nachdem beim Brandanschlag im Kulturzentrum von Busan im März 1981 ein Student ums Leben kam, wurden 6.000 Oppositionelle im Zuge landesweiter Razzien verhaftet und umgerechnet über 50.000 Euro als Belohnung

Ein Lied im Mai

Wie Blütenblätter in der Kumnamstraße
gefallen eure jungen Seelen.
Wie ein Stück Sojabohnenkäse
abgeschnitten deine Brust.
Immer wenn jene Maitage wiederkehren,
pocht das rote Blut in unseren Herzen.

Warum erschossen? Weshalb erstochen?
Wohin denn mit dem Lastwagen weggekarrt?
In Mang-Wol-Dong, da starren Tausende von Augen,
noch aufgerissen, blutunterlaufen, noch voll Zorn.

Ihr, Überlebenden! Ihr. Überlebenden!
Gehen wir gemeinsam los!
Diese Geschichte der Schande –
wie sollten wir sie ohne Leiden überwinden können?

Du Glatzkopf! Ihr Japsen! Ihr Spitznasen-Yankees!
Raus aus diesem Land!
Unsere Geschichte werden wir selbst machen!

für das Ergreifen der Täter ausgeschrieben. Die an dem Anschlag beteiligten neun Studenten stellten sich nach zwei Wochen freiwillig der Polizei.

In einem Brief an Kardinal Stephen Kim Sou-Hwan, den damaligen Erzbischof von Seoul, verteidigte der Hauptangeklagte die Tat:

„(...) Darüber hinaus möchte ich Ihnen verdeutlichen, dass wir diese Institution einzig und allein in Brand gesteckt haben, um das Unrecht, das die USA in der Geschichte unseres Landes begingen, anzuprangern. (...) Um den Aufstand der Bürger von Gwangju als Beispiel zu nennen: Ich frage mich, weshalb sie gerade der Militärclique Chun Doo-Hwans das Recht gaben, das Massaker in jener Stadt anzurichten. Es ist doch eine allseits bekannte Tatsache, dass auf der Grundlage des sogenannten Verteidigungsabkommens zwischen der Republik Korea und den USA der Befehl zum Einsatz südkoreanischer Truppen allein dem gemeinsamen Oberkommando der südkoreanisch-amerikanischen Streitkräfte, also dem US-General Wickham, obliegt (...).“

Südkoreanische Eliteeinheiten der 11. und 13. Special Warfare Command Forces Brigade waren von ihren Stellungen entlang der Grenze zu Nordkorea abkommandiert und sodann in die Hauptstadt sowie nach Gwangju verlegt worden. Sowohl General John A. Wickham als auch der damalige US-Botschafter in Seoul, William H. Gleysteen, waren über diese Truppenbewegungen informiert gewesen. Der amerikanische Journalist Tim Shorrock konnte Mitte der 1990er Jahre mehrere hundert Seiten Akten über die Kommunikation zwischen den USA und Südkorea vor und nach dem Gwangju-Massaker einsehen. Er stellte fest, dass neben dem Präsidenten nur ein kleiner Kreis von Geheimdienstleuten und Mitarbeitern aus dem Weißen Haus, Außen- und Verteidigungsministerium eingeweiht gewesen war. Die Runde verpflichtete sich zu strikter Geheimhaltung.

Bei seinen Recherchen gelangte Shorrock außerdem zu einem mehr als beklemmenden Fazit: Die verantwortlichen amerikanischen Stellen in beiden Hauptstädten duldeten letztlich im Eigeninteresse die Handlungen der südkoreanischen Soldateska. US-Botschafter Gleysteen vermittelte in seiner Lageeinschätzung sogar das Bild, in Gwangju sei ein „von radikalen Studenten aufgestachelter Mob“ im Begriff, für Instabilität im Lande zu sorgen. Wenige Wochen vor Chuns endgültiger Machtkonsolidierung hatten die USA ihre in Korea stationierten Soldaten um 3.500 Mann auf annähernd 42.900 GIs aufgestockt. Die Carter-Administration befürchtete einen Umsturz wie kurz zuvor im Iran, wo nach dem Sturz des Schah monatelang die amerikanische Botschaft belagert worden war und Geiseln genommen wurden. Hinzu kam der verschärfte Konfrontationskurs gegenüber der Sowjetunion wegen des Einmarsches der Roten Armee in Afghanistan im Dezember 1979.

General Chuns kompromissloses Vorgehen in Gwangju überzeugte letztlich die Politiker und Strategen in den USA, fortan ihr Gewicht für diesen Mann in die Waagschale zu werfen. Carters Sicherheitsberater Zbigniew Brzezinski und Richard C. Holbrooke, damals im Außenministerium verantwortlich für asiatische und pazifische Angelegenheiten, schlugen vor, Chun im Sinne der eigenen Interessen gewähren zu lassen, um ihn zu einem späteren Zeitpunkt zur Mäßigung zu drängen. So erhielt Chun Doo-Hwan das Privileg, im Februar 1981 als erster ausländischer Staatschef vom neu gewählten US-Präsidenten Ronald Reagan ins Weiße Haus eingeladen zu werden. Diese Begegnung demonstrierte weit mehr als eine dreieinhalb Jahrzehnte währende Kampfbrüderschaft. Reagans auf „Vorwärtsverteidigung“ angelegte Globalstrategie, dazu gedacht, die „Vietnam-Scharte“ auszuwetzen, schloss nicht zuletzt die Aufwertung Südkoreas und seines neuen

Präsidenten mit ein. Washington sprach von einer „neuen Ära" im beiderseitigen Verhältnis, was Reagan anlässlich seines Gegenbesuchs in Seoul und seiner Stippvisite bei den US-Truppen am 38. Breitengrad im November 1983 ausdrücklich bekräftigte.

Zivilisiertes Erinnern

Zwar gründete das Regime des Generals Chun auf den Trümmern Gwangjus seine Herrschaft. Doch die Ereignisse im Mai 1980 trugen wesentlich dazu bei, den nationalen, stramm antikommunistischen Konsens sowie das Vertrauen in die Regierenden zu erschüttern. Das bis dahin immer wieder beschworene Bedrohungsszenario, Nordkorea wolle den Süden „schlucken" und ihn nach seinem Ebenbild „kommunistisch" umkrempeln, entpuppte sich als Zwecklüge. Denn es waren südkoreanische Soldaten, die auf südkoreanische Zivilisten geschossen hatten. Außerdem wurde der Mythos der Schutzmacht USA gründlich widerlegt. Die im Lande stationierten GIs hatten zuallererst die politischen und militärstrategischen Interessen einer Großmacht im Sinn. Der Schutz der südkoreanischen Bevölkerung war zweitrangig.

Dem Gwangju-Trauma folgte eine bleierne Zeit. Politisches Engagement, von offenem Widerstand ganz zu schweigen, war nahezu unmöglich geworden. Führende Oppositionelle, sofern sie nicht getötet, eingesperrt oder anderweitig mundtot gemacht worden waren, mussten untertauchen und sich in der Illegalität um den Neuaufbau von Widerstandsnetzen bemühen. Ab 1987 konnte die Demokratiebewegung wieder erste Erfolge verzeichnen. Doch erst Anfang 1993 endete mit der Amtszeit Roh Tae-Woos die Ära von Militärmachthabern in Südkorea.

„Wir müssen eine demokratische Kultur pflegen", mahnte der einstige Bürgerrechtsanwalt und von Februar 2003 bis Februar 2008 amtierende Präsident Roh Moo-Hyun im Mai 2005 an den Gräbern der Gwangju-Opfer, „um Probleme durch Verhandlungen und Kompromisse zu lösen und die so zustande gekommenen Ergebnisse zu akzeptieren. Bei alledem gilt es unbedingt, die andere Seite in ihrer Menschenwürde zu achten und die Gesetze zu respektieren." Wie sehr sich in Südkorea ein Vierteljahrhundert nach dem Gwangju-Massaker der Umgangsstil gewandelt und das öffentliche Leben zivilisiert hatte, bewies der Besuch der Gwangju-Gedenkstätte durch den obersten Polizeichef des Landes, General Huh Joon-Young, im Mai 2005. Es war das erste Mal, dass ein ranghoher Polizeioffizier die Gedenkstätte in Gwangju aufsuchte. *(RW)*

Weiterführende Lektüre

Die in diesem Beitrag abgedruckten Augenzeugenberichte sind teils vom Korea-Verband e. V. gesammelt, teils der „Korea-Zeitung", hg. vom Evangelischen Missionswerk im Bereich der Bundesrepublik Deutschland und Berlin West e. V., Hamburg (Juni) 1980, entnommen.

Eine herausragende Darstellung des Volksaufstandes in Gwangju erschien 1985 in Koreanisch, damals unter dem Namen des Schriftstellers Hwang Suk-Yong. Doch die eigentlichen Verfasser waren Studenten, die in Form eines Tagebuchs die Ereignisse des Gwangjuer Blutmais 1980 notiert und akribisch festgehalten hatten. Zu den Autoren zählte der frühere Studentensprecher in Gwangju, Lee Jai-Eui, dessen Buch die University of California im Frühjahr 1999 in der Übersetzung von Kap-Su Seol und Nick Mamatas erstmals in englischer Sprache mit dem Titel *Gwangju Diary: Beyond Death, Beyond the Darkness of the Age* publizierte (Los Angeles, 1999). Darin enthalten sind auch Beiträge von Tim Shorrock und Bruce Cumings, der als ausgewiesener Korea-Experte an der University of Chicago Geschichte lehrte.

Zwei amerikanische Protagonisten in jenen Tagen, der ehemalige US-Botschafter in Seoul und der frühere Stabschef der US-Armee, verfassten Jahre später ihre Memoiren: Gleysteen Jr., William H. (1999): *Massive Entanglement, Marginal Influence: Carter and Korea in Crisis.* Washington, D. C.: Brookings Institution Press sowie Wickham Jr., John A. (2000): *Korea on the Brink: A Memoir of Political Intrigue and Military Crisis*, with a foreword by Richard Holbrooke. Dulles, VA: Brassey's, Inc. (Richard Holbrooke war einst US-Botschafter bei den Vereinten Nationen.)

„Blauer Vogel" (Koreanisches Liederheft), hg. von der Koreanischen Frauengruppe mit Unterstützung der Evangelischen Studentengemeinde Frankfurt, Frankfurt/Main (November) 1985. Aus diesem Band stammt auch das hier abgedruckte Gedicht „Ein Lied im Mai".

Aufbruchsstimmung im Süden

Die Demokratiebewegungen der 1980er Jahre beendeten die bleiernen Jahre der Militärdiktaturen.

„Wir sind keine Maschinen, wir sind doch Menschen!"

Letzte Worte des 1948 geborenen Textilarbeiters Chun Tae-Il bei seiner Selbstverbrennung am 13. November 1970

„Um ein solches Wachstum zu erreichen, kann man eben nicht anders, als erst einmal drei Generationen von Arbeitern zu verheizen."

Westdeutscher Industrieller – zitiert nach: Frankfurter Rundschau vom 9. Februar 1979

In den 1970er Jahren saß die Militärdiktatur unter Park Chung-Hee in Südkorea fest im Sattel. Als Alliierter im Kalten Krieg genoss das Regime die uneingeschränkte Unterstützung seitens der USA. Auch andere westliche Regierungen erkannten, dass das Land unter einer solchen Regierung ein geeigneter Ort war, um zu investieren und das riesige Potenzial an billigen Arbeitskräften zu nutzen. Die Generäle hatten unter ihrer Herrschaft wirtschaftliche Großunternehmen – sogenannte Finanzkonglomerate (*chaebol*) – heranwachsen lassen und mit Hilfe großzügig gewährter Subventionen aufgepäppelt. Deren Eigentümer und Bosse verschrieben sich im Gegenzug mit Haut und Haaren den staatlichen „Ordnungskräften".

In der Republik Korea waren unabhängige Gewerkschaften strikt verboten. Aufmüpfige Arbeiter wurden von staatlichen oder firmeneigenen Greiftrupps „ausgeschaltet". Es herrschten – laut der in Genf ansässigen Internationalen Arbeitsorganisation (ILO) – mit durchschnittlich 54,4 Wochenstunden die weltweit längsten Arbeitszeiten. Arbeitsunfälle im „wachstumsorientierten" Land waren an der Tagesordnung. Mitte der 1980er Jahre rangierte Südkorea im internationalen Vergleich auf Rang 1, was die Arbeitsunfallhäufigkeit mit Todesfolgen betraf. Eine unabhängige Presse, die über solche Missstände hätte berichten können, existierte nicht, ebenso wurden kritische Stimmen aus Politik, Wissenschaft, Kunst und Kultur unterdrückt.

Freitod mit Folgen

Der Textilarbeiter Chun Tae-Il setzte ein Fanal, als er sich Ende des Jahres 1970 öffentlich verbrannte. Die Textilbranche hatte in den frühen Jahren der Militärdiktatur als Motor südkoreanischer Industrieentwicklung gegolten. Chun Tae-Ils Opfer und Protest ließ nicht nur eine neue Arbeiter- und Gewerkschaftsbewegung im Untergrund aufkeimen. Sein Tod trug zur Entfaltung einer ebenso vielschichtigen wie vitalen Demokratisierungsbewegung des Landes bei. Selbst jene sozialen Schichten, die vom Status quo profitierten und sich als konservativ und unpolitisch verstanden, erkannten im Freitod des jungen Arbeiters spiegelbildlich die harsche Realität in ihrem Land. Schrittweise sensibilisiert und politisiert wurden sie durch „von unten" agierende sozialpolitische Gruppierungen und zeitweilig bestehende Netzwerke, deren Mitglieder sich aus proletarischen, akademischen, künstlerischen und kirchlichen Milieus rekrutierten. All diesen Menschen gemein war die zentrale Erfahrung brutal exekutierter politischer, sozialer und wirtschaftlicher Ausgrenzung. Ein selbstbestimmtes, würdevolles Leben war unter den gegebenen Bedingungen unmöglich.

„Sam-Min" („die drei Min") wurde ab Beginn der 1980er Jahre zum Schlüsselbegriff einer Bewegung, die damit gleichzeitig ihre programmatischen Ziele formulierte. Die drei „Min" stehen als Kurzformel für drei Begriffe, die jeweils das sinokoreanische „Min" (Volk) als Wortbestandteil enthalten: „Minjok" (Nation), „Minju" (Demokratie) und „Minjung". Für „Minjung" findet man im Lexikon „Volk, Masse, die Massen" als Übersetzung. Koreaner betonen aber in der Regel die Unübersetzbarkeit dieses Begriffs. (*)

Die „Sam-Min"-Bewegung war also eine Bewegung zur Verwirklichung der Demokratie, zur Selbstverwirklichung der Nation (Unabhängigkeit von außen und Wiedervereinigung) und zur Befreiung und Entfaltung des „Minjung". Hinter diesen Slogans finden Kräfte und Strömungen unterschiedlicher Herkunft und Zielrichtung Platz: von den als „sozialreformerisch" zu bezeichnenden gemäßigten Politikern wie Kim Dae-Jung und Teilen der parlamentarischen Opposition bis hin zu eindeutig sozialrevolutionär und antiimperialistisch orientierten Gruppen und Strömungen der Studenten-, aber auch der Arbeiter- und Bauernbewegung.

Vorolympischer Hausputz

Diese Widerstandskräfte wagten es, im Rahmen einer Debatte um eine Verfassungsänderung im Frühjahr 1986 erstmals öffentlich und massiv aufzutreten. Was wenige Jahre zuvor gänzlich undenkbar gewesen wäre, wurde rasch Wirklichkeit – in etlichen Großstädten fanden Protestkundgebungen gegen die Regierung statt, an denen sich jeweils 20.000 bis 50.000 Menschen beteiligten. Beflügelnd wirkte dabei der Sturz des Marcos-Regimes in den Philippinen im Februar 1986. Da sich Seoul als Austragungsort der 24. Olympischen Sommerspiele im September 1988 „herausputzte", gerieten die dortigen Machthaber und ihre Politik zunehmend auch ins Rampenlicht internationalen Medieninteresses.

Die als vorolympische Generalprobe gedachten 10. Asien-Spiele im Herbst 1986 wurden zu einer Probe der Generäle für „Zucht und Ordnung". Vor und während dieser Spiele nahm das Regime in beispiellosen Großrazzien 264.000 „potenzielle Unruhestifter", das hieß jeden 150. Einwohner, vorübergehend fest. Aus Präsident Chun Doo-Hwans Imagepflege war ein Publicity-Debakel geworden: Die allgegenwärtige Präsenz von Geheimdienstschergen und Uniformierten hinterließ bei den Journalisten den faden Geschmack von Bespitzelung und Gewalt. Um die Sicherheit der Spiele zu gewährleisten, wurde eine aus knapp 1.000 Mann zusammengesetzte Spezialeinheit aufgebaut. „Aufrührerisches Gedankengut" sollte nicht die „nationale Würde und Sicherheit" beeinträchtigen.

Als im Oktober 1986 8.000 Elitesoldaten des „Antiterroristischen Sondereinsatz-Kommandos" die Konkuk-Universität in der Hauptstadt Seoul stürmten und über 1.500 Studenten festnahmen, waren das, wie die „Süddeutsche Zeitung" am 14. November 1986 hervorhob, „selbst für die häufig mit studentischen Aktivisten befaßte Justiz Rekordzahlen". Mit dem Verbot von 14 „freien" Gewerkschaften am 7. November setzte das Regime sein Kesseltreiben fort. Tags darauf erhielten der aus knapp zwei Dutzend Organisationen bestehende oppositionelle Dachverband „Mintongryon" („Vereinigte Minjung-Bewegung für Demokratie und Wiedervereinigung"), die „Union der Jugendverbände Koreas" und das „Gedenkhaus für Chun Tae-Il" die schriftliche Aufforderung, sich binnen 48 Stunden aufzulösen und ihre Aktivitäten einzustellen. Diese Drohung betraf auch das Menschenrechtskomitee des „Nationalen Christlichen Kirchenrates Koreas" (NCCK). Reverend Moon Ik-Hwan, einer der eloquentesten Wortführer der Mintongryon, wurde neuerlich zu einer dreijährigen Gefängnisstrafe verurteilt.

Diese Maßnahmen erfolgten im Zusammenhang mit der gegen insgesamt 10.000 Personen und 30 Organisationen entfesselten „Säuberungskampagne gegen prokommunistische Elemente". „Die linksgerichteten Kräfte in unserer Gesellschaft", zitierte die Seouler Tageszeitung „Chosun-Ilbo" auf ihrer Titelseite vom 21. Oktober 1986 einen Regierungsbeamten, „gilt es, bis zur Wurzel auszurotten."

Die „Affäre Park Chong-Chul" rückte im Januar 1987 eine von der außerparlamentarischen Opposition stets vehement angeprangerte Praxis staatlichen Terrors ins öffentliche Bewusstsein: die Folter. Um dem inhaftierten Linguistikstudenten Park „Geständnisbeihilfe" zu leisten, hatten Angehörige der berüchtigten „Antikommunistischen Geheimpolizei" ihn der „Wasserkur" unterzogen und ertränkt. Der 21-jährige Park war einer von damals etwa 3.000 politischen Gefangenen.

Dem Tod des jungen Studenten folgte ein nationaler Aufschrei. Selbst das städtische Bürgertum, lange eine der verlässlichsten Stützen der Machthaber, ging nunmehr buchstäblich auf die Barrikaden. Professoren, Angestellte, Geschäftsleute, Bankiers und Geistliche, darunter eine wachsende Zahl buddhistischer Mönche, die sich in klösterlicher Abgeschiedenheit mit den Herrschenden arrangiert hatten, klagten auf der Straße demokratische Verhältnisse ein. Wenige Wochen später forderte das martialische Vorgehen staatlicher Sicherheitskräfte ein weiteres Opfer. Lee Han-Yol, Student der Yonsei-Universität in Seoul, lag, nachdem er von einer Tränengasgranate am Kopf getroffen worden war, einen Monat lang im Koma, bis er schließlich seinen schweren Verletzungen erlag. Sein Begräbnis wurde zu einer gigantischen Anklage gegen das Regime: Weit über eine Million Menschen säumten allein in der Hauptstadt die Straßen, um ihrer Trauer und Wut über das Vorgehen der Behörden Ausdruck zu verleihen.

Roh Tae-Woo, der Wendehals

Im Frühsommer 1987 war die innenpolitische Lage im Lande dermaßen angespannt, dass der Militärmachthaber Chun offen erwog, neuerlich das Kriegsrecht zu verhängen und das Militär zur „Eindämmung von Unruhen" zu mobilisieren. Das allerdings rief flugs jene gewieften Krisenmanager im US-amerikanischen Außen- und Verteidigungsministerium auf den Plan, die sich ein Jahr zuvor in den Philippinen – in der Endphase der langjährigen Marcos-Diktatur – buchstäblich die Klinke in die Hand gegeben hatten, um in dem Inselstaat eine im Interesse Washingtons „geordnete Übergangslösung" herbeizuführen. Im Falle der Philippinen setzte man nach den desaströsen Erfahrungen in Nicaragua und im Iran Ende der 1970er Jahre auf ein neue, „aufgeklärte" Strategie von Krisenmanagement. Dort hatte man Marcos bereits Monate vor dessen Sturz signalisiert, dass er unhaltbar geworden sei. Man drängte ihn zu vorgezogenen Wahlen und nutzte derweil die Chance, mit Corazon Aquino und dem gemäßigten Politiker Salvador Laurel ein Tandem hoffähig zu machen, das schließlich das Erbe des verhassten Despoten antrat. In Nicaragua, im Iran und andernorts hatte Washington zuvor seinen Günstlingen bis zum bitteren Ende die Stange gehalten. Mit der Konsequenz, dass das politische Ende des Somoza-Clans beziehungsweise der jähe Sturz von Schah Reza Pahlavi gleichzeitig das (zumindest zeitweilige) Ausscheren beider Länder aus der US-amerikanischen Einflusszone bedeutete.

Diesen Fehler wollte man im südkoreanischen Sommer 1987 vermeiden. Während Chun Doo-Hwan eisern an seinem starren Kurs festhielt, ging sein ehemaliger Kollege im Generalsrang Roh Tae-Woo zunächst vorsichtig, dann – mit US-amerikanischer Rückendeckung – beherzt auf Distanz zu seinem langjährigen Mentor. Im Sommer 1981 hatte der Viersternegeneral Roh seine Armeeposten aufgegeben (als Chef des „Defense Security Command" war er an der blutigen Niederschlagung des Gwangju-Aufstands im Mai 1980 beteiligt gewesen), um fortan als Zivilist Schlüsselpositionen zu bekleiden und seine Kontakte mit den außermilitärischen Eliten zu verstärken. Die Stationen seiner Karriere lauteten wie folgt: Innen- und Sportminister, Chef des Olympischen Organisationskomitees, Vorsitzender der regierenden Demokratischen Gerechtigkeitspartei (DJP) und ab dem 8. August 1987 auch deren Präsident sowie DJP-Kandidat bei der für den 16. Dezember 1987 anberaumten Präsidentschaftswahl.

Bereits seit dem Frühjahr 1987 hatte Roh Tae-Woo keine Gelegenheit ausgelassen, Dialogbereitschaft mit Oppositionellen zu signalisieren. Als Chun Doo-Hwan klar wurde, dass sein Kurs keinerlei Erfolgschancen hatte, ja, er sogar befürchten musste, im Falle unbotmäßigen Verhaltens (aus amerikanischer Sicht) wie Marcos gegen seinen Willen außer Landes geflogen zu werden, trat er die Flucht nach vorn an. Am 10. Juni ernannte er Roh zu seinem designierten Nachfolger und verschwand von der politischen Bühne. Als Letzterer drei Wochen später, am 30. Juni 1987, seine „Acht-Punkte-Erklärung" verkündete, mutierte der Ex-General quasi über Nacht zu einem „Demokratiebringer". Durch die nahezu wortgetreue Übernahme der zentralen Forderungen der (parlamentarischen) Opposition trug er maßgeblich zu deren Lähmung bei. Rohs Initiativen und Flexibilität gingen so weit, Angehörigen von Tränengasopfern zu kondolieren – eine Geste, zu der sich vor ihm kein ranghoher Politiker und Militär „herabgelassen" hatte.

Selbstverschuldete Schlappe

Im September 1987 wurde Roh von US-Präsident Ronald Reagan im Weißen Haus empfangen und als neuer starker Mann des südkoreanischen Regimes von der „Schutzmacht" USA politisch aufgewertet. Eine gute Voraussetzung also, um dermaßen gestärkt am 16. Dezember 1987 als Kandidat in die Präsidentschaftswahl zu gehen. Im Vorfeld dieser Wahl hatte Kim Dae-Jung eine eigene Partei für Frieden und Demokratie (PDP) gegründet und war somit aus der Phalanx der bis dahin geeinten Opposition ausgeschert. Aus der Möglichkeit, die herrschenden Militärs mit dem Stimmzettel zu entmachten, war plötzlich die Kontinuität des Alten zur Gewissheit geworden – eine von der Opposition selbst verschuldete Schmach. Mit 35,9 Prozent der Stimmen gelang es Roh, sich vor seinen Rivalen Kim Young-Sam (27,5 Prozent) und Kim Dae-Jung (26,5 Prozent) zu platzieren.

So war es dem neuen Präsidenten Roh Tae-Woo vergönnt, neun Monate später im gleißenden Scheinwerferlicht der Weltöffentlichkeit die 24. Olympischen Sommerspiele in Seoul zu eröffnen und sich der Welt als strahlender Saubermann zu präsentieren. *(RW)*

(*) Dieser klassenunspezifische Terminus ließe sich am ehesten mit „denen da unten" übersetzen, womit sämtliche Personen und Selbstorganisationen gemeint sind, die gesellschaftlich ausgegrenzt, politisch entrechtet, kulturell unterdrückt und sozial gedemütigt und marginalisiert sind.

Weiterführende Lektüre

Asche, Helmut (1984): *Industrialisierte Dritte Welt? Ein Vergleich von Gesellschaftsstrukturen in Taiwan, Hongkong und Südkorea.* Hamburg.

Cho, Young-Rae (2003): *A single spark: the biography of Chun Tae-Il.* Seoul. Translated by Chun, Soon-Ok.

Denis, Michael / Dischereit, Esther / Song, Du-Yul / Werning, Rainer (1988): *Südkorea: Kein Land für friedliche Spiele.* Reinbek bei Hamburg.

Henderson, Gregory (1968): *The Politics of the Vortex.* Cambridge, MA.

Kleiner, Jürgen (1980): *Korea: Betrachtungen über ein fernliegendes Land.* Ffm.

Kuschnerus, Tim / Werning, Rainer (1987): *Die Philippinen unter Aquino – Facetten eines Machtwechsels.* Ffm.

Lim, Chung-Hi / Jung, Andreas (1986): *Malttugi. Texte und Bilder aus der Minjung-Kulturbewegung in Südkorea.* Heidelberg. [Entstand in Zusammenarbeit mit dem Heidelberger Kunstverein als Katalog zu einer gleichnamigen Ausstellung.]

McCormack, Gavan / Gittings, John (eds.) (1977): *Crisis in Korea.* Nottingham.

Moltmann, Jürgen (Hg.) (1984): *Minjung. Theologie des Volkes Gottes in Südkorea.* Unter Mitarbeit von Günter Baum und Jong-Wha Park. Neukirchen-Vlyun.

Song, Du-Yul (Hg.) (1980): *Wachstum, Diktatur und Ideologie in Korea.* Bochum.

Werning, Rainer (Hg.) (1988): *Südkorea – Politik und Geschichte im Land der Morgenstille.* Köln.

In der Heimat verkannt, im Ausland verehrt

Eine Annäherung an den Komponisten Isang Yun (1917–1995)

Der am 17. September 1917 in Korea geborene Isang Yun begann sein Musikstudium in den 1930er Jahren in Seoul, später lebte er in Osaka und Tokio. 1955 mit dem Kulturpreis der Stadt Seoul geehrt, studierte er von 1956 bis 1959 erneut – diesmal in Paris und Berlin (u. a. bei Boris Blacher). Deutschland wurde seine Wahlheimat, von wo aus ihm auch der Aufstieg in die internationale Musikszene gelang. 1967 wurden Isang Yun und einige südkoreanische Bergleute aus dem Ruhrgebiet in einer spektakulären Nacht-und-Nebel-Aktion vom südkoreanischen Geheimdienst nach Seoul entführt und gefoltert. Angeklagt wegen Landesverrats, wurden Yun und die anderen Entführten in erster Instanz zu lebenslänglicher Haft verurteilt. Internationale Proteste sorgten dafür, dass die Inhaftierten 1969 wieder auf freien Fuß kamen. Im Jahre 1971 – in Südkorea herrschte die bleierne Zeit der Militärdiktatur – nahm Yun die deutsche Staatsbürgerschaft an. Bis 1985 lehrte er, mehrfach mit nationalen und internationalen Preisen und Ehrungen ausgezeichnet, Komposition an der Universität der Künste Berlin. Am 3. November 1995 starb Isang Yun in einem Spandauer Krankenhaus,

Es ist kein leichtes Unterfangen, aus der Musik Isang Yuns seine Botschaft für mehr Menschlichkeit zu dechiffrieren, die immer alles im Fluss und ästhetisch mehrdeutig klingen lässt. Wie die Musikkritikerin Ellen Kohlhaas in der „Frankfurter Allgemeinen Zeitung" im November 1995 trefflich bemerkte, gehört die Musik Yuns zum „Erzähl-Symbolismus", wenngleich einige Titel seiner Kompositionen – etwa das „Exemplum in memoriam Kwangju für großes Orchester" (1981) – für „Programm-Musik" gehalten werden könnten. Selbst dieses Orchesterstück, dessen Titel deutlich ein Ereignis aus der Nachkriegsgeschichte Koreas reflektiert, ist nicht als eine Art Requiem für die ermordeten Freiheitskämpfer vom Mai 1980 in Gwangju aufzufassen. Es ist ein Appell an die Menschen, nicht nachzulassen im Bemühen um Hoffnung und Solidarität für eine humane Welt. Ebenfalls lehnte Yun den Verdacht einer politischen Intention in der symphonischen Dichtung „Engel in Flammen mit Epilog", seiner letzten Komposition aus dem Herbst 1994, ab:

> „Nein, niemals. Ich verfolge mit dem Werk keine politische Wirkung oder propagandistische Absicht, sondern ich handle als Komponist, um mein Gewissen zu beruhi-

gen. Es ist das letzte Orchesterstück, das ich für mein Volk geschrieben habe. Ich will diese Menschen, die Selbstverbrennung begingen, nicht zu Helden verklären, ich will keine Heiligen aus ihnen machen, aber allein die Tatsache, dass sie ihrer Natur, ihrer reinen seelischen Veranlagung entsprechend handelten und handeln mussten, sollten wir in Erinnerung behalten."

Dies verdeutlicht, warum und wie sehr Yun zu seinen Lebzeiten um die Versöhnung und Wiedervereinigung Koreas bemüht war. Weil die Teilung seines Heimatlandes ständig Unglück, Unmenschlichkeit und Unheilbarkeit reproduziert, stellte er radikal die inhumane Teilungstragödie in Frage, obwohl er dafür einen hohen, vielleicht allzu hohen Preis zahlen musste. In einem Gespräch mit dem Autor Du-Yul Song im Herbst 1988 behauptete Yun, die Politik könne nicht die Kunst ersetzen, diese aber sehr wohl die Politik. Dieses Credo ermöglichte es ihm, bis zu seinem Tode ein großer Komponist in der Musikwelt zwischen Ost und West und zugleich ein herausragender Patriot zu bleiben. *(DYS/RW)*

Weiterführende Lektüre

Heister, Hanns-Werner / Sparrer, Walter-Wolfgang (Hg.) (1987): *Der Komponist Isang Yun*. München.

Rinser, Luise / Yun, Isang (1977): *Der verwundete Drache*. Dialog über Leben und Werk des Komponisten. Frankfurt a.M.

Song, Du-Yul (2002): *Tao, Klang und Versöhnung*. Der Komponist Isang Yun, in: Song, Du-Yul: Schattierungen der Moderne. Ost-West-Dialoge in Philosophie, Soziologie und Politik. Köln, S. 152-159.

Bunkermentalitäten

Der Tod von Nordkoreas Staatsgründer Kim Il-Sung 1994 führte zu Panikreaktionen in Südkorea.

Im Sommer 1994 hatte es den Anschein, als stünde die koreanische Halbinsel erneut an der Schwelle eines militärischen Konflikts. In den U-Bahnen von Seoul warnten Poster und Lautsprecherhinweise verstärkt vor „kommunistischen Agenten" aus dem Norden. Die Bevölkerung war aufgerufen, besonders wachsam zu sein. Die Abbildungen zeigten sattgrüne Blätter, auf denen sich kleine rote Eidechsen eingenistet hatten. Eine hohe Belohnung erwartete alle, die „Auffälliges" unverzüglich den Behörden meldeten. In den Städten Südkoreas schrillten die regelmäßig Alarmsirenen.

Häufiger als sonst fanden in diesen Tagen Luftschutzübungen statt. In einigen (selbst Nobel-)Vierteln Seouls kam es zu Hamsterkäufen. Kommentatoren großer amerikanischer Tageszeitungen beschworen die Gefahr des „nuklearen Gangsters" Pjöngjang herauf. Nordkorea, so die Kassandrarufe, sei imstande, eigene Atomwaffen zu produzieren und die Sicherheitslage in ganz Nordostasien zu gefährden. Die Störsender im Norden und Süden waren im Dauereinsatz. Auffällig mäßigend reagierte damals die südkoreanische Regierung: Über die US-Vertretung in Seoul bat sie Washington um eine Entschärfung der Situation.

In Nordkorea weckte das Säbelrasseln Erinnerungen an den dreijährigen Bruderkrieg, der zu Beginn der 1950er Jahre ein kaum vorstellbares Ausmaß an Zerstörung anrichtete. Experten wie Carter J. Eckert, seinerzeit Direktor des „Harvard Center for Korean Studies", waren daher nicht verwundert, dass unter den Nordkoreanern eine traumatische „permanente Belagerungsmentalität" vorherrschte: „Praktisch die gesamte Bevölkerung", so Eckert in einem 1996 in Seoul gehaltenen Vortrag über die Perspektiven des koreanischen Vereinigungsprozesses, „lebte und arbeitete drei Jahre lang in künstlich angelegten unterirdischen Bunkern, um den ständigen Angriffen der US-Bomber zu entgehen, von denen jeder eine Atombombe tragen konnte."

Die Lage im Jahr 1994 blieb extrem angespannt. Der an der University of Chicago lehrende amerikanische Historiker und Korea-Experte Bruce Cumings (2001) konstatierte: „Im Mai 1994 entnahmen die Nordkoreaner dem Reaktor *(Yongbyon – Anm. d. A.)* 8.000 Brennstäbe, die genügend Plutonium enthielten, um fünf oder sechs Atombomben herzustellen. Ende Juni war US-Präsident Clinton fast schon zum Krieg entschlossen. Doch als der US-Oberbefehlshaber in Korea, General Gary Luck, Clinton darüber informierte, dass ein neuer koreanischer Krieg mindestens sechs Monate dauern und bis zu 100.000 US-Soldaten das Leben kosten könnte, lenkte der Präsident ein. Glücklicherweise griff daraufhin Jimmy Carter ein. Er flog nach Pjöngjang und handelte direkt mit dem damaligen Staatschef Kim Il-Sung einen Vertrag aus, demzufolge der Kernkraftkomplex Yongbyon stillgelegt wurde. Seit Oktober 1994 überwachte die in Wien ansässige Internationale Atomenergie-Behörde die Anlage wieder."

Ausgerechnet auf dem Höhepunkt dieser Krise zeichnete sich paradoxerweise eine Entspannung mit weitreichenden Folgen ab. Erstmals seit dem Koreakrieg waren im heißen Sommer des Jahres 1994 die Protokollchefs in Seoul und Pjöngjang – ko-orchestriert vom amerikanischen Expräsidenten Jimmy Carter – damit befasst, ein gemeinsames Treffen der damaligen Präsidenten Kim Young-Sam und Kim Il-Sung vorzubereiten. Doch inmitten der Vorbereitungen des ersten Gipfeltreffens beider koreanischer Staatschefs starb Mitte Juli 1994 der „Große Führer" Kim Il-Sung. Dennoch wurde diese erste Atomkrise am 21. Oktober 1994 in Genf entschärft, wo die USA und Nordkorea eine entsprechende „Rahmenvereinbarung", „Agreed Framework" genannt, unterzeichneten.

Hochdotierte Analysten diverser Denkfabriken, von der Londoner „Economist Intelligence Unit" bis hin zu Experten im US-Außenministerium, machten unmittelbar nach Bekanntwerden des Todes von Kim die Volksrepublik als Hort ebenso erbitterter wie unkalkulierbarer Diadochenkämpfe aus und prophezeiten ihr eine rasche Implosion. Noch Ende 1996 ging der damalige CIA-Direktor John Deutch vor dem Geheimdienstausschuss des US-Senats von folgendem Dreier-Szenario aus, das binnen der nächsten zwei oder drei Jahre entschieden werde:

- Nordkorea marschiert in den Süden ein und es kommt erneut zu einem Krieg;
- das Land kollabiert beziehungsweise implodiert wegen seiner immensen wirtschaftlichen Probleme oder
- es kommt zu einer Regelung und Wiedervereinigung mit dem Süden.

Unbekümmert demonstrierte man derweil in Nordkorea aufs Neue, dass Totgesagte länger leben. *(RW)*

Weiterführende Lektüre

CIA chief says N. Korea future clear within 3 years – Meldung der britischen Nachrichtenagentur Reuters vom 11. Dezember 1996.

Cumings, Bruce (2001): *Kehrtwende in den USA: Washingtons Spannungspolitik in Ostasien,* in: Le Monde diplomatique (dtsch. Ausg.). Berlin/Zürich, Mai, S. 5.

Zur Dschutsche-Ideologie

Im Ringen um Unabhängigkeit und Autarkie entwickelte die Führungsgruppe um Kim Il-Sung eine eigene Lehre und machte sie zur Staatsdoktrin.

Die Erfahrungen langjähriger kolonialer Herrschaft lehrten die antijapanische Partisanengruppe um Kim Il-Sung, den „Großen Führer“ Nordkoreas, sich auch innerhalb der von Moskau und Peking dominierten kommunistischen Weltbewegung keinem der beiden Lager zuzuordnen. Äquidistanz war oberstes Gebot, wenngleich Nordkorea stets bemüht war, von beiden Seiten gleichermaßen zu profitieren – im Sinne des größtmöglichen Wohls und Vorteils für die Volksrepublik sowie des eigenen Machterhalts. Am Rat für Gegenseitige Wirtschaftshilfe (RGW) der realsozialistischen Länder nahm Nordkorea nicht teil, sondern setzte in Politik, Wirtschaft und Kultur auf Souveränität und einen eigenen Kurs.

Kim Il-Sung erwähnte den Begriff *Dschutsche* (alternierend wird anstelle dieses im Deutschen geläufigen Ausdrucks auch der Begriff *Juche* und/oder *Chuch'e* verwendet, was wörtlich „das Subjekt“ beziehungsweise „die Subjektivität“ bedeutet) als von ihm begriffene Weiterentwicklung des Marxismus-Leninismus erstmals in einer Rede („Über die Beseitigung des Dogmatismus und des Formalismus sowie über die Herstellung des Dschutsche in der ideologischen Arbeit“) auf einer Versammlung der Partei der Arbeit Koreas (PdAK) am 28. Dezember 1955. Knapp zwei Jahrzehnte später, am 4. November 1974, formulierte Kim Il-Sung die philosophische Basis der Dschutsche-Ideologie:

> „Die Dschutsche-Ideologie bedeutet, dass die Volksmassen der Herr in der Revolution und beim Aufbau sind, dass sie als die treibende Kraft dabei auftreten. Mit anderen Worten, diese Ideologie bedeutet, dass jeder selbst Herr seines Schicksals ist, dass jeder auch die Kraft besitzt, sein Schicksal zu entscheiden. Die Dschutsche-Ideologie beruht auf dem philosophischen Grundsatz, dass der Mensch der Herr aller Dinge ist und er über alles entscheidet.“

Die Dschutsche-Philosophie verneint zwar nicht gänzlich die Wiederspiegelung der objektiven Welt im Bewusstsein des Menschen, aber gleichzeitig betont sie die tätige Seite des Bewusstseins für das menschliche Wesen und seine Selbstständigkeit. Damit wird eine Distanz zum herkömmlichen Marxismus-Leninismus geschaffen.

Kim Il-Sungs Sohn und Nachfolger Kim Jong-Il entwickelte die Dschutsche-Ideologie weiter und präzisierte vor allem die Rolle des „Führers" (*suryong*), den er als notwendiges „Zentrum", als „Kopf und Hirn der Volksmassen" sah. Bereits in seinem 1982 veröffentlichten Buch „Über die Dschutsche-Ideologie" sprach Kim Jong-Il von „den drei Attributen des Menschen" – Selbstständigkeit, Kreativität und Bewusstheit –, was seitdem gemäß den Dschutsche-Ideologen als die neue Bestimmung des Wesens des Menschen in der Geschichte der Philosophie gilt.

Seit dem Zusammenbruch des „real existierenden Sozialismus" in der Sowjetunion und in Osteuropa hat sich die Dschutsche-Ideologie auch mit den materiellen Wünschen der Bevölkerung auseinandergesetzt, wie Kim Jong-Il in seiner im November 1994 veröffentlichten Abhandlung („Der Sozialismus ist eine Wissenschaft") betonte: „Im höheren glücklichen Leben des Volkes nimmt das Materielle einen wichtigen Stellenwert ein. Das materielle Leben bildet die Basis des sozialen Lebens." Trotz dieses „materialistischen" Einschubs wird die Dschutsche-Philosophie aus der Sicht des traditionellen Marxismus-Leninismus und des strukturalistischen Marxismus à la Louis Althusser als Idealismus beziehungsweise Voluntarismus gehandelt.

Seit August 1997 gilt in Nordkorea offiziell der Dschutsche-Kalender. Dieser beginnt mit Kims Geburtsjahr, dem Jahr 1912 („Dschutsche 1"). In zahlreichen Ländern haben sich eigens „Dschutsche-Lesezirkel" beziehungsweise „Dschutsche-Studiengruppen" – vorrangig in Afrika (u. a. Madagaskar, Nigeria und Togo) und Lateinamerika – gebildet, über deren Aktivitäten in den nordkoreanischen Medien häufig und ausführlich berichtet wird. Im Frühjahr 1978 entstand in Tokio das „International Institute of the Juche Idea", das aus Anlass des 100. Geburtstages Kim Il-Sungs im Jahre 2012 in Pjöngjang die Durchführung einer „Weltkonferenz der Dschutsche-Ideologie" plant. *(RW/DYS)*

Weiterführende Lektüre

Cho, Hang-Gu (1999): *Die Chuch'e-Ideologie und der Marxismus-Leninismus – Ein theoretischer Vergleich,* in: Korea Forum 1/99. Essen. Als pdf-Datei: http://koreaverband.ahkorea.com/_file/publikationen/archive/1-99/1-99-art14.pdf

Kim Il-Sung (1971): *Über die Beseitigung des Dogmatismus und des Formalismus sowie über die Herstellung des Juche in der ideologischen Arbeit.* Pjöngjang: Verlag für fremdsprachige Literatur. Als pdf-Datei: http://www.nordkorea-info.de/juche/JucheLibrary/German/dogmatismus.pdf

Kim Jong-Il (1982): *Über die Juche-Ideologie.* Pjöngjang: Verlag für fremdsprachige Literatur. Als pdf-Datei:
http://www.nordkorea-info.de/juche/JucheLibrary/German/juche.pdf

Pan, Christoph (1992): *Nordkorea: Die ideologische und soziologische Basis.* Wien.

Pfabigan, Alfred (1986): *Schlaflos in Pjöngjang. Vom gescheiterten Versuch, einen skeptischen Europäer zu einem Mitglied der Großen Roten Familie zu machen.* Wien.

Rinser, Luise (1986): *Nordkoreanisches Reisetagebuch.* (6., akt. Ausg.) Frankfurt a. M.

Song, Du-Yul (1995): *Korea-Kaleidoskop: Aktuelle Kontexte zur Wiedervereinigung.* Osnabrück, S. 59-68.

The International Institute of the Juche Idea, Tokyo:
http://www.cnet-ta.ne.jp/juche/defaulte.htm

Kapitel IV

Spannungen zum Trotz: Ein Jahrzehnt der „Sonnenscheinpolitik“

(1998–2008)

Entspannung, Versöhnung und retour

Nach einem historischen Regimewechsel in Südkorea brach Ende der 1990er Jahre eine neue Periode der innerkoreanischen Beziehungen an.

Die Hoffnung in beiden Teilen Koreas war groß. Mit einer südkoreanischen Variante der früheren „Ostpolitik" des deutschen Bundeskanzlers Willy Brandt versuchte der neu gewählte Präsident Kim Dae-Jung ab 1998, die Versöhnung und Zusammenarbeit mit Nordkorea auf der Basis friedlicher Koexistenz einzuleiten. In Anlehnung an eine bekannte Fabel von Äsop nannte er seine Entspannungspolitik gegenüber Nordkorea „Sonnenscheinpolitik", die effektiver als der bis dahin praktizierte Konfrontationskurs seiner Vorgänger sein sollte. Doch eine solche Politik war auf der koreanischen Halbinsel viel schwieriger zu verwirklichen als in Deutschland. Der grausame Bruderkrieg war noch nicht vergessen, das kollektive Trauma der Koreaner in beiden Teilen des Landes saß noch immer tief. Die ältere Generation im Süden warf Kim Dae-Jung vor, mit seinem Entspannungskurs Landesverrat zu begehen.

Trotz vehementen Widerstands aus dem konservativen, antikommunistischen Lager gelang es Kim, die andauernde Finanzkrise seit Mitte der 1990er Jahre als Schalthebel für einen Machtwechsel zu nutzen. Die Präsidentschaftswahl konnte er im Dezember 1997 – nach dreimaligem Scheitern – endlich gewinnen. In der ersten Hälfte seiner Amtszeit musste sich Kim Dae-Jung aber vorerst auf die Überwindung der tiefen Finanzkrise mit Hilfe des IWF konzentrieren. Doch nach einer geheimgehaltenen Vorbereitungsphase kam schließlich das erste innerkoreanische Gipfeltreffen zustande und die Führer beider Länder unterzeichneten in Pjöngjang das „Gemeinsame Kommuniqué vom 15. Juni 2000".

Charta für ein friedliches Miteinander

Die vereinbarten fünf Punkte im „Gemeinsamen Kommuniqué" lauteten:

1. Nord und Süd stimmen überein, dass sie die Frage der Wiedervereinigung unabhängig und durch gemeinsame Anstrengungen lösen werden.
2. Nord und Süd anerkennen, dass das südliche Wiedervereinigungskonzept eines „Staatenbundes" und das nördliche Konzept einer „losen Konföderation" nahe beieinander liegen; sie stimmen deshalb überein, die Vereinigung in diese Richtung weiter voranzutreiben.
3. Nord und Süd stimmen überein, humanitäre Fragen, wie die der Familienzu-

sammenführung und der Haftentlassung langjähriger politischer Gefangener in Südkorea, bis zum „Tag der Nationalen Befreiung“ am 15. August zu lösen.

4. Nord und Süd stimmen überein, die Schaffung gegenseitigen Vertrauens durch die gleichgewichtige Entwicklung der nationalen Wirtschaft im Rahmen wirtschaftlicher Kooperationsvorhaben und Austauschprogramme in den Bereichen Kultur, Sport, öffentliche Gesundheit, Umwelt und allen anderen Bereichen voranzutreiben.
5. Nord und Süd stimmen überein, dass bilaterale Gespräche auf der Fachebene zur baldigen Durchführung dieser Maßnahmen abgehalten werden sollen.

Die Inhalte des Kommuniqués waren also fast identisch mit jenen der „Gemeinsamen Erklärung vom 4. Juli 1972“, die seinerzeit der Chef des Nachrichtendienstes (KCIA) aus dem Süden und der Leiter der Organisationsabteilung der Partei der Arbeit Koreas (PdAK) aus dem Norden unterschrieben hatten. Präziser als im Jahre 1972 wurde im Beschluss von 2000 allerdings der Punkt 4 behandelt. Das Abkommen zwischen Süd- und Nordkorea über „Vier Garantien“ (Investitionen, Geldtransfers, betriebliche Schlichtung und Vermeidung doppelter Besteuerung) im August 2000 stellte weitere Weichen für die vereinbarte wirtschaftliche Zusammenarbeit.

Vor dem Zustandekommen des Kommuniqués hatte sich der legendäre Gründer des Hyundai-Konzerns, Chung Chu-Young (1915–2001), bereits für das Tourismusprojekt im Keumgang(Diamant)-Gebirge engagiert, weil er aus dieser Region stammte. Am 18. November 1998 konnten südkoreanische Touristen zum ersten Mal seit der Teilung des Landes die dortigen Berge besteigen. Im Juni 2005 erreichte die Zahl der Touristen aus dem Süden bereits die Millionengrenze. Ein weiteres touristisches Zentrum entstand im Dezember 2007 in der Stadt Gaeseong, der alten Hauptstadt der Koryo-Dynastie (918–1392). Vor der offiziellen Öffnung der Touristenroute hatte Chung durch eine eindrucksvolle Aktion die Welt auf die Tragik der Teilung und die Hoffung auf Versöhnung und Wiedervereinigung Koreas aufmerksam gemacht. Er ließ tausend Kühe aus dem Süden als Geschenk für den Norden über den Grenzort Panmunjom transportieren. Dabei überquerte er selbst mit einer Kuh die Demarkationslinie. Ein symbolträchtiger Akt: 66 Jahre zuvor war Chung aus seinem Elternhaus mit dem gestohlenen Geld einer verkauften Kuh ausgebrochen, um in Seoul die Schule zu besuchen.

Mit dem im Dezember 2002 beschlossenen Gaeseong Industrial Complex (GIC), von dem aus ab Dezember 2004 erstmalig dort produzierte Waren nach Südkorea geliefert wurden, fand eine komplizierte Koppelung von Kapital und Technologie aus dem Süden mit Arbeitskräften aus dem Norden statt. Es war dies der Beginn eines „exemplarischen Lernens“ für das künftige Zusammenleben der Koreaner. Geringe Lohnkosten und eine höhere Arbeitsproduktivität waren Hauptmotive für das Engagement der Investoren aus dem Süden.

Stolpersteine

Trotz der günstigen Atmosphäre für die weitere wirtschaftliche Kooperation blieben die militärischen Spannungen unterschwellig bestehen. Das erste innerkoreanische Treffen beider Verteidigungsminister im September 2000 auf der südkoreanischen Insel Jeju und die darauffolgenden sechsmaligen Konsultationen von Generälen aus beiden Landesteilen bis zum Juli 2007 vermochten den Konflikt nicht zu entschärfen. Vor allem spielten große Meinungsunterschiede über die „Nördliche Grenzlinie“ („Northern Limit Line“, NLL) im Gelben Meer eine wichtige Rolle. Am 15. Juni 1999 sowie am 29. Juni 2002 kam es zu Seegefechten entlang der NLL, wobei einige Marinesoldaten beider Seiten getötet wurden. Die NLL wird von Nordkorea nicht anerkannt, während Südkorea sie als de facto-Grenzlinie im Gelben Meer zwischen beiden Ländern betrachtet. Im Sommer 1953 war bei den zähen Verhandlungen zum Waffenstillstandsabkommen zwischen den UN-Truppen unter amerikanischem Kommando und der nordkoreanischen Volksarmee zunächst nur die Demarkationslinie auf dem Lande festgelegt worden. Die Festlegung der Seegrenzen im Gelben Meer wurde hingegen vertagt. Aus diesem Grunde ist die im Jahre 1970 von Südkorea einseitig proklamierte NLL durch Nordkorea nie als verbindliche Grenze zwischen beiden Staaten akzeptiert worden. Nach einem erneuten schweren Zwischenfall am 26. März 2010, bei dem das südkoreanische Kriegsschiff Cheonan unweit dieser Linie versenkt wurde, kommentierte der ehemalige US-Außenminister Henry Kissinger am 17. Mai 2010, dass die von Südkorea einseitig beanspruchte NLL international nie anerkannt worden sei.

Der hoffnungsvolle Entspannungsprozess war also von Unstimmigkeiten und Widersprüchen bedroht. Dazu trug einerseits die vorrangige Stellung des Militärs in beiden Landesteilen bei. Der Wahlsieg Kim Dae-Jungs bedeutete zweifellos einen wichtigen Sieg der Zivilgesellschaft nach den vielen Dekaden der Unterdrückung durch die Militärregime in Seoul. Dennoch konnte der neue Präsident die lange militarisierte Gesellschaft nicht in kurzer Zeit „zivilisieren“. Obgleich sein Amtsvorgänger Kim Young-Sam (1993-1998) die beiden Putschpräsidenten, Chun Doo-Hwan und Roh Tae-Woo, ins Gefängnis geworfen hatte, war Kim Dae-Jung im Umgang mit dem Militär aus taktischen Gründen weitaus vorsichtiger.

Denn wenn es zu Konflikten zwischen beiden Ländern kommt, verschwört sich der konservative Machtblock im Süden gegen jedwede Initiative zur Entspannung. Die „Demokraten" im Süden agieren nach Ansicht des konservativen Blocks als „fünfte Kolonne" Nordkoreas. Diese Logik mündete schließlich Ende der 2000er Jahre in die absurde Behauptung, die Nordkoreaner hätten mit Hilfe der dem Süden abgepressten Gelder Raketen und Nuklearwaffen entwickelt. Am Ende gewann die grobschlächtige Politik der Konfrontation wieder die Oberhand und unterminierte binnen kurzer Zeit den mühevoll eingefädelten Entspannungsprozess.

Die USA im Sog der Sonnenschein-Politik

Im Ausland hingegen wurde die „Sonnenscheinpolitik" als beachtliche Friedensinitiative anerkannt und auch durch die Verleihung des Friedensnobelpreises im Jahr 2000 geehrt. Aus taktischen Überlegungen hob das norwegische Nobelpreis-Komitee in seiner Begründung der Preisverleihung an Kim Dae-Jung seinen langwierigen Kampf für die Demokratisierung der südkoreanischen Gesellschaft hervor. Seine innenpolitischen Gegner versuchten dennoch, das Image Kim Dae-Jungs mit einer Verleumdungskampagne zu beschädigen. Die Preisverleihung, so ihr Einwand, sei lediglich ein neuerlicher Ausdruck seines schmutzigen, machtgierigen Lobbyismus.

William J. Perry, von 1994 bis 1997 US-Verteidigungsminister und einer der Architekten des in Genf ausgehandelten „Rahmenabkommens" beziehungsweise des „Agreed Framework" von 1994, agierte als Sonderemissär von Präsident Bill Clinton und formulierte dessen mittelfristige Nordkoreapolitik. Im Oktober 1999 veröffentlichte Perry seinen Bericht – mit dem Ergebnis, an dem Rahmenabkommen unbedingt festzuhalten. (Ausführlich dazu in Kapitel VI dieses Bandes – Anm. d. A.) In dreierlei Hinsicht war der Perry-Report bedeutsam: Beide Protagonisten wahrten ihr Gesicht; die in Washington angenommene Prämisse, Nordkorea werde alsbald zusammenbrechen, wurde revidiert, und schließlich wurde die vom südkoreanischen Präsidenten Kim Dae-Jung verfolgte „Sonnenscheinpolitik" ausdrücklich befürwortet.

Der amerikanische Historiker und Koreaexperte Bruce Cumings (2001) konstatierte in diesem Zusammenhang: „Die sechsmonatige Arbeit (Perrys und seiner Kollegen – Anm. d. A.) schloss mit der Empfehlung, die Verhandlungen mit Pjöngjang zu intensivieren. Der Neuansatz mündete in ein vorläufiges Abkommen über die nordkoreanischen Raketen, das den USA wie der gesamten asiatisch-pazifischen Region große Vorteile brachte. Damals schien Nordkorea bereit, die Produktion, Stationierung und Ausfuhr aller Raketen mit einer Reichweite von über 500 Kilometern einzustellen. In beiden strategischen Fragen – in der Atompolitik und bei den ballistischen Raketen – schien man einer Vereinbarung näherzukommen."

Im Gegenzug lockerte Washington einige seiner Wirtschaftssanktionen und setzte sich für die Fortführung und Aufstockung von Hilfslieferungen an die Volksrepublik ein. Das „Agreed Framework“ sah zudem vor, in Washington und Pjöngjang jeweils Liaison-Büros einzurichten und gemeinsam nach Überresten der im Koreakrieg gefallenen amerikanischen Soldaten zu suchen. Der wichtigste Punkt war aber folgender: Nordkorea erhielt in einem Zusatzprotokoll eine Sicherheitsgarantie. Mit der Umsetzung der technischen und finanziellen Hilfslieferungen nach Nordkorea wurde das eigens zu diesem Zweck gegründete Nuklearkonsortium Korean Peninsula Energy Development Organization (KEDO) betraut, dem die USA, Japan und Südkorea als Gründungsmitglieder und Hauptfinanziers angehörten.

Den Höhepunkt nordkoreanischer Außenpolitik und einen diplomatischen Coup im Sog der „Sonnenscheinpolitik“ bildete der Besuch von US-Außenministerin Madeleine K. Albright in Pjöngjang am 23. und 24. Oktober 2000. Damit weilte erstmalig in der Geschichte beider Länder ein derart hochrangiger Repräsentant der US-Regierung in der Volksrepublik.

Vielseitige Unterstützung seitens der EU

Die Europäische Union unterstützte von Beginn an die „Sonnenscheinpolitik“ Kim Dae-Jungs und engagierte sich auch im Rahmen des „Agreed Framework“. 1997 trat die Europäische Union KEDOs Executive Board bei und leistete zwischen 1996 und 2000 jährlich 15 Milionen ECU an nichtrückzahlbaren Zuschüssen. Die ebenfalls 1997 durch ein Assoziierungsabkommen Mitglied der KEDO gewordene EURATOM stellte dem Konsortium bis 2001 zusätzlich umgerechnet 75 Millionen Euro an Beitragsgeldern zur Verfügung. Über diese Beteiligung an KEDO hinaus lieferte die EU Nahrungsmittel und humanitäre Hilfe nach Nordkorea, deren Umfang allein im Zeitraum von 1995 bis 2002 umgerechnet rund 180 Millionen Euro betrug. Außerdem vertiefte die Union den politischen Dialog mit Nordkorea, förderte die Vertrauensbildung und Zusammenarbeit im Rahmen des ASEAN Regional Forum (ARF) sowie Maßnahmen zur mittelfristigen technischen Hilfe und erleichterte den Marktzugang für nordkoreanische Produkte in die EU.

Auch Mitte der 1990er Jahre, als Nordkorea in Folge von Naturkatastrophen bitter zu leiden hatte und die Hungersnot grassierte, leistete die EU der Volksrepublik in dieser überaus prekären Situation aktive Nothilfe. Allein im Rahmen ihres Nahrungsmittelhilfs- und Nahrungsmittelsicherungsprogramms (das auch landwirtschaftliche Inputs und verbesserte Methoden bei der Bodenbewirtschaftung vorsah) stellte die EU-Kommission der Volksrepublik in den vier Jahren von 1997 bis 2000 insgesamt 168 Millionen Euro zur Verfügung.

Von dieser Katastrophe hat sich das Land bis heute nicht vollständig erholt, wenngleich sich seitdem die Lebensbedingungen der Menschen nach Ansicht internationaler Hilfsorganisationen spürbar verbessert haben. Am Härtesten traf es Kleinkinder in abgelegenen, schwer zugänglichen Gebieten, wo sie nicht angemessen mit Nahrungsmitteln und Medikamenten versorgt werden konnten. Diese wirtschaftlich außerordentlich angespannte Situation stellte das *Dschutsche*-Konzept und seine Variante der autozentrierten Entwicklung in Frage. Kathi Zellweger, die damalige Direktorin für Internationale Zusammenarbeit und Leiterin der Caritas in Hongkong, schrieb nach zahlreichen Nordkorea-Besuchen:

> „(...) Nordkorea verfügt nur über 18 bis 20 Prozent gutes, zur Nahrungsproduktion geeignetes Land. Nordkorea ist *kein* Agrarland, sondern ein Industrieland mit einer stagnierenden, spiralförmig nach unten tendierenden Wirtschaft. (...) Obwohl sich die Situation seit dem Höhepunkt der Krise (1995–97) verbessert hat, ist die Stabilisierung noch sehr fragil und hauptsächlich der internationalen Hilfe zu verdanken. Akute Fälle von Unterernährung haben abgenommen, doch sind die Auswirkungen mehrjähriger chronischer Mangelernährung überall sichtbar. Ein eindrucksvoller Vergleich zwischen einem siebenjährigen Jungen in Südkorea und in Nordkorea verdeutlicht dies: Der Junge in Südkorea ist 125 Zentimeter groß und wiegt 26 Kilogramm, sein Bruder im Norden ist 20 Zentimeter kleiner und 10 Kilogramm leichter."

Backlash unter Bush

Während zu Beginn des Jahres 2001 alle Zeichen auf Entspannung in Korea standen, geriet die Situation nach dem Amtsantritt von George W. Bush ins Wanken. Selten dürfte im Weißen Haus ein Staatsgast, dazu noch ein gerade mit dem Friedensnobelpreis ausgezeichnetes Staatsoberhaupt, dermaßen brüskiert worden sein, wie dies Anfang März 2001 dem südkoreanischen Präsidenten Kim Dae-Jung widerfuhr. Präsident Bush nannte bei diesen Gesprächen Nordkorea unvermittelt und unverblümt einen „Bedrohungsfaktor in Ostasien", mit dem Gespräche ausgesetzt und erst nach einer kompletten Neubestimmung der US-Asienpolitik wieder aufgenommen würden. Als er auch noch den innerkoreanischen Dialog in Zweifel zog, diesen sogar als „naiv" abstempelte, standen Kim Dae-Jung samt Entourage wie begossene Pudel da. Einen Tag zuvor, am 6. März 2001, hatte Außenminister Colin Powell den noch zuversichtlich gestimmten Gästen aus Seoul versichert, er werde „die vielversprechenden Elemente der Nordkorea-Politik seiner Vorgängerin weiterentwickeln.“

Peinlich für die südkoreanische Delegation war überdies, dass sie in die Debatte um das von Präsident Bush propagierte Raketenabwehrsystem (NMD) als Kern einer neuen amerikanischen Verteidigungsstrategie hineingezogen wurde. Bushs nationale Sicherheitsberaterin Condoleezza Rice bezeichnete die Wiederaufnahme von Gesprächen über nordkoreanische Raketentests trotz des 1999 von Pjöngjang zugesagten Moratoriums als „kontraproduktiv“. Nordkoreas Regime bangte um sein Überleben, als im März 2003 US-Streitkräfte in den Irak einmarschierten. Seitdem beharrt es, so wörtlich, „auf das Recht, ein größtmögliches Abschreckungspotenzial zum Selbstschutz zu unterhalten.“ „Der trotz des Widerstandes der internationalen Gemeinschaft geführte Krieg in Irak hat gelehrt“, meldete die staatliche nordkoreanische Nachrichtenagentur KCNA, „dass eine Nation über eine angemessene militärische Stärke verfügen sollte, um ihre Souveränität zu verteidigen.“

Vor allem die in Washington vor und nach der Irak-Invasion wiederholt öffentlich benutzte Formel eines notwendigen „Regimewechsels“ im Falle unilateral ausgemachter „Schurkenstaaten“ ließ die Alarmglocken schrillen. Unverzüglich brachen alte (Kriegs-)Wunden wieder auf. Die nordkoreanische Führung brandmarkte im Staatsrundfunk und in der „Rodong Shinmun“, dem Zentralorgan der herrschenden Partei der Arbeit Koreas (PdAK), die USA als eine „Nation von Kannibalen“ und warnte Washington vor provokativen Aktionen: „Sollten die US-Imperialisten die Konfrontation wagen, wird ihnen tausendfach Rache zuteil.“ Nordkorea reagierte auch deshalb so harsch, weil sich seit dem Amtsantritt von Bush Junior die amerikanisch-chinesischen Beziehungen spürbar abgekühlt hatten.

Nachdem Bush im Januar 2002 eine „Achse des Bösen“ postuliert hatte, ersetzte er im September 2002 die Politik der Eindämmung durch eine neue Strategie präventiver Militärschläge. Am liebsten würde er das Regime in Pjöngjang stürzen, ließ Bush verlautbaren. Die Regierung Nordkoreas reagierte prompt, verwies die Inspektoren der IAEA des Landes, belud den Atomreaktor in Yongbyon mit neuen Brennstäben und erklärte den Austritt aus dem Atomwaffensperrvertrag.

Neben der US-Regierung meldete sich auch die EU zu Wort, deren Position sich nach einer drastisch vollzogenen Kehrtwende nunmehr auffällig mit jener der USA deckte. Am 18. Oktober 2002 wurde die nachstehende Erklärung im Namen der Europäischen Union in Brüssel und Kopenhagen veröffentlicht:

„Die EU bringt ihre tiefe Besorgnis zum Ausdruck über Berichte im Anschluss an den Besuch des Sondergesandten der USA in der Demokratischen Volksrepublik Korea, demzufolge dieses Land zugegeben hat, ein geheimes Atomwaffenprogramm durchzuführen. Die Europäische Union ersucht Nordkorea eindringlich, diese Angelegenheit unverzüglich klarzustellen. Ein derartiges Programm stellt eine ernste Verletzung der Verpflichtungen dar, die Nordkorea im Rahmen des Nichtverbreitungsvertrags, des Übereinkommens der Internationalen Atomenergie-Organisation betreffend die Anwendung von Sicherungsmaßnahmen sowie der von Nord- und Südkorea abgegebenen gemeinsamen Erklärung über die Schaffung einer kernwaffenfreien koreanischen Halbinsel und der vereinbarten Rahmenregelung eingegangen ist."

„So trafen Anfang 2003 die vorhersehbaren Provokationen und Täuschungsversuche Nordkoreas auf die seit langem vorliegenden Pläne der USA, die schon in der Anfangsphase eines neuen koreanischen Krieges den Einsatz von Atomwaffen vorsehen", schrieb der amerikanische Historiker und Korea-Experte Bruce Cumings. „Das Prinzip des Atomwaffensperrvertrags lautet", so Cumings weiter,

„dass Staaten ohne Nuklearwaffen nicht von denen bedroht werden dürfen, die Atomwaffen besitzen. 1996 erklärte der Internationale Gerichtshof in Den Haag, jeglicher Einsatz von oder die Bedrohung durch Atomwaffen sei als das ‚mal ultime' zu verurteilen. Dennoch könnte der Einsatz von Atomwaffen gerechtfertigt sein – dann nämlich, wenn das Überleben eines ganzen Staates auf dem Spiel stünde. Demnach ist es eher gerechtfertigt, dass Nordkorea Atomwaffen produziert, als dass die USA dem ‚nichtnuklearen Staat' Nordkorea die Vernichtung androhen."

Die USA waren davon überzeugt, dass Nordkorea tatsächlich über ein Atomwaffenarsenal inklusive Trägersystemen verfügte. Daher erwog man, so der ehemalige NATO-Oberbefehlshaber Wesley Clark Ende Mai 2005 gegenüber dem Fernsehsender CNN, diese notfalls gemäß dem damaligen Planungskonzept „CONPLAN 8022" durch „zielgenaue Nuklearschläge auszuschalten".

Mitte Juni 2005 reisten anlässlich des fünften Jahrestages des ersten koreanischen Gipfeltreffens und der Unterzeichnung der Nord-Süd-Deklaration über 300 südkoreanische Gäste nach Pjöngjang, um dort mehrere Tage lang gemeinsam dieses Ereignisses zu gedenken. Es herrschte eine ausgelassene Atmosphäre, die einmal mehr demonstrierte, dass Nord und Süd in Dialog treten können, solange Einmischungen von außen unterbleiben. „Von nun an sollten Süd- und Nordkorea all ihre Kräfte bündeln, um einen tragfähigen Friedensmechanismus zu schaffen und die Gefahr eines Atomkrieges auf der Halbinsel zu bannen", erklärte Südkoreas Vereinigungsminister Chung Dong-Young in Pjöngjang nach einem Treffen mit Machthaber Kim Jong-Il. Die nordkoreanische Seite reagierte prompt: „Wir sollten nicht untätig herumsitzen und auf Frieden warten, wir sollten lieber unserer Nation voll vertrauen und mit vereinter Kraft den Frieden sichern“, sagte der nordkoreanische Sprecher Ahn Kyong-Ho.

Südkoreas damaliger Außenminister (und heutige UN-Generalsekretär) Ban Ki-Moon und andere hochrangige Diplomaten in Seoul zeigten sich maßlos enttäuscht, als bereits wenige Tage nach diesen Feierlichkeiten Paula Dobriansky, Unterstaatssekretärin im US-Außenministerium, Nordkorea öffentlich als einen von vier „Außenposten der Tyrannei" brandmarkte – gemeinsam mit Myanmar (Burma), Simbabwe und Kuba. Ban verwahrte sich gegen solch provokative Äußerungen aus Washington und erklärte: „Nordkorea stets mit negativen, respektlosen Etiketten zu belegen, ist kontraproduktiv“. Wodurch de facto die schizophrene Situation beendet wurde, dass Südkorea engere Kontakte zum Norden wünschte, diesen aber gleichzeitig in seinem seit der Staatsgründung 1948 bestehenden Nationalen Sicherheitsgesetz als „staatsfeindliche Organisation“ denunziert.

Im Zickzack – Pekinger Gesprächsrunden

Zwischenzeitlich hatte China eine sogenannte „Sechser-Gesprächsrunde“ (auch als „Sechsparteiengespräche“ bekannt) initiiert, um den nach 1994 zweiten Atomstreit mit Nordkorea beizulegen. Neben Gastgeber China gehören dieser Runde die beiden Korea, Japan, Russland und die USA an. Als schließlich am 13. Februar 2007 in der chinesischen Hauptstadt die fünfte Runde der Sechsparteiengespräche zur Beilegung des Konflikts um Nordkoreas Atomprogramm nach zähen Verhandlungen zu Ende ging, herrschte allseits Erleichterung (ausführlicher dazu in Kapitel VI – Anm. d. A.).

Im Kern hatte man sich auf die Konstituierung von fünf Arbeitsgruppen mit den Themen Denuklearisierung, amerikanisch-nordkoreanische Beziehungen, nordkoreanisch-japanische Beziehungen, Wirtschaftskooperation, Friedens- beziehungsweise Sicherheitsmechanismus in Nordostasien geeinigt. Sodann sollte über die Aushandlung eines Friedensvertrags gesprochen werden. Alle Beteiligten – von US-Chefunterhändler Christopher Hill, Chinas stellvertretendem Außenminister Wu Dawei, Südkoreas Delegationschef Song Min-Soon und Japans Außenminister Machimura Nobutaka bis hin zu dem Generaldirektor der IAEA Mohamed El-Baradei und dem EU-Außenbeauftragten Javier Solana – zeigten sich erfreut über das Abkommen und bezeichneten es als Meilenstein auf dem Weg zum Aufbau eines „Friedensmechanismus“ auf der koreanischen Halbinsel.

Eigentlich war man gegen Ende der von Südkorea verfolgten „Sonnenscheinpolitik“ wieder dort angelangt, wo man bereits dreizehn Jahre zuvor im Rahmen des „Agreed Framework“ gestanden hatte. Eine groteske Situation, die wesentlich durch die aggressive Falken-Diplomatie der amerikanischen Verhandlungsführer James A. Kelly (von 2001 bis 2005 verantwortlich im US-Außenministerium für ostasiatische und pazifische Angelegenheiten) und John R. Bolton heraufbeschworen und vom Zickzack-Kurs Pjöngjangs perpetuiert wurde. Bevor Bolton von 2005 bis 2006 als US-Botschafter bei den Vereinten Nationen diente, war er als Staatssekretär für Rüstungskontrolle und Internationale Sicherheit auch Delegationsmitglied der Sechsparteiengespräche in Peking. Diesen Job musste er jedoch quittieren, nachdem er Kim Jong-Il öffentlich einen „tyrannischen Diktator“ eines Landes gescholten hatte, in dem für viele Menschen „das Leben ein höllischer Albtraum“ sei. Unverzüglich ließ das nordkoreanische Außenministerium über die amtliche Nachrichtenagentur KCNA vermelden, Bolton sei ein „menschlicher Abschaum und Blutsauger, der für die Teilnahme an diesen Gesprächen ungeeignet ist.“ Bolton hätte es am liebsten gesehen, wäre Washington gegen Nordkorea militärisch vorgegangen, was er noch anlässlich seiner Teilnahme am Parteitag der britischen Tories in Blackpool im Oktober 2007 ungeschminkt so formulierte: „Die USA hatten einst die Fähigkeit, in verdeckter Weise einen Sturz von Regierungen einzufädeln. Ich wünschte, wir könnten dies wieder tun.“

Rückschläge im eigenen Land

Eine innenpolitische Kampagne gegen die „Sonnenscheinpolitik“ sprach davon, Kim Dae-Jung hätte für das Zustandekommen des Gipfeltreffens auf das Geheimkonto Kim Jong-Ils illegal umgerechnet zirka 100 Millionen US-Dollar überwiesen. Dieser schwerwiegende Verdacht warf auch einen langen Schatten auf die Amtszeit des nächsten Präsidenten Roh Moo-Hyun, der sich in der Präsidentschaftswahl Ende 2002 gegenüber dem konservativen Kandidaten Lee Hoe-Chang durchsetzen konnte. Im Parlament sah er sich einer Mehrheit der konservativen Hannara-Partei gegenüber, die unmittelbar nach Bekanntgabe des Gipfeltreffens in der Parlamentswahl vom 13. April 2000 die Mehrheit gewonnen hatte. Die populistische Wahlkampfstrategie der konservativen Oppositionspartei, der Gipfel mit Nordkorea sei ein abgekartetes Spiel Kim Dae-Jungs gewesen, hatte tatsächlich Resonanz unter den Wählern gefunden.

Die Staatsanwaltschaft, eine der wichtigen Stützen des konservativen Machtblocks, agierte ebenfalls gegen Roh. Sie begann, die Vorwürfe einer „geheimen

Überweisung" zu untersuchen. Letztlich übte Roh kein Vetorecht gegen die Untersuchung aus. Diese Entscheidung gefährdete nicht nur die Kontinuität der „Sonnenscheinpolitik", sondern lieferte dem konservativen Machtblock einiges an Munition, der sich ohnehin nicht an die Regeln der Verfahrensdemokratie gehalten hatte. Politik erfordert in Ausnahmesituationen zumeist politische Entscheidungen, um Normalität herzustellen, da – so der berühmte Staatsrechtler Carl Schmitt (1888–1985) – „jede Norm eine normale Situation voraussetzt und keine Norm für eine ihr gegenüber völlig abnorme Situation Geltung haben kann".

Am Ende wurde Park Chi-Won, der Staatsminister im Präsidialamt unter Kim Dae-Jung, zu einer dreijährigen Gefängnisstrafe verurteilt. In den Jahren 2003–04 war er ein Zellennachbar des Autors Du-Yul Song im Seouler Untersuchungsgefängnis. Diesen innenpolitischen Turbulenzen folgte ein tragisches Ereignis: Der Präsident der Hyundai Asan Group, Chung Mong-Hun, beging am 4. August 2003 aufgrund öffentlicher Anschuldigungen im Zusammenhang mit den „geheimen Überweisungen" Selbstmord.

Der Präsident kämpft an zwei Fronten

Unter diesen Umständen geriet die Nordkorea-Politik in der Anfangsphase der Amtszeit von Roh Moo-Hyun (2003–2008) in Schwierigkeiten. Sie trug den Namen „Politik für Frieden und Prosperität" und wurde von Roh als Fortsetzung der „Sonnenscheinpolitik" verstanden. Vor allem wurde er mit der harschen Nordkorea-Politik der amerikanischen Neo-Cons um George W. Bush konfrontiert, die seit Anfang 2002 das Bild von der „Achse des Bösen" strapazierten. So musste Roh als Konzession an die USA südkoreanische Soldaten in den Irak schicken. Während Kim Dae-Jung von der Clinton-Regierung keine großen Widerstände gedroht hatten, setzten die Feldzüge gegen die „Achse des Bösen" Roh dermaßen unter Druck, dass das zweite Gipfeltreffen mit dem Norden erst kurz vor dem Ende seiner Amtszeit – am 4. Oktober 2007 – zustande kommen konnte. Auch schuf das im US-Kongress am 28. September 2004 verabschiedete Menschenrechtsgesetz zu Nordkorea („The North Korean Human Rights Act") ein schlechtes Klima für Rohs Bestrebungen. Trotz dieser ungünstigen innen- und außenpolitischen Konstellation unterstützte Roh sogar nach dem nordkoreanischen Atomtest im Oktober 2006 weiterhin das Projekt des Gaeseong Industrial Complex sowie die touristischen Vorhaben von Hyundai im Keumgang-Gebirge. Er verweigerte die Teilnahme Südkoreas an der vom Pentagon initiierten „Proliferation Security Initiative" (PSI) gegen Massenvernichtungswaffen, die auch die Beschlagnahme „verdächtiger Schiffe" auf offener See vorsieht.

Innenpolitisch wurde Roh auch seitens der Anhänger Kim Dae-Jungs attackiert, da er den Schritt der Sonderstaatsanwaltschaft nicht unterbinden konnte, eine Kommission zur Untersuchung einer „geheimen Überweisung" an Nordkorea einzusetzen. Am 12. März 2004 fand ein Misstrauensantrag gegen Roh mit Hilfe von Gefolgsleuten Kim Dae-Jungs eine Mehrheit im Parlament, sodass seine Amtsführung zeitweise ruhen musste. Zwei Monate später kehrte er jedoch in sein Amt zurück, da das Verfassungsgericht den Beschluss zur Amtsenthebung zurückwies.

Rohs eigene Partei, die „Partizipatorische Demokratische Partei", gewann überraschend die im April 2004 abgehaltenen Parlamentswahlen mit absoluter Mehrheit. Im Sog dieses überwältigenden Wahlsieges setzten die zivilgesellschaftlichen Kräfte große Hoffnungen auf die endgültige Abschaffung des anachronistischen Nationalen Sicherheitsgesetzes (NSG). Aber mit dem Argument, die Teilung des Landes erfordere die Beibehaltung bestimmter Paragraphen des NSG, verweigerte die Mehrheit der Parlamentarier, darunter auch Mitglieder der Regierungspartei, dem Präsidenten die Gefolgschaft. Dieser aus purem Opportunismus der Regierungspartei gespeiste Fehler beflügelte die konservativen Kräfte um Lee Myung-Bak. Sie beschworen nun wieder mit Verve das Gespenst des Antikommunismus und desavouierten die „Sonnenscheinpolitik" als „vaterlandslose Politik" während eines „verlorenen Jahrzehnts".

Zweiter Gipfeltreff in Zeitnot

Der Grundton der Nordkorea-Politik unter Roh war jedoch etwas nuancierter als jener seines Vorgängers. Wegen starker Vorbehalte und Widerstände aus dem konservativen Lager sowohl in Südkorea als auch in den USA versuchte Roh, seine Nordkorea-Politik stärker in den Kontext einer regionalen Friedensregelung einzubetten. Frieden sei auf der koreanischen Halbinsel ohne eine gleichzeitige Initiative in Nordostasien unrealistisch. Roh strebte auch eine Lösung der nordkoreanischen Atomfrage an. Die „Erklärung über die Weiterentwicklung der Beziehungen zwischen Süd- und Nordkorea, des Friedens und des Wohlstands" anlässlich des zweiten innerkoreanischen Gipfels am 4. Oktober 2007 ging wie folgt auf diesen Punkt ein: „Der Süden und der Norden erkennen beide die Notwendigkeit, das gegenwärtige Waffenstillstandssystem zu beenden und ein dauerhaftes Friedensregime zu schaffen. Der Süden und der Norden haben auch eine Zusammenarbeit vereinbart, um die Führungspersönlichkeiten der drei oder vier

Mächte auf der Halbinsel zu versammeln und ein Ende des Krieges zu erklären. In Bezug auf die Nuklearfrage auf der koreanischen Halbinsel vereinbarten der Süden und der Norden eine Zusammenarbeit, um die ‚Gemeinsame Erklärung vom 19. September 2005' und das ‚Abkommen vom 13. Februar 2007', die bei den Sechsparteiengesprächen bereits beschlossen wurden, reibungslos umzusetzen."

Zwar hatte die innerkoreanische Entspannungs- und Aussöhnungspolitik Rohs aufgrund der starren außenpolitischen Position der Bush-Regierung in der Nordkorea-Frage wenig Chancen auf Erfolg. Doch die Erklärung vom 4. Oktober 2007 setzte immerhin konkrete Schritte in Richtung einer zukunftweisenden Zusammenarbeit, darunter die Errichtung einer „Sonderzone für Frieden und Kooperation im Gelben Meer", die die Stadt Haeju im Norden und die nahe Umgebung einschließen sollte. Dieses Gebiet war als gemeinsame Fischerei- und Friedenszone im Gelben Meer gedacht; weiters vorgesehen waren die Gründung einer Sonderwirtschaftszone, die gemeinsame Nutzung des nordkoreanischen Hafens von Haeju, die Passage von Frachtschiffen aus dem Süden auf direktem Weg nach Haeju sowie die einvernehmliche Nutzung der Mündung des Han-Flusses im Süden. Wäre das Projekt realisiert worden, hätten sich in der Folgezeit die Koreaner im Süden und im Norden blutige Konfrontationen entlang der NLL ersparen können.

Tragisches Ende

Viele Beobachter kritisierten, dass das zweite Gipfeltreffen zu spät stattfand und dadurch auch die geplanten Kooperationen alleine aus Zeitgründen verunmöglicht wurden. Überdies trudelte die südkoreanische Wirtschaft infolge des weltweiten Finanzcrashs nach dem Zusammenbruch der Investmentbank Lehman Brothers im September 2008 in eine neue Krise, sodass die Zusammenarbeit mit Nordkorea vielen Südkoreanern nicht mehr wichtig erschien. Mit simplen Losungen wie „Sei doch reicher!" und „Keine Gratisleistung für den nordkoreanischen Diktator!" stahl Lee Myung-Bak, ein ehemaliger CEO des Hyundai-Konzerns und Bürgermeister der Metropole Seoul, als Präsidentschaftskandidat des konservativen Lagers seinen Kontrahenten aus dem Umfeld Kim Dae-Jungs und Roh Moo-Hyuns die Show, die sich zehn lange Jahre mühevoll für eine Aussöhnungs- und Friedenspolitik engagiert hatten. Wenngleich die Summe der von Süd nach Nord geleisteten Wirtschaftshilfe im Zeitraum von 1998 bis 2008 mit zirka zwei Milliarden US-Dollar lediglich 0,1 Prozent des südkoreanischen Bruttoinlandsprodukts im Jahr 2009 betrug, ermöglichte die populistisch geführte Wahlkampagne Lees, die Stimmen der Mittelschichten und auch der einfachen Leute auf sich zu vereinigen.

Der Wahlsieg Lee Myung-Baks bei der Präsidentschaftswahl im Dezember 2007 und sein weiterer Erfolg bei den Parlamentswahlen im April 2008, als seine konservative Partei die absolute Mehrheit errang, setzten den Schlussstrich unter die „Sonnenscheinpolitik" und die „Politik für Frieden und Prosperität". Am 23. Mai 2009 nahm sich Roh aus Protest gegen den von der Staatsanwaltschaft initiierten gezielten Rufmord das Leben, Kim Dae-Jung starb nur sechs Monate später. *(DYS/RW)*

Weiterführende Lektüre

Albright, Madeleine (2003): *Madam Secretary: A Memoir.* New York. (Die deutsche Ausgabe erschien 2005 unter dem Titel „Madam Secretary: Die Autobiographie" im Goldmann Verlag, München.)

Choe, Hyondok/Song, Du-Yul/Werning, Rainer (2004): *Wohin steuert Nordkorea? Soziale Verhältnisse, Entwicklungstendenzen, Perspektiven.* Köln. S. 130ff.

Cumings, Bruce (2001): *Kehrtwende in den USA: Washingtons Spannungspolitik in Ostasien,* in: Le Monde diplomatique (dtsch. Ausg.). Berlin/Zürich, Mai, S. 5.

Cumings, Bruce(2003): *Nordkorea und USA im atomaren Gleichgewicht. Pjöngjang liegt nicht am Tigris,* in: Le Monde diplomatique (dtsch. Ausg.). Berlin/Zürich: Februar.

Europäische Union (EU) (2002): *Bulletin EU 10-2002, Gemeinsame Außen- und Sicherheitspolitik (13/32), Nordkorea* (Erklärung des Vorsitzes im Namen der Europäischen Union am 18. Oktober zum Atomwaffenprogramm Nordkoreas). Brüssel/Kopenhagen.

International Crisis Group (ICG/ed.) (2006): *China and North Korea: Comrades Forever?*, Asia Report No 112. Seoul/Brussels, February 1.

Kirk, Donald (2009): *Korea Betrayed: Kim Dae Jung and Sunshine.* New York.

Schmitt, Carl (2010): *Der Begriff des Politischen.* Text von 1932 mit einem Vorwort und drei Corollarien, unveränderte 7. Aufl. Berlin (1. Aufl., München 1927).

Zellweger, Kathi (2004): *Caritas in Nordkorea – für menschliche Würde und Gerechtigkeit: Erfahrungen humanitärer Hilfsorganisationen mit den Menschen in Nordkorea,* in: Choe, Hyondok/Song, Du-Yul/Werning, Rainer (Hg.): Wohin steuert Nordkorea? Soziale Verhältnisse – Entwicklungstendenzen – Perspektiven. Köln, S. 22-27.

Die Traumfabrik des Friedens

Der Gaeseong Industrial Complex (GIC) gilt als Musterbeispiel für die wirtschaftliche Zusammenarbeit zwischen Nord- und Südkorea.

Unweit des 38. Breitengrads und der sogenannten Demilitarisierten Zone (DMZ) liegt die nordkoreanische Stadt Gaeseong, die während des Koreakrieges (1950–53) gleich mehrfach Ziel heftiger Artillerieattacken war und größtenteils zerstört wurde. Ausgerechnet dort befindet sich mit dem Gaeseong Industrial Complex (GIC) ein Kronjuwel innerkoreanischer Kooperation. Im GIC ist Südkorea mit Kapital (das Investitionsvolumen beträgt umgerechnet etwa zwei Milliarden US-Dollar) und technologischem Know-how präsent, während der Norden Grund und Boden sowie vergleichsweise billige Arbeitskräfte bereitstellt. Treffen die Prognosen von Experten diesseits und jenseits des 38. Breitengrads zu, dürfte der GIC zum gigantischen Laboratorium eines auch innerhalb Nordkoreas langfristig weitreichenden ökonomischen Transformationsprozesses werden.

Arbeiter des Nordens, Firmen des Südens

Am Anfang stand das historische Gipfeltreffen zwischen den Staatschefs Kim Dae-Jung und Kim Jong-Il Mitte Juni 2000 in der nordkoreanischen Hauptstadt Pjöngjang. Dort wurde am 15. Juni die „Gemeinsame Nord-Süd-Erklärung“ unterzeichnet, die eine enge Zusammenarbeit auf nahezu sämtlichen Ebenen des gesellschaftlichen Lebens beschloss. Im wirtschaftlichen Bereich wurde nach intensiven Beratungen vereinbart, eine gemeinsame industrielle Zone zu errichten. Im April 2004 trafen schließlich das südkoreanische Unternehmen Hyundai Asan und das Asiatisch-Pazifische Friedenskomitee Nordkoreas ein entsprechendes Abkommen, wobei die nordkoreanische Seite ein insgesamt 66,1 Quadratkilometer großes Areal für 50 Jahre verpachtete, das in drei Phasen entwickelt werden soll. Das Pilotprojekt, das im Wesentlichen 2007 abgeschlossen wurde, umfasst eine Fläche von 3,3 Quadratkilometern.

Waren 2004 erst zwei südkoreanische Firmen im GIC ansässig, so konnte man im Frühjahr 2006 bereits 15 – meist mittelständische – Unternehmen zählen. Bis Ende 2010 zogen 121 Firmen auf das Gelände. 2004 wurden im GIC Waren im Wert von umgerechnet 14 Millionen US-Dollar produziert, 2010 betrug das Produktionsvolumen umgerechnet bereits 323 Millionen Dollar. Für 2011 sprechen die Verantwortlichen von 123 Betrieben mit 50.315 ArbeiterInnen. Die Zahl der im GIC beschäftigten nordkoreanischen Arbeiter erhöhte sich im Zeitraum von 2004 bis 2010 von 6.000 auf insgesamt 47.000. Die im GIC gezahlten Monatslöhne liegen zwischen umgerechnet 57,50 bis 75 US-Dollar – vergleichbar den Löhnen in China (abgesehen von den Sonderwirtschaftszonen an dessen Südküste) und Vietnam. Bei Überstunden erhalten die Arbeiter einen Bonus von 50 bis 100 Prozent. Während das südkoreanische Vereinigungsministerium als verantwortliche Stelle die Arbeiter gern direkt ausbezahlen würde, konnte die nordkoreanische Seite eine andere Lösung durchsetzen. Diese sieht vor, dass die Arbeiter ihre Lohnabrechnungen in südkoreanischer Währung lediglich überprüfen und unterschreiben, anschließend aber nordkoreanische Won ausbezahlt bekommen. Geplant ist, im GIC zumindest Geldwechselstuben einzurichten. Im Februar 2006 fand im GIC überdies ein – für nordkoreanische Verhältnisse ungewöhnliches – Symposium über Investitionen in dem Komplex statt. Dabei wurde auch vereinbart, künftig westliche Modenschauen auszurichten.

Moderne Seidenstraße

Am 15. März 2006 wurden im Osten und Westen des Landes zwei Bahn- und Straßenverbindungen mit entsprechenden Checkpoints auf südkoreanischer Seite eröffnet. Im Jahre 2003 passierten gerade einmal 3.600 Personen und 1.200 Fahrzeuge die Grenze im Westen, während es zwei Jahre später bereits 66.000 Personen waren. Signifikant ist auch der innerkoreanische Handel gestiegen. 1998 betrug er umgerechnet 222 Millionen US-Dollar, im Jahre 2005 waren es bereits 1,055 Milliarden Dollar. Ende 2010 kam der Nord-Süd-Handel umgerechnet schon knapp auf zwei Milliarden Dollar, wovon annähernd 76 Prozent oder 1,4 Milliarden Dollar direkt über den GIC abgewickelt wurden. Somit ist Südkorea nach der Volksrepublik China mittlerweile der zweitgrößte Handelspartner Nordkoreas – allen politischen Konflikten zum Trotz, die auch die Existenz des GIC bedrohten.

Ein südkoreanischer Politiker bezeichnete den GIC gar als „Traumfabrik des Friedens und gemeinsamen Wohlstands". Zweifellos ist mit dem Komplex der Grundstein für eine Nord-Süd-Annäherung gelegt, wäre da nicht der Streit um Nordkoreas Nuklearprogramm und seine Raketentests. Ein einiges, wenn auch nicht vereintes Korea könnte mit einem von Busan im Süden bis nach Sinuiju im Nordwesten (an der chinesischen Grenze) wiederhergestellten Eisenbahnnetz wichtige Impulse für ein langgehegtes Projekt geben: den „Nordostasiatischen Gemeinsamen Markt", der den Osten Chinas und Russlands miteinschließen würde.

Bereits vor Jahren prangte am Seouler Hauptbahnhof ein überdimensionales Plakat, auf dem eben diese Orte als Ausgangspunkte der „modernen Seidenstraße" markiert waren – mit Stockholm und Paris als ihre Endpunkte.

Ein noch ungelöstes Problem im GIC bleibt die Frage, ob oder wie Transporte strategischer Güter stattfinden können, und wie das Ursprungsland der dort hergestellten Produkte lautet. Die USA betrachten die im GIC produzierten Erzeugnisse als nordkoreanische. Südkorea pocht hingegen auf die Urheberschaft der Güter und für die Öffnung des GIC auch und gerade für internationales Kapital. Allein von Ende 2006 bis Ende 2010 verdoppelte sich nahezu das im GIC gefertigte und von dort aus in Drittländer exportierte Warenvolumen von umgerechnet 20 auf 37 Millionen Dollar. Allen Kriegsdrohungen zum Trotz. *(RW)*

Weiterführende Lektüre

Korea Policy Review. Seoul/Republic of Korea (div. Jahrgänge seit 2006). – Hg. wird die Zeitschrift vom Korean Overseas Information Service.

Nanto, Dick K./ Manyin, Mark E. (2011): *The Kaesong North-South Korean Industrial Complex*. Congressional Research Service Report for Congress. Washington, D. C. / March 17, 2011.

North Korea: Workers' Rights at the Kaesong Industrial Complex. Published by Human Rights Watch. New York / October 2006.

Yoon, Seok (2007): *An Economic Perspective of Kaesong Industrial Complex in North Korea*, in: American Journal of Applied Sciences 4 (11): 938-945.

Absurd, anachronistisch, menschenverachtend

Das Nationale Sicherheitsgesetz (NSG) in Südkorea und seine Folgen: Wie Autor Du-Yul Song bei der Rückkehr in seine Heimat 2003 inhaftiert und verurteilt wurde.

Das neu konstituierte Parlament der Republik Korea (Südkorea) verabschiedete nur dreieinhalb Monate nach seiner Gründung am 1. Dezember 1948 ein Gesetz zum Schutz der nationalen Sicherheit, das sogenannte Nationale Sicherheitsgesetz (NSG). Dessen Paragraphen stammten überwiegend aus dem „Gesetz für die Sicherheitsbewahrung" der ehemaligen japanischen Kolonialherren, die auf der Grundlage dieses Gesetzes zahlreiche koreanische Widerstandskämpfer inhaftiert und hingerichtet hatten. Das neue Sicherheitsgesetz wurde zudem lange vor dem Strafrecht eingeführt, welches das Parlament erst am 18. September 1953 verabschiedete. So konnte dieses Sondergesetz mit dem Kürzel „NSG" eine absolute Stellung einnehmen und existiert seither jenseits des regulären strafrechtlichen Systems. Zwar war sich der damalige Justizminister, der das NSG als eine vorübergehende „Notmaßnahme in der Notzeit" bezeichnete, dieser juristischen Schieflage bewusst und versprach, dass das NSG in das neue reguläre Strafrechtssystem integriert werden würde. Doch seit über sechs Jahrzehnten dient das NSG zur Niederhaltung der demokratischen Bewegung.

Die Militärjunta unter Führung von General Park Chung-Hee erließ im Jahre 1961 ein Bündel zusätzlicher Verordnungen, die sogenannten Antikommunismus-Gesetze (AKG). Im Verein mit dem NSG fungierten die AKG als ein mächtiges juristisches Instrument zur gnadenlosen Verfolgung von Regimegegnern, die durchwegs als „Kommunisten" denunziert wurden. Der Putschgeneral Chun Doo-Hwan, welcher im Mai 1980 Hunderte protestierende Bürger in der Stadt Gwangju töten ließ, bündelte die Sicherheitsgesetze schließlich in einer Neufassung des NSG. Obwohl dieses Gesetz nie vom Parlament legitimiert worden ist, wird es bis heute angewendet.

Das NSG ist ein bizarres Produkt der traurigen Geschichte Koreas und hängt wie ein Damoklesschwert über all jenen, die sich für eine friedliche Wiedervereinigung des geteilten Landes engagieren. Davon waren lange Zeit nicht nur Koreaner, sondern auch Ausländer betroffen – wie etwa der Autor dieses Textes, der 2003 als deutscher Staatsbürger unter dem NSG verhaftet wurde. Erst im April 2008 wies der Oberste Gerichtshof in Seoul das Urteil der Berufungsinstanz in meinem Fall mit der Begründung zurück, dass mein Nordkoreabesuch mit einem deutschen Pass keine strafbare Handlung gemäß dem NSG gewesen sei.

Absurde Paragraphen

Im NSG ist juristisch festgelegt, dass die Republik Korea (Südkorea) der einzige legitime Staat auf der koreanischen Halbinsel sei. Demgemäß gilt die Demokratische Volksrepublik Korea (Nordkorea) als eine „staatsfeindliche Organisation", die sich nur als Staat ausgibt. An diesem absurden Status änderte sich auch nichts, nachdem die beiden koreanischen Entitäten am 18. September 1991 jeweils als souveräner Staat in die UNO aufgenommen wurden. Dem NSG zufolge war Kim Jong-Il der „Rädelsführer einer antistaatlichen Organisation". Wenn dies in der Realität tatsächlich so gewesen wäre, wie ließen sich dann die bereits zweimal stattgefundenen innerkoreanischen Gipfeltreffen in den Jahren 2000 und 2007 erklären?

Zu welchen bizarren Resultaten die Anwendung des NSG führt, möchte ich kurz beispielhaft anhand meiner eigenen Erfahrungen schildern:

Nach § 6 des NSG („Infiltration und Flucht") wird jede Person bestraft, die in „das von einer antistaatlichen Organisation besetzte Gebiet flüchtet". Das heißt, die Einreise in das Territorium Nordkoreas ist für südkoreanische Staatsbürger ohne Genehmigung der südkoreanischen Behörden strafbar und kann mit einer Gefängnisstrafe von bis zu zehn Jahren geahndet werden. Demgemäß bewertete der Oberste Gerichtshof der Republik Korea Anfang 2008 meinen Nordkoreabesuch in den 1970er Jahren als eine strafbare Handlung, weil ich damals noch einen südkoreanischen Pass besaß. Sogar mein damaliger Besuch der nordkoreanischen Botschaft in Berlin soll demzufolge eine strafbare Handlung gewesen sein, denn nach Interpretation der Staatsanwaltschaft gehört das Botschaftsgelände zum illegal besetzten Territorium einer „antistaatlichen Organisation".

Nach § 7 des NSG („Lob, Ermutigung u. ä.") wird jede Person, die eine „antistaatliche Organisation ermutigt und lobt", mit einer hohen Gefängnisstrafe belegt. Dieser Paragraph stellt eine der Hauptsäulen des NSG dar, auf dessen Grundlage die Presse- und Meinungsfreiheit seit Jahrzehnten systematisch ausgehöhlt wird. Eine tragikomische Begebenheit im Zusammenhang mit diesem Paragraphen hat dem NSG den Spitznamen „Reisschnaps-Gesetz" eingebracht: Als einmal ein betrunkener Arbeitsloser über seine unglückliche Situation schimpfte und dabei murmelte, es könne in Nordkorea nicht so schlimm sein wie in Südkorea, wurde er dafür gemäß § 7 des NSG zu mehreren Jahren Gefängnishaft verurteilt; selbst im alkoholisierten Zustand war eine solche Aussage einst strafbar.

In meinem Fall beschuldigte mich die Staatsanwaltschaft, dass ich in meinen soziologischen Studien über Nordkorea das nordkoreanische System gepriesen und gelobt hätte, weshalb die Veröffentlichung dieser Studien gemäß § 7 des NSG strafbar gewesen sei. Sie konzentrierten sich bei diesem Anklagepunkt auf meinen immanent-kritischen Forschungsansatz, der – entgegen den Totalitarismus-Ansätzen aus der Zeit des Kalten Krieges – auf ein Verstehen Nordkoreas als das „Andere in uns“ zielt.

Nach § 8 des NSG („Sitzungen und Kommunikation u. ä.“) kann jede Person bestraft werden, die sich mit einem Mitglied einer „antistaatlichen Organisation“ getroffen hat. Auf der Grundlage dieses Paragraphen versuchte die Staatsanwaltschaft im Jahr 2004 meine Vorbereitungsarbeiten für die Wiedervereinigungskonferenzen zu kriminalisieren, welche seit 1995 jährlich in Peking und schließlich auch in Pjöngjang stattgefunden hatten. Denn als einer der Hauptorganisatoren hatte ich regelmäßig Vertreter aus beiden Teilen des Landes konsultiert.

Insgesamt umfasst das NSG 24 Paragraphen mit solch absurder Logik. Besonders hervorzuheben ist noch § 10 („Unterlassene Berichterstattung“), der sogar eine Denunziationspflicht vorschreibt. Wenn jemand in seinem oder ihrem Bekanntenkreis Tatverdächtige vermutet und diese nicht bei den Behörden meldet, kann er oder sie gemäß diesem Paragraphen zu einer Gefängnisstrafe von bis zu fünf Jahren verurteilt werden.

Persönliche Erfahrungen

Von Oktober 2003 bis Juli 2004 wurde ich auf der Grundlage des NSG inhaftiert und vor Gericht gestellt. Ursprünglich war ich auf Einladung der halbstaatlichen Organisation *Korea Democracy Foundation* nach Seoul gekommen. Es war der erste Besuch meines Heimatlandes nach 37 Jahren im deutschen Exil. Einen Monat lang wurde ich zunächst sowohl von Angehörigen des südkoreanischen Geheimdienstes NIS (vorheriger Name: KCIA) als auch von Staatsanwälten unter unmenschlichen Bedingungen verhört. Anschließend wurde ich angeklagt, unter anderem wegen des unmöglichen Vorwurfs, dass ich unter dem Pseudonym Kim Chul-Su als Politbüromitglied der in Nordkorea herrschenden Partei der Arbeit Koreas (PdAK) fungieren würde. Dieser Vorwurf ging auf die Behauptung von Hwang Jang-Hyup zurück, einem ehemaligen hohen Parteifunktionär aus dem Norden, der 1996 nach Seoul geflüchtet war. Als noch schlimmer empfand ich jedoch meine Vorverurteilung durch die konservativen Massenblätter, die mich vor Prozessbeginn bereits als den „größten Spion seit Gründung der Republik“ titulierten.

63 Rechtsanwälte kümmerten sich um meine Verteidigung und viele namhafte Persönlichkeiten aus dem In- und Ausland gaben mir ihre Unterstützung, darun-

ter Jürgen Habermas, Günter Grass und Noam Chomsky. Dennoch schien der Kampf anfangs aussichtlos. Wer auf Grundlage des NSG angeklagt wird, dessen Urteil ist längst schon gefällt.

In der ersten Instanz beantragte die Staatsanwaltschaft eine Gefängnisstrafe von 15 Jahren, verurteilt wurde ich schließlich zu einer siebenjährigen Haftstrafe. In der Berufungsinstanz wurde dieses Urteil in eine dreijährige Gefängnisstrafe mit fünfjähriger Bewährung umgewandelt. Der Richter wies die Hauptbeschuldigungen der Staatsanwaltschaft als unbegründet zurück – mit einer Ausnahme: meine Nordkorea-Reisen ohne südkoreanische Erlaubnis. Dieses Urteil wurde Anfang 2008 vom Obersten Gerichtshof teilweise revidiert. In der Urteilsbegründung führten die Obersten Richter aus, dass meine Reisen mit einem deutschen Pass auf der Grundlage des NSG nicht verfolgt werden könnten. Zudem erklärten sie in einem Minderheitsvotum, dass meine von Deutschland, also von einem Drittland aus, angetretenen Expeditionen in den Norden mit einem südkoreanischen Pass ebenfalls strafrechtlich nicht relevant seien.

Unsicherheitsgarantie

Nach dem fast fünf Jahre dauernden Prozess stehe ich vor einem Rätsel: Warum können oder wollen die Südkoreaner ein solch absurdes Gesetz nicht abschaffen? Es ist mir auch unverständlich, warum sich ein Land wie Südkorea trotz rasantem Wirtschaftswachstum und fortschreitender Demokratisierung von diesem Relikt aus der Zeit des Kalten Krieges noch immer nicht befreien kann. In den Dekaden der Wachstumsdiktatur wurde das NSG als ein brutales Instrument eingesetzt, um Kritik und Proteste von Arbeitern und Bürgern im Keim zu ersticken. Aber es hat auch die Amtsperioden der progressiven Präsidenten Kim Dae-Jung (1998–2003) und Roh Mu-Hyun (2003–2008) überlebt. Unter Roh hatte die Regierungspartei sogar eine komfortable Mehrheit im Parlament, um das NSG abzuschaffen. Doch sie verzichtete darauf.

Mein „Fall“ hat die gesamte südkoreanische Nation in zwei Lager gespalten und zu heftigen Debatten über das NSG und seine Anwendung geführt. Die Befürworter des NSG behaupteten, dass die Bedrohung aus dem Norden seit Beginn der „Sonnenscheinpolitik“ keineswegs geringer geworden sei. Die Gegner des NSG hingegen argumentieren, dieses Gesetz widerspreche dem Geist des Entspannungs- und Versöhnungsprozesses auf der koreanischen Halbinsel. Um ihre Position zu bekräftigen, verwiesen die Befürworter immer wieder auf das „westdeutsche Beispiel“. Sie vertraten die Auffassung, dass in Westdeutschland vor 1990 verfassungsfeindliche Aktivitäten mit kommunistischem Hintergrund strafrechtlich nicht minder hart bestraft worden seien als heutzutage in Südkorea. Empört widersprach seinerzeit der Leiter der Rechtsabteilung der Deutschen Botschaft in Seoul diesem Vergleich und stellte klar, dass die Verfassungsfeindlichkeit im deutschen Strafrecht keineswegs dermaßen streng ausgelegt worden sei.

Die Menschenrechtskommission der Vereinten Nationen hat mehrmals gravierende Bedenken hinsichtlich des NSG geäußert und dessen Abschaffung empfohlen, bislang allerdings ohne Erfolg. Im Rahmen einer Sitzung dieses Gremiums am 8. Mai 2008 in Genf tadelte sogar die US-Delegation das NSG und empfahl dessen Abschaffung oder zumindest Revision. Aber die südkoreanische Delegation wies diese Forderung zurück.

Von der seit Februar 2008 amtierenden konservativen Regierung in Südkorea ist eine Streichung des NSG nicht zu erwarten, sie benötigt es weiterhin als Herrschaftsinstrument. Weshalb jedoch haben die beiden vorherigen progressiven Regierungen in dieser Hinsicht nichts unternommen? Der einzige plausible Grund dafür scheint mir der nach dem Koreakrieg im Süden zur Staatsideologie erhobene Antikommunismus, der sogenannte „Red-Complex", zu sein. Durchschnittliche Südkoreaner gehen davon aus, dass ihr Gesellschaftssystem demjenigen im Norden überlegen sei. Dennoch fällt es ihnen schwer, sich vom tradierten „Red-Complex" zu befreien. Die Politik nutzt diesen Widerspruch bis heute systematisch für ihre Zwecke aus. Der Antikommunismus sitzt so tief, dass das NSG als ein System der Selbstzensur unbewusst von großen Teilen der Bevölkerung akzeptiert wird. Vor diesem Hintergrund tragen viele Südkoreaner ihr Argument vor, das NSG treffe letztlich nur „Spione". Eine solche „Selbsthypnose", die jedem Südkoreaner und jeder Südkoreanerin während des Sozialisationsprozesses anerzogen wird, scheint mir der Hauptgrund für die Beständigkeit des NSG zu sein. Selbst die Linken in Südkorea sind Opfer des „Red-Complex". Vor der jüngsten Parlamentswahl spaltete sich die Demokratische Arbeitspartei (DAP), da ein Flügel dem anderen vorwarf, dass dieser unkritisch gegenüber dem Norden, ja sogar „Nordkorea-abhängig" sei. Diese Spaltung hat die Linken viele Wähler gekostet: Bei der Parlamentswahl im April 2008 brach der Stimmenanteil der DAP von 13,1 auf 5,7 Prozent ein.

Wie mein eigener Fall zeigte, wird die südkoreanische Justiz das NSG nicht immer erfolgreich zur Unterdrückung oppositioneller Stimmen anwenden können. Doch solange dieses menschenverachtende Gesetz nicht abgeschafft wird und die Justiz eines der Machtzentren des Konservatismus bleibt, wird sich die südkoreanische Demokratie weiterhin in einer gefährlichen Grenzsituation befinden. *(DYS)*

Weiterführende Lektüre

Amnesty International: Republic of Korea (South Korea): *Time to Reform the National Security Law,* AI Index: ASA 25/003/1999 (http://www.amnesty.org/en/library/info/ASA25/003/1999 [18.01.2009]).

Empfehlungen der Vereinten Nationen bezüglich des Nationalen Sicherheitsgesetzes, in: Korea Forum, hg. v. Korea Kommunikations- und Forschungszentrum (Essen), Jg. 14 (2004), Nr. 2, S. 29 f.

Herold, Heiko (2009): Der politische Schauprozess gegen Professor Song Du-Yul in Südkorea – ein Überblick, in: Grabowski, Maike/Herold, Heiko/Jordan, Rolf (Hg. für das Asienhaus): *Sicherheit kontra Menschenrechte – Antiterrorpolitik in Asien,* S. 22 ff. Unkel/Bad Honnef.

Neary, Ian (2002): *Human Rights in Japan, South Korea, and Taiwan.* London.

Südkoreas Nationales Sicherheitsgesetz [Gesetzestext], in: Korea Forum, hg. v. Korea Kommunikations- und Forschungszentrum, Jg. 14 (2004), Nr. 2, S. 24-27.

Werning, Rainer (2004): *Die surreale Welt des Häftlings Nummer 65 - Notizen eines Prozessbeobachters,* in: Junge Welt (Berlin) vom 6. & 7. Jänner 2004.

Yi, Hee-Young (2006): *Gespiegelte Utopien in einem geteilten Land. Zu politischen Sozialisationen in Korea.* Kassel.

„Zu militärischer Abschreckung berechtigt"

Ein nordkoreanisches Positionspapier erläutert die Gründe für die immer wieder demonstrierte Abwehrhaltung des Landes.

Dieser Beitrag wurde unter dem Originaltitel „Die Berechtigung der DVRK zum Besitz militärischer Abschreckungskraft" von einem Kollektiv des nordkoreanischen Instituts für die Wiedervereinigung des Vaterlandes in Pjöngjang verfasst. Der Text wurde eigens für das vom Korea-Verband e. V. organisierte Internationale Symposium „Wohin steuert Nordkorea? Soziale Verhältnisse, Entwicklungstendenzen und Perspektiven" geschrieben, das am 25. Juni 2003 in Berlin stattfand. Er spiegelt quasi die offizielle Position der Demokratischen Volksrepublik Korea (DVRK) in der sogenannten Atomfrage wieder und weist u. a. die Anschuldigung Washingtons als unbegründet zurück, die DVRK hätte bereits seit Oktober 2002 offiziell den Besitz von Nuklearwaffen deklariert und eingeräumt. Der Text wurde von Shin Hyo-Eun und Yi Hee-Young aus dem Koreanischen übersetzt und von Rainer Werning redaktionell bearbeitet und mit Zwischenüberschriften versehen.

Die Republik Korea (Südkorea) vertritt gegenwärtig folgende Position: als Grundprinzip gilt „Der Norden darf unter keinen Umständen Atomwaffen besitzen". Besäße die Demokratische Volksrepublik Korea (DVRK/Nordkorea) Atomwaffen, läge ein Verstoß gegen die *Gemeinsame Erklärung von Nord- und Südkorea zur Denuklearisierung* aus dem Jahre 1992 vor und Nordkorea würde damit seine Vertrauenswürdigkeit aufs Spiel setzen.

Offener Korridor für Gespräche

Im Gegensatz dazu ist die DVRK der Auffassung, dass „der Besitz militärischer Abschreckungskraft durch die DVRK" der Weg ist, um das (koreanische) Volk zu beschützen. Unabhängig von der Frage, ob die DVRK militärische Abschreckungskraft besitzt oder nicht, ist der Prozess der Denuklearisierung der koreanischen Halbinsel durch die USA bereits torpediert worden. Die DVRK vertritt die Position, dass „die Atomfrage" zwischen Nordkorea und den USA geregelt werden wird, und daher die Versöhnung und die innerkoreanische Kooperation kontinuierlich vorangebracht werden sollten. Darüber hinaus besteht bezüglich der Lösung der „Atomfrage" das Problem, ob es lediglich ein Treffen zwischen Nordkorea und den USA oder ein multilaterales Treffen geben soll. Seitens der

DVRK wird ein bilaterales Treffen zwischen Nordkorea und den USA gefordert, ein multilaterales Gespräch indes nicht ausgeschlossen.

Dass hier nicht von „Atomwaffenbesitz Nordkoreas", sondern von „militärischer Abschreckungskraft" gesprochen wird, ist auf zweierlei zurückzuführen. Entgegen der Behauptung des Unterstaatssekretärs im US-Außenministerium, (James A.) Kelly, Nordkorea habe „den Besitz von Atomwaffen" zugegeben, hat dies die DVRK bislang nicht und nirgends offiziell deklariert. Da die DVRK stets von „starker militärischer Abschreckungskraft" und „physischer Abschreckungskraft" spricht, sollten demnach auch nordkoreanische Begriffe verwendet werden.

Erstens ist der Besitz „militärischer Abschreckungskraft" seitens Nordkoreas die gegenwärtig beste Maßnahme zur Wahrung des Friedens auf der koreanischen Halbinsel. Wenngleich der Kalte Krieg beendet ist, haben Krieg und Gemetzel auf der Welt längst kein Ende gefunden. „Krieg und Frieden" bleiben die größte Sorge der Menschheit. Die USA, die seit dem Ende des Kalten Krieges als „einzige hegemoniale Supermacht" aufgetreten sind, handhaben mittels ihrer mächtigen militärischen Abschreckungskraft und mit der Logik des Stärkeren internationale Konflikte und regionale Probleme im Sinne der Formung einer Einstaatenwelt. Die amerikanische Regierung unter Bush versucht – basierend auf ihrer bereits vorhandenen Kriegslust, ihrer aus dem Vorfall des 11. September (2001) resultierenden Irrationalität und ihrem Größenwahn, der sich auf ihre in den Kriegen in Afghanistan und Irak erwachsene zusätzliche Kraft bezieht –, die Welt allein zu beherrschen. Darüber hinaus haben die USA die DVRK, den Irak und den Iran als „Achse des Bösen" bezeichnet und mit dem Angriff auf den Irak bereits die verkettete „Zerstörung" dieser Staaten im Blick.

Die DVRK im Visier der USA

Als nächstes Ziel ist Nordkorea im Visier der USA. Vor einiger Zeit wurden auf dem „Gipfeltreffen" zwischen Südkorea und Japan und auf jenem zwischen Japan und den USA „weitere Maßnahmen" und „härtere Maßnahmen" einschließlich militärischer Aktionen gegen Nordkorea offiziell gebilligt. Um Nordkorea effektiv anzugreifen, sind Untersuchungen der Bodenbeschaffenheit, Reorganisation der militärischen Kräfte, die Entwicklung neuer Modelle von Massenvernichtungswaffen und die Konzentration verschiedener Kriegswaffen auf der koreanischen Halbinsel mit Zustimmung oder Stillschweigen der südkoreanischen Behörden im Gange. Verfolgten die USA früher gemäß der Theorie des „Zusammenbruchs des nordkoreanischen Systems" die Strategie, auf den Sturz Nordkoreas zu warten, so wird von der gegenwärtigen Bush-Regierung nunmehr entsprechend der Theorie des „Systemwechsels in Nordkorea" das Kalkül verfolgt, den Zusammenbruch herbeizuführen. Die Maßnahmen der USA gegenüber Nordkorea dienen nicht dazu, „die Verbreitung von Massenvernichtungswaffen zu verhindern", sondern „dem Systemwechsel". Unabhängig davon, ob Nordkorea nun Atomwaffen besitzt oder nicht, werden die USA versuchen, das nordkoreanische System zu zerstören. Den USA bleibt der physische Angriff als einzige anwendbare Maßnahme gegen das nordkoreanische System, in dem eine „friedliche Transformation" unmöglich ist.

Wäre Nordkorea militärisch so schwach wie der Irak, hätte nach reinem Menschenverstand bereits vor dem Irakkrieg ein Krieg auf der koreanischen Halbinsel stattgefunden. Dass den USA weder mit Logik, noch mit Menschenverstand, Bitten und Sympathie, „Inspektionen" und internationalem Recht beizukommen ist, hat uns der Krieg gegen den Irak gelehrt. Zudem wurde der Irakkrieg als Sieg der modernen Kriegswaffen bewertet. Der als Honorarprofessor an der Hanyang-Universität in Seoul lehrende Lee Young-Hee sagte: „Es ist im Irakkrieg bewiesen worden, dass es keine Mittel gibt, das amerikanische Faustrecht und eigenmächtige Entscheidungen der USA zu kontrollieren." Diese Aussage ist in Bezug auf die starke militärische Abschreckungskraft Nordkoreas äußerst bedeutungsvoll.

„Sicherheit des Volkes" kontra „Staatsinteresse"

Die Südkoreaner betrachten die Verstärkung der militärischen Kraft Nordkoreas als Zerstörung des Kräftegleichgewichts zwischen Nord- und Südkorea und meinen, dadurch werde der Frieden auf der koreanischen Halbinsel bedroht. Die DVRK ist indes der Auffassung, dass die Friedensproblematik aus der Androhung der USA resultiert, einen atomaren Erstschlag zu führen. Das Kräftegleichgewicht ist deshalb eine Frage des Verhältnisses zwischen Nordkorea und den USA. Nordkorea, das ohne jegliche militärische Schutzmacht und ohne „atomaren Schutzschild" allein gegen die „Supermacht" USA steht, will gleichermaßen stark sein wie die USA und dadurch ein Gleichgewicht der Kräfte mit diesen erreichen. Selbstverständlich sprechen die USA von „diplomatischen Mitteln". Aber sie betonen auch, dass „die Basis ihrer Außenpolitik" „eine Diplomatie des Stärkeren" ist, die auf absoluter militärischer Kraft beruht. Dementsprechend will die DVRK aus einer gleichwertigen Position, die auf starker militärischer Abschreckungskraft beruht, mit den USA verhandeln. Nicht mit Worten, sondern durch den faktischen Besitz von militärischer Kraft spricht die DVRK den USA die Warnung aus,

Nordkorea im Wissen um seine militärische Stärke nicht willkürlich anzugreifen. Dies ist nicht – wie die USA es nennen – eine „Bedrohung" oder eine „Politik des äußersten Risikos", sondern die instinktive Haltung eines selbstständigen Wesens, um sich selbst und den Frieden zu schützen. Daher bezeichnet Nordkorea seine militärische Fähigkeit nicht als Mittel zum Krieg, sondern als „Abschreckungskraft" zur Verhinderung des Krieges. Es wird kaum einen Menschen geben, der verneint, dass die USA im Irak, im Kosovo, in Afghanistan und wieder im Irak sowie in allen möglichen Ecken der Welt wie ein Straßenräuber schwache Gegner rücksichtslos verprügeln, aber nur gegenüber Nordkorea den Erstangriff vermeiden. Dies resultiert jedoch nicht aus ihrer Gnade, sondern aus dem Zwang, den die nordkoreanische Militärkraft ausübt. In dieser Hinsicht ist der Besitz militärischer Abschreckungskraft durch Nordkorea die beste Entscheidung für den Frieden auf der koreanischen Halbinsel.

Zweitens ist der Besitz militärischer Abschreckungskraft durch Nordkorea die Entscheidung des Volkes, welche „die Sicherheit des Volkes" als größtes Interesse des gesamten koreanischen Volkes betrachtet. Wenn die DVRK über keine starke militärische Abschreckungskraft verfügte, wäre es mit Sicherheit bereits zu einem Krieg auf der koreanischen Halbinsel gekommen. Angesichts der Entwicklung von modernen Kriegswaffen ohne Entfernungsbeschränkung ist es offensichtlich, dass im Falle eines Krieges in Nordkorea sofort das Feuer auf Südkorea übergreifen würde, wo zudem US-Militäreinrichtungen verstreut sind. In diesem Fall wird die Katastrophe, die das gesamte koreanische Volk erleidet, ungeheuerlich sein. Auch die jetzige Regierung Südkoreas hat einmal gesagt, „es sei besser, wirtschaftliche Schwierigkeiten zu erleiden, als dass durch Krieg alle sterben".

Erst wenn die Sicherheit des Volkes und die Erhaltung der Nation gegeben sind, gibt es ein Wirtschaften in Wohlergehen. Daher versteht man in Nordkorea die eigene militärische Abschreckungskraft eben nicht nur als die nordkoreanische, sondern als die das ganze Volk schützende Front der Volksbewahrung, als den mit heißer Volksliebe die Sicherheit der Nation bewahrenden Schild des Hauses und als den Schutzengel des Schicksals der Volkszugehörigen.

Keine Kriegslust seitens Nordkoreas

Bei einer in Südkorea Anfang dieses Jahres durchgeführten Meinungsumfrage haben 55,7 Prozent aus jeder Bevölkerungsschicht ausgesagt, dass „die Gefahr, dass Nordkorea einen Krieg beginnt, nicht besteht". Vor allem haben 90 Prozent der jungen Leute „die Kriegslust seitens Nordkoreas als gering eingeschätzt" und geäußert, dass „Nordkorea Südkorea nicht im Stich lassen wird". Zudem hat der Anteil derjenigen, die einen Erstschlag der USA gegen Nordkorea ablehnen, 77,3 Prozent betragen. 40 Prozent der Befragten haben sogar geäußert, im Falle eines Angriffs der USA gegen Nordkorea, selbst unter Einsatz des eigenen Lebens, als „menschliche Schutzschilde" den Krieg verhindern zu wollen. Dies ist ein Beweis dafür, dass die militärische Abschreckungskraft Nordkoreas keineswegs dem Angriff auf Südkorea dient.

Die südkoreanische Regierung hat erklärt, der nordkoreanische Besitz von militärischer Abschreckungskraft stehe „den eigenen nationalen Interessen" entgegen und es entspreche dem „Staatsinteresse im Süden", sich an den „zusätzlichen Maßnahmen" gegen Nordkorea zu beteiligen, die auch einen militärischen Angriff durch die USA beinhalten. Südkoreas „Staatsinteresse" folgt einem anderen Konzept als das von Nordkorea avisierte „Interesse des Volkes". Dieses berücksichtigt das Schicksal sowohl des nord- als auch des südkoreanischen Volkes, mithin das Schicksal des ganzen Volkes. Dem gegenüber ist das „Staatsinteresse" Südkoreas ein Konzept für „die Sicherheit des Staates", das sich ausschließlich auf Südkorea bezieht. Die Bedrohung für „die staatliche Sicherheit", von der die südkoreanische Regierung spricht, rührt nicht von der militärischen Abschreckungskraft Nordkoreas her, sondern von der – durch die USA in Südkorea willentlich geförderten – „Angst um Sicherheit", „der Wirtschaftskrise" und der „Informationssperre". Kurz gesagt, die südkoreanische Regierung ist hinsichtlich dieser Frage, von der das Volksinteresse abhängt, allein den USA gefolgt und hat damit versucht, „die Sicherheit ihrer Macht" zu garantieren. Die nordkoreanische militärische Abschreckungskraft ist hingegen eine Entscheidung für das Volk, um dessen Sicherheit zu wahren.

Atompoker mit „Mininuklearwaffen"

Drittens: Der nordkoreanische Besitz militärischer Abschreckungskraft ist keinesfalls ein Verstoß gegen ein bestimmtes Übereinkommen oder Versprechen. Hinsichtlich des nordkoreanischen Besitzes militärischer Abschreckungskraft beharren die USA und die ihnen folgenden Staaten darauf, dass dies einen Verstoß gegen den Atomwaffensperrvertrag darstelle. Darüber hinaus bezeichnet die südkoreanische Regierung dies als Verstoß gegen die „Gemeinsame Erklärung Nord- und Südkoreas zur Denuklearisierung" im Jahre 1992. Die DVRK ist bereits aus dem Atomwaffensperrvertrag ausgetreten und somit ein von diesem Vertrag unabhängiger, freier Staat. Unabhängig davon, ob Nordkorea militärische Abschreckungskraft besitzt oder nicht, ist dies eine Angelegenheit des eigenen Verfügungsrechts und nicht Gegenstand der Einmischung anderer. Selbst wenn Nordkorea noch Vertragspartei des Atomwaffensperrvertrages wäre, könnte dies nicht als Vertragsverstoß gesehen werden, weil dieser Vertrag allen Parteien gleichzeitig und allgemein eine Pflicht zur Vertragstreue auferlegt. Falls eine der Vertragsparteien gegen die Vereinbarung verstößt, der Vertrag keine Möglichkeit zur Verhinderung dessen vorsieht, und der Vertrag durch willkürliche Geltendmachung seitens eines bestimmten Staates ausgehöhlt wird, sodass die Souveränität anderer Staaten Schaden nimmt, ist das Recht zum Austritt auch ein Bestandteil der im Vertrag beinhalteten Vereinbarung. Im Besonderen ist Grundgedanke dieses Vertrages, die Verbreitung von Atomwaffen weltweit zu verhindern und letztlich einem Atomkrieg vorzubeugen. Aus diesem Blickwinkel ist es korrekt zu sagen, dass Nordkorea nicht gegen das Abkommen verstoßen, sondern nur das im Abkommen beinhaltete Recht ausgeübt hat und dem Grundgedanken des Abkommens gefolgt ist.

Wer gegen den Atomwaffensperrvertrag gewaltsam verstoßen hat, ist kein anderer Staat als die USA. Der Atomwaffensperrvertrag verbietet den Nichtatomstaaten den Besitz von Atomwaffen, gleichzeitig sind die Atommächte verpflichtet, Atomwaffen nicht zu verbreiten. Die Nichtatomstaaten dürfen Atomwaffen weder benutzen noch damit drohen, und schließlich wird die vollständige Beseitigung von Atomwaffen vorgeschrieben. Jedoch zerrissen die USA den ABM-Vertrag, der die Abschaffung von Atomwaffen vorsah, und durch den „Bericht zur Situation der Atomwaffen" brachen sie das Versprechen, die Nichtatomstaaten weder mit Atomwaffen anzugreifen noch ihnen damit zu drohen. Durch die Entwicklung von Mininuklearwaffen namens „Bunk Buster", die für den Angriff auf nordkoreanische unterirdische Anlagen geschaffen wurden, haben sie dem Vertrag, der „eine nicht wieder umkehrbare atomare Abrüstung" vorsieht, direkt den Kampf angesagt.

Die meisten dieser Vertragsverstöße sind konkret auf Nordkorea als Nichtatomstaat gerichtet. Dem gegenüber ist der Besitz militärischer Abschreckungskraft das Mittel, um einen Atomkrieg zu verhindern und den Größenwahn der USA zu blockieren, und folglich ein selbstverständliches Selbstverteidigungsrecht Nordkoreas. Die von Nord- und Südkorea 1992 abgegebene „Gemeinsame Erklärung zur Denuklearisierung" hatte den vollständigen Abzug der in Südkorea dislozierten amerikanischen Atomwaffen zur Voraussetzung. Außerdem war aus Furcht vor einem Atomkrieg der Leitgedanke auch bei dieser Erklärung, grundsätzlich einen solchen Atomkrieg auf der koreanischen Halbinsel zu verhindern. Aber die USA stellen in Südkorea noch immer ihre Atomwaffen, wie beispielsweise die

BDU (Bomb Depleted Uranium), offiziell zur Schau, und Atomflugzeugträger, Atom-U-Boote etc. stoßen häufig in südkoreanische Hoheitsgewässer vor. In den militärischen Basen wie im südkoreanischen Machyang-ri werden auch in dieser Minute gegen Nordkorea gerichtete atomare Angriffsübungen vor aller Augen durchgeführt.

Wider den japanischen Chauvinismus

Zudem ist die Devise „Um den anderen zu besiegen, muss man stark sein" nicht nur ein in japanischen Filmen der 1970er Jahre propagierter Chauvinismus. Das militärische Großmachtstreben Japans hat schon die Grenze überschritten und befindet sich bereits in einer Phase, in der es den Erstschlag gegen Nordkorea verkündet, wobei die atomare Ausrüstung Japans ein offenes Geheimnis ist. Die fremden Mächte führen atomare Kriegsübungen wie im Kriegszustand durch, in der Absicht, unser Volk in die atomare Katastrophe zu drängen. Während wir darauf vertrauen, dass kein anderer Atomwaffen besitzen wird, wenn wir keine besitzen, forciert Japan den Aufstieg zur Atommacht. In der aktuellen Situation wäre es geradezu ein selbst gezimmerter Sarg und töricht, sich nicht mit Gegenmitteln auszurüsten. Natürlich müssen für die Menschheit, für den Frieden die Atomwaffen verschwinden. Aber eine rein verbale Forderung ohne entsprechende Mittel zu ihrer Durchsetzung ist nicht mehr als eine traurige Klage eines schwachen Volkes. Aufgrund dieser Berechtigungen besteht die DVRK auf den Besitz aller stärkster militärischer Abschreckungskraft.

Machtwechsel nach Maß

Als im Juli 1994 der „Große Führer" Kim Il-Sung verstarb, wähnten viele Experten im Westen ein Ende des nordkoreanischen Regimes herbei. Dies geschah auch beim Tode seines Sohnes Kim Jong-Il Ende des Jahres 2011.

Sechs Jahre nach dem Tod des nordkoreanischen Staatsführers Kim Il-Sung im Juli 1994 erhielt der südkoreanische Präsident Kim Dae-Jung für seine „Sonnenscheinpolitik" im Jahre 2000 den Friedensnobelpreis. Eine höchst ungewöhnliche, offensichtlich politisch motivierte Entscheidung des Nobel-Komitees in Oslo. Nordkoreas Führer Kim Jong-Il wollte man durch eine solche Auszeichnung offenbar nicht aufwerten. Doch Kim Dae-Jungs „Sonnenscheinpolitik" wäre undenkbar gewesen, hätten in der Volksrepublik politisch instabile Zustände geherrscht, wie dies nach dem Tode Kim Il-Sungs von den meisten westlichen Experten prognostiziert worden war. Anstelle von Machtgerangel und einem innenpolitischen Stillstand in der Volksrepublik konnte Kim Jong-Il seine politische Legitimität unter Berufung auf die Fortführung der Lehren und Praxis seines Vaters beweisen und somit einen langjährigen, zielstrebigen Ausbau der eigenen Machtbasis abschließen.

Kim Jong-Il hatte seine politische Karriere als Mitglied des Zentralkomitees (ZK) der Partei der Arbeit Koreas (PdAK) in den Bereichen Kunst, Kultur und Propaganda in den 1970er und 1980er Jahren begonnen. Im Dezember 1991 war Kim bereits zum Oberkommandierenden der Volksarmee ernannt worden und im April 1993 zum Vorsitzenden der Nationalen Verteidigungskommission aufgestiegen, des (partei-)politisch mächtigsten Amtes in der Volksrepublik. Auf der Basis der 1992 geänderten Verfassung kontrollierte und kommandierte er mithin die gesamten Streitkräfte der Volksrepublik und bekleidete gleichzeitig auch deren höchste Position. Generalsekretär der PdAK wurde Kim formell hingegen erst im Oktober 1997. All das sprach nach dreijähriger Trauerphase über den Tod seines Vaters eindeutig gegen eine Destabilisierung des Regimes.

Die Führungsschicht um Kim Jong-Il setzte sich vorrangig aus drei Gruppen zusammen: aus den alten Partisanen des Befreiungskampfes, im Ausland (vorrangig in der ehemaligen Sowjetunion, in Osteuropa sowie in der DDR) geschulten Kadern und autochthonen – im Lande selbst und dort vorrangig an der Kim Il-Sung-Eliteuniversität ausgebildeten – Parteimitgliedern. Die politische Kontinuität durch den Sohn des früheren Staats- und Parteichefs sicherte die militärische und zivile Machtbalance zwischen diesen Gruppen und bewahrte das nordkoreanische System nicht nur vor einer Implosion, sondern stärkte es sogar. Erstmals seit dem Tod Kim Il-Sungs war Anfang September 1998 das wenige Wochen zuvor neugewählte Parlament zusammengetreten, die aus 687 Abgeordneten zusammen gesetzte Oberste Volksversammlung (OVV). Diese stellte mit der Verabschiedung wegweisender Beschlüsse die Weichen für den fortan propagierten Aufbau eines „starken und gedeihenden Staates".

Der Posten des Präsidenten und Staatsoberhauptes wurde nach dem Tode Kim Il-Sungs nicht mehr besetzt und wird gemäß der von der Volksversammlung 1998 erneut revidierten Verfassung auch künftig vakant bleiben. Stattdessen spricht die neu in die Verfassung aufgenommene Präambel von Kim Il-Sung als dem „ewigen Präsidenten" Nordkoreas. Das vormals höchste Staatsamt wurde somit faktisch abgeschafft. Kim Jong-Il nutzte einerseits die Treue der Landsleute zu seinem Vater, um die eigene Führung zu festigen, und war zum anderen der von ihm wenig geschätzten repräsentativen Verpflichtungen und öffentlichen Empfänge enthoben. An seiner Stelle repräsentierte der Vorsitzende des Präsidiums der OVV und frühere Außenminister Kim Yong-Nam nunmehr den Staat nach außen.

Am 28. September 2010 fand in Pjöngjang die vielbeachtete dritte Delegiertenkonferenz der PdAK (nach der ersten 1958 und der zweiten im Jahre 1966) statt – das erste Zusammenkommen der Partei seit dem sechsten Parteitag im Oktober 1980. Auf dieser Konferenz wurden Kim Jong-Ils jüngster Sohn Kim Jong-Un und seine Schwester Kim Kyong-Hui zu Viersternegenerälen ernannt.

Väterliches und großväterliches Erbe

Zeit seines Lebens war Kim Jong-Il vom Westen verteufelt und auch mehrfach für tot erklärt worden. Doch am 19. Dezember 2011 war es ausgerechnet die staatliche nordkoreanische Nachrichtenagentur KCNA, die mit zweitägiger Verspätung meldete, dass der 69-jährige Staatschef bereits am Samstag, dem 17. Dezember, einem schweren Herzinfarkt erlag. Eine herbe Schlappe für die Phalanx selbsterklärter Nordkorea-Beobachter und Geheimdienst-„Experten", die von alledem nichts wussten. Auch der südkoreanische Geheimdienstchef Won Sei-Hoon und Verteidigungsminister Kim Kwan-Jin zeigten sich überrascht. So blieb ihnen nurmehr der Hinweis darauf, die nordkoreanische Bevölkerung sei in „staatlich gelenkte Dauer- und Trauerhysterie" verfallen. In Nordkorea hieß indes die Losung, das Volk möge die allgegenwärtige „Traurigkeit in Stärke umwandeln und seine Schwierigkeiten überwinden". Südkoreas Präsident Lee Myung-Bak ließ – zum Verdruss vieler seiner Landsleute – auch die Gelegenheit verstreichen, eine offizielle Trauerdelegation nach Pjöngjang zu entsenden. Kim Jong-Il hingegen hatte nach dem Tod von Ex-Präsident Kim Dae-Jung im Jahre 2009 eine Abordnung nach Seoul geschickt.

Hatte es nach dem Tode Kim Il-Sungs drei Jahre gedauert, bis sein Sohn Kim Jong-Il sämtliche entscheidenden Spitzenämter in Staat, Partei und Armee auf sich vereinigen konnte, stand diesmal bereits nach dreizehntägiger Trauerphase und noch vor Beginn der Neujahrsfeierlichkeiten die Übernahme all dieser Posten durch den nicht einmal 30-jährigen Kim Jong-Un fest. Wenngleich dieser aufgrund seines jugendlichen Alters noch nicht die Möglichkeiten hatte, sich politisch zu profilieren.

Kim Jong-Uns eigentlicher Mentor war und ist sein 65-jähriger Onkel Chang Sung-Taek. Chang gehörte zum Stab der engsten Berater von Kim Jong-Il und begleitete diesen auch auf seinen Inlandsreisen sowie nach China und Russland. Gleichzeitig ist Chang, der außerdem über Erfahrungen im Geheimdienst verfügt, in Personalunion Vizevorsitzender der Nationalen Verteidigungskommission und Sekretär der PdAK-Verwaltungs- und Organisationsabteilung. In Kooperation mit vertrauten hochrangigen Militärs wird er dafür Sorge tragen, dass Kims väterliches wie großväterliches Erbe gewahrt bleibt.

Ob unter Kim Jong-Il oder nunmehr unter dessen Sohn Kim Jong-Un – die Anrainerstaaten Nordkoreas und die USA haben ihr Verhalten nicht geändert. Veränderungen in der Volksrepublik sind dann vorstellbar, wenn jedweder Druck von außen nachlässt, auf einen Systemwechsel in Pjöngjang hinzuwirken. Immerhin ließ sich zur Jahreswende 2011/2012 ein Silberstreif am Horizont ausmachen: Wenige Tage nach dem Tod von Kim Jong-Il hatte die Sprecherin des US-Außenministeriums Victoria Nuland angekündigt, man erwäge aufgrund der angespannten Ernährungslage, dem Land 240.000 Tonnen Lebensmittel bereit zu stellen, wenn Nordkorea sein Programm zur Urananreicherung einfriere. *(RW)*

Weiterführende Lektüre

Kihl, Young Whan/Kim, Hong Nack (eds.) (2006): *North Korea: The Politics of Regime Survival.* New York.

Köllner, Patrick (2010): *Nordkorea nach Kim Jong Il: Ein zweiter dynastischer Machtwechsel?*, in: GIGA(German Institute of Global and Area Studies)-Focus Nr. 1. Hamburg.

National Committe on North Korea (Washington, D. C.) http://www.ncnk.org & http://www.GlobalSecurity.org (Alexandria, VA).

Werning, Rainer (Hg.) (1988): *Nordkorea – Annäherungen an einen Außenseiter.* Analysen & Berichte. Frankfurt a. M.

Kapitel V

Die schwierige Suche nach neuen Freundbildern

(2008–2011)

Kontinuierliche Konfrontationen

Nach einem Jahrzehnt der „Sonnenscheinpolitik“ auf der koreanischen Halbinsel verhärten sich die Fronten zunehmend.

„Denuklearisierung, Öffnung und 3000“: Mit diesen Schlagworten skizzierte Südkoreas aktueller Präsident Lee Myung-Bak seine Nordkorea-Politik während des Wahlkampfs Ende 2007. Wenn die Machthaber in Pjöngjang bereit seien, ihr Atomprogramm aufzugeben und die Gesellschaft der Volksrepublik nach außen hin zu öffnen, so Lee, sei Südkorea im Gegenzug bereit, innerhalb von zehn Jahren massive wirtschaftliche Hilfe bereitzustellen. Damit solle das jährliche Pro-Kopf-Einkommen im Norden die Grenze von umgerechnet 3.000 US-Dollar überschreiten. Die politische Führung in Pjöngjang reagierte verärgert auf dieses Angebot – die Eiszeit zwischen den beiden Staaten ist neuerlich angebrochen.

„Die Zeit arbeitet für uns“

Die Folgen einer solch ultimativen Nordkorea-Politik seitens Seouls sind katastrophal. Denn die Atomfrage belastete von Anfang an das Verhältnis zwischen Nordkorea und den USA und stellte ein Hauptanliegen der „Sechsparteiengespräche“ in Peking dar, an denen Südkorea ebenfalls teilnahm. Sowohl die „Sonnenscheinpolitik“ Kim Dae-Jungs als auch die „Politik für Frieden und Prosperität“ Roh Moo-Hyuns waren sich der Möglichkeiten und Grenzen südkoreanischer Politikgestaltung in Bezug auf die Atomfragen Nordkoreas bewusst, um realistische Mittel für den innerkoreanischen Prozess der Friedenssicherung und -gestaltung einzusetzen. Beide Politiker stellten daher keine Maximalforderungen, sondern versuchten im Dialog mit dem Norden, eigene und gemeinsame Positionen zu klären. Auf diese Weise konnte Südkorea seinen Spielraum in der innerkoreanischen Politik erweitern und die Eigeninteressen der Großmächte in dieser Region ausgleichen. Die südkoreanische Seite ließ sich also von der Maxime leiten, ein Gleichgewicht zwischen „Koreanisierung“ und „Internationalisierung“ der nordkoreanischen Atomfragen herzustellen. So war es Kim Dae-Jung und Roh Moo-Hyun möglich, mit der Gegenseite nicht nur Fragen der wirtschaftlichen, humanitären, soziokulturellen und militärischen Zusammenarbeit zu erörtern, sondern auch direkt über die nordkoreanischen Nuklearfragen zu verhandeln. Die Strategie Lee Myung-Baks hingegen zielte von vornherein darauf ab, diese schwierigen und komplizierten Fragen ganz oben auf der Agenda bilateraler Verhandlungen zu platzieren.

Diese Unterschiede zwischen der gegenwärtigen Regierung in Seoul und ihren beiden Vorgängerkabinetten resultieren keineswegs nur aus unterschiedlichen Verhandlungstaktiken. Die Nordkorea-Politik Lee Myung-Baks geht schlicht von der Prämisse aus, dass das Regime im Norden ohnehin in absehbarer Zeit im- oder explodiert. Südkorea müsse daher nur abwarten und Härte demonstrieren.

Mysteriöser Untergang eines Schiffs

Als die südkoreanische Korvette „Cheonan" am 26. März 2010 südwestlich der Baeknyeong-Insel im Gelben Meer versank, beschuldigten Südkorea und die USA die nordkoreanische Marine, das Schiff mit einem Torpedo versenkt zu haben. Fast acht Wochen später gelangte ein von Südkorea einberufenes internationales Ermittlerteam zu dem Schluss, Nordkorea habe tatsächlich die 1.200-Tonnen-Korvette nahe der innerkoreanischen Seegrenze mit einem Torpedo beschossen. Sofort erklärte Südkoreas Präsident Lee die offizielle Entschuldigung des Nordens für das Versinken der Cheonan als Vorbedingung sowohl für die Wiederaufnahme der Gespräche zwischen Süd- und Nordkorea als auch für einen neuen Anlauf der Sechsparteiengespräche zur Lösung der nordkoreanischen Atomfragen. Nordkorea bestritt kategorisch, für das Sinken der Cheonan verantwortlich gewesen zu sein und wertete den Vorfall als eine Eigeninszenierung des Südens. Nordkorea lehnte ebenso entschieden eine Entschuldigung ab und forderte gleichzeitig die Bildung einer gemeinsamen Untersuchungskommission.

Auch Russland und China zweifelten das Ergebnis des von Südkorea eingesetzten internationalen Untersuchungsteams an. Unmittelbar nach Bekanntgabe des Berichts bemerkten zahlreiche internationale Experten, dass die Korvette ausgerechnet in einem Teil des Gelben Meeres unterwegs gewesen sei, in dem der Wasserstand besonders niedrig ausfällt. Normalerweise würden nur kleine Schnellboote in dieser Gegend patrouillieren. Aus diesem Grund gingen die Experten beim Untergang der Cheonan von einem selbstverschuldeten Unfall aus, der während einer Geheimmission der Korvette passiert sei. Demnach lag die Ursache des Unglücks nicht in der Explosion aufgrund eines nordkoreanisches Beschusses, sondern in einer Havarie. Fast sechzig Prozent der Südkoreaner äußerten sich im Zuge von Umfragen skeptisch über die offizielle Regierungsversion.

Der mysteriöse Untergang des Kriegsschiffes vergiftete das innerkoreanische Klima dermaßen, dass eine Normalisierung der Beziehungen während der restlichen Amtszeit Lee Myung-Baks nahezu unmöglich scheint. Bereits vor diesem Vorfall hatte eine totale Abkehr von der „Sonnenscheinpolitik" und der „Politik für Frieden und Prosperität" begonnen: Denn Lee Myung-Bak versuchte, unmittelbar nach der offiziellen Amtsübernahme am 25. Februar 2008, das Ministerium für Vereinigung mit dem Argument abzuschaffen, dessen Aufgaben könne ebenso gut das Außen- und Außenhandelsministerium übernehmen. Diesen Plan musste er aber aufgrund massiver öffentlicher Kritik zurückziehen. Am 11. Juli 2008 wurde eine südkoreanische Touristin während einer Tour durch das Keumgang-Gebirge entlang der militärischen Sperrzone erschossen. Diesen Zwischenfall nahm die südkoreanische Regierung sofort zum Anlass, das gemeinsam mit dem Norden betriebene Tourismusprojekt zu beenden. Die negativen Konsequenzen blieben in der Folgezeit nicht allein auf die Tourismusbranche beschränkt. Auf Eis gelegt wurden ebenfalls die geplanten Erschließungen zehn gemeinsamer Bergbauprojekte zwischen dem ressourcenarmen Süden und dem an Ressourcen reichen Norden. Nutznießer der südkoreanischen Embargopolitik gegenüber dem Norden ist die Volksrepublik China, die Rohstofflieferungen auch aus Nordkorea dringend benötigt. Das Exportvolumen nordkoreanischer Bergbauprodukte nach China verdreifachte sich von umgerechnet 300 Millionen US-Dollar im Jahre 2005 auf 900 Millionen US-Dollar im Jahre 2009. Die südkoreanischen Investoren im Gaeseong Industrial Complex (GIC) beklagen nun offen, das Ministerium für Vereinigung in Seoul sei verantwortlich für die gescheiterte Aussöhnung zwischen Nord und Süd.

Eine Kehrtwende seit dem Machtwechsel lässt sich auch im militärischen Bereich feststellen. Seit 2008 findet das jährlich (zumeist im März und April) stattfindende Militärmanöver „Key Resolve" mit großer Beteiligung amerikanischer Truppenverbände statt, das die vorherigen gemeinsamen Manöver „Team Sprit" (1978–93) und „Reception, Staging, Onward Movement, Integration" (RSOI, 1994–2007) ablöste. Obwohl die USA und Südkorea stets den rein defensiven Charakter solcher Militärübungen betonen, kritisiert die nordkoreanische Führung, dass es sich bei „Key Resolve" um nichts anders als um „militärische Eroberungsspiele des nordkoreanischen Territoriums" handelt. Diesem Zweck dient nach Ansicht Nordkoreas auch das seit 2008 jeweils im August und September durchgeführte Manöver „Ulchi Freedom Guardian".

Nach dem nordkoreanischen Artilleriefeuer auf die Insel Yonpyong am 23. November 2010 und den daraus resultierenden Spannungen wurde dennoch das Manöver „Key Resolve 2011" im Zeitraum vom 28. Februar bis 10. März 2011 durchgeführt. Es stellte auch eine Übung zur Beseitigung der nordkoreanischen Massenvernichtungswaffen (WMD) dar, an der ebenfalls das im Irakkrieg eingesetzte 20. Unterstützungskommando der US-Armee teilnahm. Die Militärübungen sorgten nicht nur seitens Nordkoreas für scharfe Proteste, sondern ließen auch in Peking die Alarmglocken schrillen. China reagierte besonders scharf auf die Entsendung des US-Flugzeugträgers „George Washington" zur Unterstützung von „Key Resolve 2011", weil von diesem aus die gesamten militärischen Operationen der chinesischen Volksarmee in den Küstengebieten Chinas beobachtet werden können.

Keine „Wiedervereinigung von unten"

Die abrupte Unterbrechung der innerkoreanischen Gespräche auf Regierungsebene seit dem Amtsantritt Lee Myung-Baks beeinträchtigte auch die Arbeit der Nichtregierungsorganisationen. Nur drei bis zehn Prozent des „Fonds für die Zusammenarbeit zwischen dem Süden und Norden", der 1991 für die finanzielle Unterstützung gemeinsamer Nord-Süd-Projekte auf Nichtregierungsebene eingerichtet worden war, wurden unter der Regierung Lees pro Jahr ausgegeben, während bis zu dessen Amtsantritt jährlich 70 bis 80 Prozent dieses Fonds ausgeschöpft worden waren. Trotzdem schlug der Präsident am 15. August 2010 noch die Einführung einer „Wiedervereinigungssteuer" vor, um, wie er betonte, für alle Eventualitäten gerüstet zu sein. Dabei schwebte ihm ein zu Deutschland vergleichbarer „Solidaritätszuschlag" vor.

Vor allem bemängeln die zivilgesellschaftlichen Kräfte im Süden den Stopp von Hilfsprojekten im Bereich der Nahrungs- und Düngemittel für die notleidende Bevölkerung im Norden. Dadurch untergrabe man das in der Dekade zuvor mühe- und vertrauensvolle Engagement in Richtung einer „Wiedervereinigung von unten". Derartige Kritik wird seitens der Regierung und dem konservativen Lager mit dem Argument beiseite geschoben, eine solche Hilfe komme nicht der Bevölkerung Nordkoreas, sondern einzig dessen Armeeangehörigen zugute. Dabei ist die Transparenz der Verteilung gelieferter Nahrungsmittel im Norden inzwischen durch das Monitoring internationaler Hilfsorganisationen gewährleistet. Was die nordkoreanische Seite überdies wütend stimmte, waren Behauptungen aus Regierungskreisen in Seoul, wonach in Nordkorea überhaupt keine akute Nahrungsmittelknappheit herrsche, obwohl drei UN-Organisationen – das Welternährungsprogramm (WFP), die Ernährungs- und Landwirtschaftsorganisation (FAO) sowie das Kinderhilfswerk UNICEF – in ihrem gemeinsamen Bericht über die Ernährungssituation in Nordkorea im März 2011 die Weltgemeinschaft unisono um eine dringende Nahrungsmittelhilfe in Höhe von 430.000 Tonnen baten. Diesmal reagierte auch die US-Regierung positiv auf den Appell, wenngleich sie noch 2008 aufgrund von Streitigkeiten über die Transparenz der Nahrungsmittelverteilung anstelle der ursprünglich versprochenen 500.000 Tonnen Getreide letztlich nur 170.000 Tonnen lieferte.

Robert King, der US-Sonderbotschafter für die Menschenrechte in Nordkorea, erklärte im Anschluss seines Besuchs in Pjöngjang am 2. Juni 2011 vor dem US-Kongress, dass einzig die südkoreanische Regierung die Nahrungsmittelhilfe aus den USA nach Nordkorea beanstande. Die auffällige Sturheit der südkoreanischen Regierung kritisierte Park Han-Shik, ein aus Südkorea stammender Politologe, der heute an der Universität Georgia lehrt und Nordkorea häufig bereist hat, mit dem alten koreanischen Sprichwort: „Wenn du schon keine Almosen spenden willst, dann zerschlitze wenigstens nicht meinen Almosenbeutel!"

Der seit dem von beiden Staaten unterzeichneten „Kommuniqué vom 15. Juni 2000" eingestellte Propagandakrieg entlang der Demarkationslinie, in dem jeweils das eigene System über den grünen Klee gelobt und das gegnerische verteufelt wurde, ist seit dem Untergang der Cheonan wieder in vollem Gange. Die nordkoreanische Armee drohte mit gezieltem Artilleriebeschuss auf die Sendeanlagen, die diese Botschaften übermitteln. Gruppen von Südkoreanern und Flüchtlinge aus Nordkorea haben mehrfach Luftballonaktionen in Richtung Norden gestartet. Die Ballons waren mit Propagandazetteln gefüllt, die die politische Führung in Pjöngjang und vor allem Kim Jong-Il verunglimpften. Mitunter kam es zwischen solchen Provokateuren und Dorfbewohnern nahe der Grenze zu Auseinandersetzungen, weil sich letztere vor gezielten Vergeltungsschlägen aus dem Norden fürchten.

Falsche Hinrichtungen

Seit der Amtsübernahme Lee Myung-Baks im Februar 2008 mischt sich die südkoreanische Regierung auch aktiv in die Menschenrechtsfragen in Nordkorea ein. Im Gegensatz dazu hatten sich die Regierungen von Kim Dae-Jung und Roh Moo-Hyun bei ihrer Stellungnahme zu den UN-Jahresberichten über die Menschenrechtssituation in der Volksrepublik stets ihrer Stimme mit der Begründung enthalten, dass sie das nordkoreanische Regime nicht öffentlich an den Pranger stellen wollten. Dies sei der beste Weg, um in Norden tatsächliche Verbesserungen zu erzielen.

Die südkoreanische Regierung versucht auch, die bisherige Rolle der „Staatlichen Kommission für die Menschenrechte" umzufunktionieren, damit sich diese in erster Linie mit Menschenrechtsfragen im Norden befasst. Aus Protest gegen diese Absichten der Regierung legte der Kommissionsvorsitzende vorzeitig sein Amt nieder. Die Verabschiedung des „Gesetzes für die Menschenrechte in Nordkorea" ist bis dato durch Widerstände der parlamentarischen Opposition mit dem Argument blockiert, das Gesetz vergifte das innerkoreanische Versöhnungsklima mit womöglich unwiderruflichen Konsequenzen. Ein gleichnamiges Gesetz wurde in den Vereinigten Staaten im Jahre 2004 mit der Mehrheit der Republikaner sowohl vom US-Kongress als auch vom US-Senat verabschiedet. In Japan wurde ebenfalls ein ähnliches Gesetz am 23. Juni 2006 vom Parlament beschlossen.

Die Daten und Berichte über Menschenrechtsverletzungen in Nordkorea stammen meistens von Flüchtlingen aus dem Norden. Der Wahrheitsgehalt oder die Richtigkeit der Informationen sind daher schwer nachzuprüfen. Viele der Auskünfte basieren auf Hörensagen. Eine Meldung aus der jüngsten Vergangenheit, die von zahlreichen ausländischen Nachrichtenagenturen kolportiert wurde, war jene über die Hinrichtung von Park Nam-Ki, Chef des Wirtschafts- und Finanzkomitees der herrschenden Partei der Arbeit Koreas. Er sei für das Scheitern der Währungsreform vom 1. Dezember 2009 verantwortlich gemacht und im März 2010 vor Zuschauern exekutiert worden, wie es beispielsweise die „Frankfurter Allgemeine Zeitung" (FAZ) in folgendem Bericht in ihrer Ausgabe vom 18. März 2010 meldete:

> *Parteifunktionär hingerichtet*
>
> „Ende November hat das Regime in Nordkorea überraschend eine Währungsreform angeordnet, die das Wirtschaftsleben im Land kräftig durcheinander gewirbelt hat. Nun ist ein kommunistischer Spitzenfunktionär als Verantwortlicher für die gescheiterte Reform hingerichtet worden. In Nordkorea scheint die Kritik an den chaotischen Auswirkungen der Währungsreform so viel Unmut bewirkt zu haben, dass sich die Führung dort jetzt veranlasst sah, einen der Verantwortlichen hinzurichten. Wie die südkoreanische Nachrichtenagentur Yonhap am Donnerstag unter Berufung auf anonyme Quellen berichtet, ist Park Nam-Ki, der frühere Leiter des Finanzkomitees der Arbeiterpartei, in der vergangenen Woche in der Nähe von Pjöngjang erschossen worden. Park galt als Vertrauter des Machthabers Kim Jong-Il und hat ihn auf vielen seiner Inspektionsreisen im Land begleitet. Er war seit 2005 Leiter des Finanzkomitees und hat sich dort besonders bemüht, die ersten Ansätze privater Wirtschaft in Nordkorea zu bekämpfen. Nun sei Park vorgeworfen worden, er habe ‚als Sohn eines reichen Landbesitzers' versucht, die Wirtschaft zu ruinieren."

Diese weltweit verbreitete Nachricht erwies sich als Falschmeldung. Park zeigte sich nicht nur quicklebendig, sondern besitzt weiterhin einen wichtigen Posten im

Finanzressort der Partei. In dieser Funktion bereiste er auch häufig westeuropäische Länder. Ein weiteres Beispiel aus Japan offenbart, wie sogenannte Fakten über Nordkorea fabriziert werden: Am 10. Juni 2010 zeigte der Sender „Asahi-TV" ein angeblich aktuelles Foto des designierten Nachfolgers von Kim Jong-Il. Doch anstelle des nächsten Machthabers in der Volksrepublik war darauf ein in Wahrheit unbeteiligter Südkoreaner abgebildet. Umgehend meldete sich dieser beim Fernsehsender und tatsächlich folgte am nächsten Tag eine Entschuldigung der Redaktion. Offizielle Eingeständnisse sind in solchen Fällen aber eher die Ausnahme als die Regel. Meistens ignorieren die Medien ihre eigenen Falschmeldungen oder schieben Nordkorea den Schwarzen Peter zu. Die Geheimnistuerei des nordkoreanischen Regimes sei verantwortlich, dass derartige Falschmeldungen überhaupt entstehen würden.

Doch die Fehler(quellen) sind wesentlich im politischen Weltbild Südkoreas und des Westen zu suchen. Zudem stehen zahlreiche südkoreanische Aktivisten, die sich für Menschenrechtsfragen im Norden engagieren, in hartem Konkurrenzkampf untereinander, um an Finanz- und Fördermittel der südkoreanischen Regierung beziehungsweise der „Nationalen Stiftung für Demokratie" („National Endowment for Democracy", NED) in Washington zu kommen. Aus diesem Grund setzen sie häufig sensationslüsterne Meldungen über Nordkorea in Umlauf, wenn die „Aktualität" dies gerade gebietet. Südkoreanische Journalisten, die mit Nordkorea vertraut sind, behaupten daher, nur ein Viertel der Informationen solcher Aktivisten und nordkoreanischer Flüchtlinge besäße Wahrheitsgehalt. Um mit Edward Said zu sprechen: Nordkorea ist „zu dem zu machen, was und wie es sein sollte."

Die verflixten fünf Jahre

Als der ehemalige US-Präsident Jimmy Carter in Begleitung weiterer früherer Staats- und Regierungschefs (dem ehemaligen finnischen Präsidenten Martti Ahtisaari, der einstigen norwegischen Ministerpräsidentin Gro Harlem Brundtland und der vormaligen irischen Präsidentin Mary Robinson) am 26. April 2011 Pjöngjang besuchte, meinte der südkoreanische Außenminister dazu, er erwarte von der Reise nicht besonders viel – und vermittelnde Dritte würden nicht benötigt. Dennoch überbrachte Carter im Anschluss an den dreitägigen Besuch die Botschaft des nordkoreanischen Führers, dieser sei jederzeit zu einem Treffen mit dem südkoreanischen Präsidenten Lee Myung-Bak bereit.

Nordkorea wird die von der südkoreanischen Regierung gestellte Bedingung für die Wiederaufnahme von Gesprächen – eine Entschuldigung für das Versenken der südkoreanischen Korvette Cheonan im März 2010 sowie für den Artilleriebeschuss der Insel Yonpyong im November desselben Jahres – nicht akzeptieren. Dementsprechend ist es kaum vorstellbar, dass die nordkoreanische Führung den von Lee Myung-Bak vorgeschlagenen Prozess – zuerst Denuklearisierungsgespräche zwischen Süd- und Nordkorea, darauffolgend Gespräche zwischen Nordkorea und den USA und schließlich eine neue Runde der Sechsparteiengespräche – in einer solchen Sequenz zustimmt. Südkorea ist stets von der Furcht ergriffen, es könne quasi hinter seinem Rücken zu Direktverhandlungen zwischen den USA und Nordkorea kommen. Nordkorea wiederum betrachtet Südkorea als einen Störenfried auf dem Weg zur Normalisierung zwischen Pjöngjang und Washington. Die südkoreanischen Regierungen unter Kim Dae-Jung und Roh Moo-Hyun, die die jetzige Regierung für das „verlorene Jahrzehnt" verantwortlich gemacht hat, versuchten zumindest, die Isolation des Nachbarlandes durch das Bush-Regime zu dämpfen.

Die innerkoreanischen Beziehungen werden sich während der Amtszeit Lee Myung-Baks, die am 24. Februar 2013 endet, kaum normalisieren. Seine Nordkorea-Politik ging und geht von der Prämisse aus, das System im Norden werde ohnehin in naher Zukunft zusammenbrechen, sodass eine rationale Politik gegenüber dem Nachbarn nicht notwendig sei. Mit dem Argument, die „Sonnenscheinpolitik" hätte nur das Fehlverhalten des Nordens belohnt, hat sich die südkoreanische Regierung letztlich ihre Hände gebunden.

Schicksalsjahr 2012

Das Jahr 2012 wird für beide Teile der Halbinsel politisch gleichermaßen bedeutsam verlaufen. Im Süden wird Ende des Jahres ein neuer Präsident gewählt, während sich in Nordkorea die neue Führungsfigur Kim Jong-Un noch bewähren muss. Zudem stehen im April dieses Jahres stehen große Feierlichkeiten anlässlich des 100. Geburtstags des 1994 verstorbenen Staatsgründers Kim Il-Sung an.

Westliche Beobachter prophezeien eine Instabilität der Macht unter Kim Jong-Un aufgrund seiner mangelnden Legitimität. Eine solche Analyse übersieht aber das tatsächliche Machtgefüge in Nordkorea. Zwar besitzt Kim Jong-Un nicht das Charisma seines Vaters und Großvaters. Doch die neue Führung in Nordkorea steht ganz im Zeichen eines Generationenwechsels. Zur Kerngruppe der Macht, die hinter Kim Jong-Un steht, gehören die Kinder der Partisanen um seinen Großvater Kim Il-Sung. Diese stehen in Treue zu seinem Vater Kim Jong-Il, was zumindest zur mittelfristigen Konsolidierung der neuen Macht beiträgt.

Kim Jong-Ils Sohn wird dem bisherigen Kurs „Für die von der Armee geleitete Revolution (*Seungun Hyukmyung*)!" treu bleiben, der freilich von einer Öffnungspolitik flankiert wird. Diese Öffnung wird vor allem durch enge Kooperationen mit China forciert: Nordkoreas Projekt der „Hwang-Keum-Pyong-Wirtschaftssonderzone", das sich an der Mündung des Jalu-Flusses im Nordwesten befindet, soll schon bald realisiert werden. In der „Rajin-Sonbong-Wirtschaftssonderzone", die bereits Mitte der 1980er Jahre an der Mündung des Tuman-Flusses im Nordosten eröffnet wurde, ist die Modernisierung der Infrastruktur – vor allem der Straßen-, Eisenbahn- und Hafenausbau – durch chinesische Investitionen vorangetrieben worden. Heute geben sich dort zahlreiche Geschäftsleute aus China ein Stelldichein, die nur allzu bereit sind, weitere Investitionen zu tätigen. Statt nach Süden wird Nordkorea nunmehr sein Tor gen Norden aufstoßen.

Der Süden steht 2012 ganz im Zeichen der Präsidentschaftswahlen. Passiert bis zum Wahltag am 19. Dezember 2012 nichts Außergewöhnliches, wird die nächste Präsidentin Südkoreas aller Voraussicht nach Park Keun-Hae heißen, die älteste Tochter des im Oktober 1979 vom eigenen Geheimdienstchef ermordeten Präsidenten Park Chung-Hee. Obwohl sie innerhalb der Regierungspartei Hannara nicht unumstritten ist, gibt es zurzeit keinen nennenswerten innerparteilichen Konkurrenten. In den Meinungsumfragen weist sie einen Stimmenvorsprung von mehr als 20 Prozent gegenüber möglichen Gegenkandidaten sowohl in der eigenen Partei als auch gegenüber den Herausforderern der Opposition auf. Zwar wünscht sich die Mehrheit der Wähler einen Machtwechsel, aber im oppositionellen Spektrum findet sich augenscheinlich kein geeigneter Kandidat.

Die Tochter des Diktators genießt also noch hohes Ansehen, wenngleich sie im Jahre 2007 bei den parteiinternen Vorwahlen unerwartet gegen den jetzigen Präsidenten Lee verlor. Einer der Gründe für ihre ungebrochen große Popularität unter den Wählern liegt darin, dass ihr Vater als Begründer des südkoreanischen Wirtschaftswunders gilt. Außerdem spielt die Heimatprovinz ihrer Familie, die Südostprovinz Kyongsang, eine dominante Rolle bei der Auswahl politischer Entscheidungsträger. Neben der regionalen Herkunft sind schulische und verwandtschaftliche Faktoren ausschlaggebend dafür, in die Phalanx der herrschenden Elite aufzurücken. Pikanterweise könnte es geschehen, dass im Jahre 2012 die Koreaner im Süden die Tochter eines Ex-Präsidenten zu ihrem Staatsoberhaupt wählen, während den Koreanern im Norden der Sohn des vormaligen Staatschefs vorsteht. Insofern nähern sich – unabhängig von Differenzen in der jeweils herrschenden Ideologie – beide Systeme einander an.

Am 1. Juni 2011 wurde in Pjöngjang eine offizielle Erklärung der Militärkommission des Landes veröffentlicht, wonach es bereits Geheimtreffen mit der südkoreanischen Seite gegeben habe, in denen es um irgendeine Form der „Entschuldigung" Nordkoreas für die beiden Zwischenfälle im März und November 2010 gegangen sei. Dabei sollte das Gesicht beider Seiten gewahrt werden, um ein möglichst zeitnahes Gipfeltreffen im Grenzort Panmunjom vorzubereiten. Der Erklärung zufolge lehnte allerdings die Delegation aus dem Norden „diesen schmutzigen Deal" ab – ebenso wie die von der südkoreanischen Delegation gleichzeitig mitgebrachten Umschläge mit Schmiergeldern. Diese Erklärung schlug im Süden wie eine Bombe ein, da man bis dahin stets an eine prinzipientreue Haltung und Standhaftigkeit seitens der eigenen Regierung vis-à-vis dem Norden ausgegangen war. Trotz eines solch undiplomatischen Schritts des Nordens im Rahmen der Geheimdiplomatie signalisierte die Erklärung aus Pjöngjang zumindest, dass die Regierung dort keinerlei Interesse verspürt, die ruhenden Sechsparteiengespräche mit Hilfe der amtierenden Regierung in Seoul wiederzubeleben.

Hoffnungen auf eine neue Politik im Süden

Seit dem Sommer 2011 hat sich in der südkoreanischen Innenpolitik einiges getan. Zwischen dem Oberbürgermeister von Seoul, Oh Se-Hoon von der regierenden Hannara-Partei, und der mehrheitlich von den Oppositionsparteien beherrschten Bürgerschaft der Hauptstadt kam es zu Auseinandersetzungen um die Einführung der allgemeinen kostenlosen Schulspeisen. Bürgermeister Oh lehnte sie mit dem Argument ab, dass sie einen Engpass des Haushalts verursachen würden und kritisierte sie als „Wohlfahrtspopulismus". Die Entscheidung darüber verband er mit der Oberbürgermeisterwahl am 24. August 2011. Bis dahin war Oh einer der möglichen Kandidaten der Regierungspartei bei der nächsten Präsidentenschaftswahl im Dezember 2012 gewesen. Falls ein Drittel der Wählerschaft der Hauptstadt nicht gegen die Einführung der umstrittenen Schulspeisen votieren würde, wolle er von seinem Amt zurücktreten. Die politisch hochbrisante Wette verlor er jedoch.

In der Nachwahl für das Oberbürgermeisteramt am 26. Oktober 2011 stand der parteilose Bürgerrechtler Park Won-Soon der wohlhabenden Rechtsanwältin Nah Kyung-Won aus der konservativen Regierungspartei gegenüber. Park wurde nicht nur von zivilgesellschaftlichen Kräften favorisiert, sondern auch von einigen Oppositionsparteien. Vor allem wurde er von einem derzeitigen Idol für die junge Generation in Südkorea, dem 49-jährigen erfolgreichen Geschäftsmann aus der

IT-Branche Ahn Chul-Soo, tatkräftig unterstützt. Die Wahl ging an Park – eine empfindliche Niederlage für die konservativen Kräfte.

Die Altersgruppe der 20- bis 40-Jährigen, die neuerdings in Südkorea mit dem Kürzel „2040" bezeichnet werden, verabschieden sich zunehmend von dem bisherigen unfähigen, korrupten Parteiensystem und suchen eine Alternative jenseits des herrschenden politischen Gefüges. Neben dem Versagen in der Kommunikation mit den Bürgern und in der Beschäftigungspolitik war auch der dauerhafte Boykott der Entspannungspolitik durch die jetzige konservative Regierung für das Wahldesaster verantwortlich.

Das Idol der jungen Generation Ahn Chul-Soo ist nach vielen Umfragen gegenwärtig der einzige Kandidat, der in der nächsten Präsidentenwahl im Dezember 2012 die bislang für unschlagbar gehaltene Kandidatin Park besiegen würde. Zwar hat er bis jetzt seine Ambition für das höchste Amt des Landes nicht öffentlich verlautbart, aber der ganze konservative Herrschaftsblock lässt Panik verspüren. Inzwischen haben sich die Anzeichen für die Spaltung der regierenden konservativen Partei (die sich vor kurzem in *Saeuri*(Neue Welt)-Partei umgetauft hat) zwischen den Anhängern des derzeitigen Präsidenten und jenen der wahrscheinlichen Kandidatin Park für das Präsidentenamt vermehrt, während zwei wichtige Zusammenschlüssse innerhalb des Oppositionslagers – die „Vereinte Demokratische Partei" und die „Vereinte Progressive Partei" – zustande gekommen sind. Die neu gewählte Vorsitzende der größeren „Vereinten Demokratischen Partei", Han Myung-Sook, amtierte als erste Ministerpräsidentin in Südkorea während der Amtszeit des Präsidenten Roh Moo-Hyun, sodass Beobachter bei der nächsten Präsidentenwahl ein politisches Duell zwischen zwei Frauen oder zwischen Park und Moon Jae-In aus Busan – einem der engsten politischen Freunde des verstorbenen Präsidenten Roh Moo-Hyun – vorhersagen und die Kandidatur Ahns daher eher für unwahrscheinlich halten.

Angesichts einer solchen unerwarteten, neuartigen Entwicklung im Süden scheint es, als müsse Nordkorea nur den Tag der Präsidentenwahl am 19. Dezember 2012 im Süden abwarten, um einen neuen Dialog beginnen zu können. *(DYS)*

Weiterführende Lektüre

Certo, Peter/Chaffin, Greg/Kim, Hye-Eun (2010): *The Cheonan Incident: Skepticism Abounds.* Washington, D.C.: Foreign Policy in Focus. Nov. 15.

Dormels, Rainer (1999): *Regionaler Antagonismus in Südkorea.* Duisburger Arbeitspapiere Ostasienwissenschaften, No 28.

Gregg, Donald P. (2010): *Testing North Korean Waters*, in: The New York Times, August 31.

Harrison, Selig S. (2003): *Korean Endgame: A Strategy for Reunification and U. S. Disengagement*. Princeton, NJ.

Lee, Seunghun/Suh, J.J. (2010): *Rush to Judgment: Inconsistencies in South Korea's Cheonan Report*, in: The Asia-Pacific Journal, 28-1-10. Tokyo, July 12.

Lee, S.-H./Yang, P. (2010): *Was the „Critical Evidence" presented in the South Korean Official Cheonan Report Fabricated? = http://arxiv.org/abs/1006.0680*

Lee, Yeon Ho/Kang, Jeong Shim (2011): *The Changjitu Project and China-North Korea Economic Cooperations: Beijing's and Pyongyang's Intentions*. BISA Annual Conference, Manchester, 27. April.

Nautilus Institute for Security and Sustainability (2003): *DPRK Briefing Book: DPRK ‚Military First' Doctrinal Declaration = http://www.nautilus.org/publications/books/dprkbb/military/millitaryfirst.html*

Snyder, Scott (2009): *Lee Myung-bak's Foreign Policy: A 250-Day Assessment = http://asiafoundation.org/resources/pdfs/SnyderLMBForeignPolicyKJDA.pdf*

Suh, Jae-Jean (2009): *The Lee Myung-bak Government's North Korea Policy. A Study on the Historical and Theoretical Foundation*. Korea Institute for National Unification (KNU), Seoul.

UN Human Rights Council (2010): *Report of the Special Rapporteur on the situation of human rights in the Democratic People's Republic of Korea = http://www2.ohchr.org/english/bodies/hrcouncil/docs/13session/A-HRC-13-47.pdf*

Van Dyke, Jon (2010): *The Maritime boundary between North & South Korea in the Yellow (West) Sea*. U.S.-Korea Institute, Johns Hopkins University, School of Advanced International Studies. July 29.

Werning, Rainer (2010): *Auf Provokationskurs*, in: Junge Welt, 3. Juni. Berlin.

World Food Programme (2011): *Korea, Democratic People's Republic (DPRK)* = http://www.wfp.org/countries/korea-democratic-peoples-republic-dprk

Kampf im Äther

Nord- und Südkorea liefern sich heiße Gefechte per Radio, Internet und Flugblättern.

Radiosendungen aus beiden Korea kann man auch im Ausland mitverfolgen. Der südkoreanische Rundfunk KBS ist für deutschsprachige Hörer im Internet unter *http://world.kbs.co.kr/german* zu empfangen. Nordkorea setzte lange Zeit vorwiegend auf die konventionelle Kurzwelle. Doch am historischen 15. April 2011, dem 99. Geburtstag des Staatsgründers Kim Il-Sung, ging die Seite *www.vok.rep.kp* online. Dort ist nicht nur das deutsche Radioprogramm abrufbar, auch einzelne Nachrichtenmeldungen können gezielt nachgehört werden. Auffallend ist, dass die Programmverantwortlichen in Nordkorea rund die Hälfte der Sendezeit Musiksendungen widmen. Es handelt sich im Allgemeinen um Auftragsproduktionen, die den Sozialismus im Land und die Souveränität preisen sowie Führeranekdoten besingen. Da es keine inhaltslose Unterhaltung darstellt, wird die Musik, die in Fremdsprachenprogrammen gerne strophenweise übersetzt wird, als inhaltlicher Programmbestandteil gesehen. Am 8. Dezember 1990 äußerte sich Kim Jong-Il dazu höchstpersönlich: „Lieder über die Vereinigung des Vaterlandes und Lieder, die den Kampf der südkoreanischen Bevölkerung gegen den USA-Imperialismus und für die Souveränität, gegen Faschismus und für die Demokratisierung widerspiegeln, sind in großer Anzahl zu schaffen, um die Bevölkerung des Nordens und des Südens sowie die Landsleute im Ausland, die sich für die Wiedervereinigung der geteilten Heimat erhoben haben, stärker zu ermutigen."

Staatsrundfunk gegen den anderen Staat

In Südkorea ist es allerdings nicht ungefährlich, die Sendungen aus dem Norden weiterzuverbreiten. Das Nationale Sicherheitsgesetz verbietet die Propagierung kommunistischer Ideen. Am 16. August 2010 meldete die südkoreanische Nachrichtenagentur Yonhap: „Ein Südkoreaner wurde zu zwei Jahren Haft (...) verurteilt, da er pro-nordkoreanische Berichte und Musikstücke weitergeleitet und im Internet geteilt hat, teilten Gerichtssprecher am Montag mit." Nordkoreanische und pro-nordkoreanische Seiten, wie etwa *www.rodong.rep.kp*, sind in Südkorea – wie alle auf die nordkoreanische Domain .kp endenden Seiten – gesperrt.

In Nordkorea hingegen existiert ein „Radio-TÜV", der alle registrierten Empfänger regelmäßig daraufhin überprüft, ob keine Änderungen an den fixierten Voreinstellungen auf die Staatssender zu erkennen sind mit entsprechenden Folgen bei einer eigenmächtigen Manipulation der Sperren.

Südkorea behilft sich beim Ausschalten der feindlichen Schwingungen einer anderen Methode. Sirenenartige Störsender sind in Seoul rund um die Uhr aktiv. Denn neben poppigen Stationen aus Seoul liegen die Frequenzen des nordkoreanischen Inlandsprogramms. Dieses wird mit einer solchen Sendeleistung betrieben, dass es die gesamte Insel erreicht. Starke südkoreanische Störsender lassen in Seoul jedoch keinen Empfang zu. Hingegen ist es an entfernten Südzipfeln der Halbinsel zumindest möglich, Teile des Programms zu verfolgen. Doch auch für Bewohner nicht solch entlegener Regionen gibt es Mittel und Methoden, das nordkoreanische Inlandsprogramm zu hören. Seit Einführung des Internets besteht die Möglichkeit, Empfänger in Japan und anderen Ländern online aufzurufen. Dies ist nichts anderes als ferngesteuertes Radiohören.

Bis 2003 wurden jedoch auf einigen Frequenzen, wie die 1.053 kHz aus dem nordkoreanischen Haeju, Programme aufrührerischer Studentenscharen mit Seouler Akzent gesendet. Diese wurden durch studentische Freiheits- und Bürgerrechtslieder untermalt. Die Station hieß folglich: „Die Stimme zur Rettung des Landes aus Seoul." Doch die Sende- und Produktionsstandorte lagen in Nordkorea. Im Zuge der Vereinbarung über das Ende der gegenseitigen Diffamierungen wurden diese Rundfunkprogramme in der Ära Kim Dae-Jungs eingestellt.

Auch der Süden ist mit Radio-Aussendungen in Richtung Norden aktiv. Neben KBS Radio Liberty auch für Auslandskoreaner (z. B. in Russland und China) gibt es Untergrundsender. Pikanterweise spielt die „Stimme des Volkes" der südkoreanischen Streitkräfte hierbei zahlreiche Musiktitel mit Lobliedern auf den Großen Führer Kim Il-Sung und die (Nord-)Koreanische Volksarmee. Diese unterliegen zwar dem Nationalen Sicherheitsgesetz in Südkorea, jedoch gibt die „Stimme des Volkes" vor, ein nordkoreanischer Sender der dortigen regierungsamtlichen Gewerkschaft zu sein. Mittels ausgeklügelter Berichte werden kritische Punkte thematisiert, ohne zu offenbaren, dass dieser „Staatssender Nordkoreas" in Wirklichkeit eine staatliche Stelle in Südkorea ist, die einen Regimewechsel im Zielgebiet avisiert. Das Militär sendet auf 3.912 und 6.600 kHz. Vor allem die erstgenannte Frequenz ist mit Bedacht von Südkoreanern gewählt, da auf 3.920 kHz nordkoreanischer Inlandsrundfunk aktiv ist. Und wer weiß schon, was es mit der eingeschränkten Justierbarkeit der Empfänger im Norden genau auf sich hat? Jedenfalls ist das nordkoreanische Störsignal, das an eine Kreissäge erinnert, so stark, dass selbst in Seoul ein Empfang unverständlich bleiben muss. Es sei denn – auch das kommt vor –, der Störsender im kommunistischen Landesteil fällt mangels Strom einmal aus.

Der dritte Weg

Da die elektromagnetischen Wellen den Protagonisten auf beiden Seiten des 38. Breitengrads für die Propagierung ihrer Ziele nicht ausreichen, werden Flugblätter mit Ballons gestartet. Nordkorea verwendete bis zum Jahr 2000 DIN-A6-Handzettel aus Hochglanzpapier in südkoreanischer Schreibweise mit Lobeshymnen auf den eigenen Führer.

Südkorea ist noch wesentlich potenter in den Lüften. Nachdem die Insel Yongpyong im November 2010 im strittigen Seegrenzgebiet von nordkoreanischer Artillerie beschossen worden war, schickte Südkorea nach einem Bericht des Ministeriums für Nationale Verteidigung in Seoul über drei Millionen Flugblätter gen Norden. Thema der Flugschriften war insbesondere der Volksaufstand in Libyen. Hinzu kamen 10.000 Päckchen mit Gegenständen des täglichen Bedarfs, wie Schreibwaren und Medizin. Aber auch Miniradios und Ein-Dollar-Noten nahmen den Luftweg. Die enthaltenen Nahrungsmittel bedürfen eines gesonderten Aufdrucks über die Unbedenklichkeit beim Verzehr.

Diese Aktion ließ sich das südkoreanische Militär 500.000 US-Dollar kosten. Die Ballons verfügten sogar über eine Zeitschaltautomatik, mit der man die Abwurfstelle bestimmen konnte. Seit April 2000 waren solche Vorstellungen von Luftakrobatik, abgesehen von privaten Initiativen, per Abkommen beidseitig unterblieben. 2010 drohte Nordkorea mit physischen Abwehrmaßnahmen gegen die Ballon-Startpunkte, was die Bewohner grenznaher Gebiete in Südkorea in Aufruhr versetzte. Die Verlautbarungen der Volksarmee bewerteten die südkoreanischen Handlungen als psychologische Kriegführung.

Technologischer Fortschritt

In Zukunft werden sich die propagandistischen Auseinandersetzungen in andere Sphären verlagern. Das lässt sich auch aus einer Meldung der Nachrichtenagentur Yonhap vom 8. März 2011 ableiten. Darin wird beklagt, Nordkorea habe versucht, Südkoreas Militärfunk zu stören. Bei dieser Gelegenheit bestätigte Südkorea, dass Nordkorea während gemeinsamer US-amerikanisch-südkoreanischer Militärmanöver für die Störungsunterbrechungen des GPS-Navigationssystems verantwortlich war. Nordkorea sieht in den Militärübungen die Erprobung von Angriffen auf sein Territorium. Dass diese Störungen lediglich „geringfügige Unannehmlichkeiten" bereiteten, wie südkoreanische Stellen verlauten ließen, darf bezweifelt werden: Selbst die Internationale Telekommunikationsunion (ITU) forderte Nordkorea dazu auf, die GPS-Störungen zu unterlassen.

Anstoß nahm das südkoreanische Verteidigungsministerium im Juni 2011 laut KBS auch daran, dass Absolventen von Offiziersschulen von nordkoreanischen Hackern mit infiziertem Anhang kontaktiert worden sein sollen. Der Austauschplatz rivalisierender Ideologien verlagert sich zunehmend vom Rundfunk in Richtung IT-Technologie. *(Andreas Niederdeppe)*

Weiterführende Lektüre

Schmitz, Michael/Siebel, Wolf (2011): *Sender & Frequenzen* (Jahrbuch). Baden-Baden.

World Radio TV Handbook (2011) (Yearbook). Oxford (UK).

Links

http://www.wrn.org
http://world.kbs.co.kr/german
http://175.45.176.14/de/
http://www.warning.or.kr/
www.vok.rep.kp
http://www.drm.org
http://ndfsk.dyndns.org
http://sagara.mine.nu/blog
http://www.addx.de
http://twitter.com/germankbs
www.facebook.com/germankbs
http://www.arirang.co.kr
www.dprk-book.com
www.reiseland-korea.de

Eine NATO für den Asiatisch-Pazifischen Raum

Die USA drängen Japan und Südkorea zu einem engeren Militärbündnis.

Im Zeitalter „humanitärer Interventionen" bleibt auch Ostasien nicht von stärkeren militärischen Gelüsten des Westens verschont. Ein am 8. Februar 2011 veröffentlichtes Dokument des Vereinigten Generalstabs in Washington mit dem Titel „The National Military Strategy of the United States of America, 2011: Redefining America's Military" gibt einen Überblick über die wichtigsten militärpolitischen Optionen im Asiatisch-Pazifischen Raum. Dieser Region wird dabei weitaus mehr Platz eingeräumt als der Analyse der NATO. Anders als das letzte derartige Statement aus dem Jahre 2004 („The National Military Strategy of the United States of America: A Strategy for Today, a Vision for Tomorrow") weist das jüngste Dokument auf die „Verstärkung der internationalen und regionalen Sicherheit" im Asiatisch-Pazifischen Raum hin.

Nachdrücklich werden die Kooperation des US-Militärs mit der japanischen Armee (aus Verfassungsgründen lautet ihr offizieller Name „Selbstverteidigungskräfte") und die weitere Unterstützung für Südkorea als „standhafte Verbündete" gegen die „provokativen Bedrohungen" aus Nordkorea betont. Das Dokument bekräftigt ebenfalls die Verstärkung der militärischen Kooperation zwischen den drei Ländern: „Wir werden weiterhin mit Japan und Südkorea zusammenarbeiten, um die Sicherheit und militärische Zusammenarbeit zwischen ihnen zu verbessern und die regionale Stabilität aufrechtzuerhalten." Über die Volksrepublik China äußert sich der Generalstab zwiespältig: Einerseits erwarte man von China „positive, kooperative und umfassende Beziehungen" im militärischen Bereich sowie eine Einflussnahme Chinas in Nordkorea, während andererseits Besorgnis über „die strategische Absicht Chinas mit seiner militärischen Modernisierung und Durchsetzungsfähigkeit" formuliert wird.

Eine „natürliche" Allianz mit den USA

Laut selbem Dokument soll 2015 ein besonders delikates, in Südkorea wiederholt von hitzigen Debatten begleitetes Kapitel der militärischen Kooperation ein Ende finden: „Wir behalten die operative Kontrolle über die vereinten Streitkräfte auf der koreanischen Halbinsel bis 2015 und werden sodann der Republik Korea (Südkorea) dabei behilflich sein, seine Verantwortung für Sicherheitsfragen selbst zu erweitern." Ursprünglich sollte die Kommandohoheit während Kriegszeiten

(„Wartime Operational Control") über die südkoreanischen Streitkräfte schon am 17. April 2012 an Südkorea übertragen werden. Seit dem Koreakrieg übt ein amerikanischer Oberkommandeur diese Position aus, der in Personalunion gleichzeitig Befehlshaber der stationierten US- und UN-Truppen sowie der südkoreanischen Verbände ist.

Im Juni 2010 bat allerdings der südkoreanische Präsident Lee Myung-Bak US-Präsident Obama, die Übertragung der Kommandohoheit zu verschieben, da sein Land nicht in der Lage sei, allein gegen „den mit Atomwaffen ausgerüsteten Aggressor aus dem Norden effektiv zu kämpfen." Obama akzeptierte diesen Vorschlag und verschob den Termin der Übergabe auf den 1. Dezember 2015. Dieser Aufschub findet lediglich im politisch konservativen Lager Unterstützung, während die meisten Südkoreaner kritisieren, dass die Regierung nicht nur freiwillig auf die militärische Souveränität verzichtet, sondern darüber hinaus auch noch hohe Kosten für die Stationierung der US-Truppen hinnehme.

Die militärische Allianz zwischen den USA und Südkorea („Status of Forces Agreement", SOFA) basiert auf gesetzlichen Vereinbarungen, welche die Rechte und Pflichten von Militärs (und oft auch sie begleitender Zivilisten) auf südkoreanischem Territorium regeln. Doch diese Vereinbarungen stellen für viele Südkoreaner einen Affront dar. Als der Autor dieses Textes in den Jahren 2003–04 im Seouler Untersuchungsgefängnis saß, wurde seine Bitte, endlich einen Stuhl mit Schreibklappe zu bekommen, von der entsprechenden Justizbehörde abgelehnt. Einem GI in Haft werden selbst nach einem Raubüberfall Duschkabine, Kochnische, Kühlschrank, Sportgeräte usw. bereitgestellt. Neuerdings hat auch die katastrophale Umweltsituation auf den bereits verlassenen US-Militärbasen im Lande für große Empörung gesorgt.

Nachdem in Japan 1995 ein zwölfjähriges Schulmädchen durch drei GIs vergewaltigt worden war, ging eine Welle des Protests gegen die Anwesenheit der amerikanischen Soldaten durchs Land. In Südkorea wird hingegen von einer natürlichen „Allianz" mit den USA gesprochen. Während die USA für Japan einen ehemaligen Kriegsgegner darstellen, gelten sie in Korea als „Retter" im Koreakrieg.

Am 19. Januar 1960 besiegelten der damalige Premierminister Japans, Kishi Nobusuke, und US-Präsident Dwight D. Eisenhower einen noch heute gültigen Sicherheitspakt zwischen beiden Ländern. Gemäß diesem Vertrag räumte Japan den Amerikanern das Recht ein, auf seinem Territorium eigene Militärstützpunkte zu unterhalten. Während dieser Sicherheitspakt alle zehn Jahre verlängert werden muss, gilt der am 1. Oktober 1953 (nach Inkrafttreten des Waffenstillstandsabkommens von Panmunjom) mit Seoul abgeschlossene ähnlich lautende Vertrag unbefristet. Die USA verfügen also in dieser wichtigen Region über zwei bilaterale Verträge, die ihnen einen großen militärischen Handlungsspielraum zugestehen.

Veränderte sicherheitspolitische Lage

Für die südkoreanische Seite schien es lange Jahre unvorstellbar zu sein, mit der ehemaligen verhassten Kolonialmacht Japan irgendeine Form von Militärbündnis abzuschließen, obwohl sich zwischen beiden Ländern eine schrittweise engere Zusammenarbeit seit dem Inkrafttreten des Normalisierungsvertrages im Jahr 1965 entwickelte. Vor dem Hintergrund der Eskalation des Vietnamkrieges stufte das „Nixon-Sato-Kommuniqué" von 1969 die Sicherheit Südkoreas als „essenziell" für die Sicherheit Japans ein, was die politische Grundlinie für die militärische Zusammenarbeit zwischen Japan und Südkorea markierte.

Im Laufe des forcierten Ausbaus der japanischen „Selbstverteidigungskräfte" nach der bitteren Niederlage der USA im Vietnamkrieg wurden in Japan die militärpolitisch bedeutsamen „Fünf Studien" entwickelt. Darunter fiel auch die „Studie über den Kriegsfall in Fernost" (Januar 1982), die hinsichtlich der militärischen Kooperation zwischen Japan und Südkorea insofern von Bedeutung war, da der Terminus „Fernost" eigentlich die koreanische Halbinsel bezeichnete. Diese Studie sah vor, dass Japan der US-Armee bei einer militärischen Intervention auf der koreanischen Halbinsel seine logistischen Kapazitäten zur Verfügung stellen und Störmanöver gegen japanische Nachschubeinrichtungen durch „ein drittes Land" (gemeint war Nordkorea) als kriegserklärende Aktionen gegen Japan angesehen würden. Anfang Mai 1983 wurde erstmals ein konkreter Plan „japanisch-südkoreanischer Sicherheitskooperation" publik, der unter anderem vorsah, dass Japan Südkorea im Falle einer Krise auf der Halbinsel beistehe und japanische Streitkräfte die Meerengen zwischen der koreanischen Halbinsel und Japan im Kriegsfall blockieren würden. Außerdem wurden beim militärischen Informationsaustausch sowie bei der gemeinsamen Offiziersausbildung an den jeweiligen Militärakademien konzertierte Maßnahmen beschlossen.

Mit dem Zusammenbruch der realsozialistischen Systeme in der ehemaligen Sowjetunion und in den Ländern Osteuropas war die militärpolitische Zusammenarbeit Nordkoreas mit China und Russland nahezu bedeutungslos geworden. Nach der Aufnahme diplomatischer Beziehungen zwischen der Sowjetunion und Südkorea im September 1990 wurde zwischen Russland und Nordkorea im März 1999 ein neuer Vertrag abgeschlossen – diesmal jedoch ohne eine Klausel über die militärische Beistandspflicht. Trotz der Aufnahme diplomatischer Beziehungen zwischen China und Südkorea im August 1992 blieb hingegen die Beistandspflicht zwischen China und Nordkorea aus dem chinesisch-nordkoreanischen Freundschaftsvertrag von 1961 unberührt, wenngleich der verbindliche Charakter dieses Vertrages aus der Zeit des Kalten Krieges abgeschwächt wurde. Ein Grund für die atomare Bewaffnung Nordkoreas ist in dieser veränderten sicherheitspolitischen Lage rund um die Halbinsel zu sehen.

Wie ist die aktuelle militärpolitische Zusammenarbeit zwischen Japan und Südkorea unter der Ägide der USA einzuschätzen? Im März 2006 sagte der damalige Kommandeur der US-Armee für den Pazifischen Raum, William Fallon, in einer Rede vor dem US-Senat, die Absicht bleibe bestehen, das Dreierbündnis USA-Korea-Japan aufrechtzuerhalten. Im Juni 2006 einigten sich die USA und Japan auf den Plan, das Kommando des 1. US-Corps in Japan und der Bodentruppen der japanischen „Selbstverteidigungskräfte" zu verschmelzen. Diese Festigung der amerikanisch-japanischen Militärallianz zwang auch Südkorea, mit Japan militärisch enger zu kooperieren. Während der vorangegangenen Gipfeltreffen zwischen Obuchi Keizo und Kim Dae-Jung (1998) sowie zwischen Koizumi Junichiro und Roh Moo-Hyun (2003) wurde dieses heikle Thema noch mit Vorsicht behandelt, da Kim und Roh eine solche Kooperation für zu riskant hielten. Sie gingen davon aus, dass ein solcher Schritt nicht nur die Grundlinie der „Sonnenscheinpolitik" und der „Politik für Frieden und Prosperität" gefährden, sondern auch die Volksrepublik China unnötig provozieren würde.

Historisch belastete Kooperation

Doch eine Kehrtwende in dieser Angelegenheit leitete der Wahlsieg Lee Myung-Baks im Dezember 2007 ein. Nach dem Untergang der südkoreanischen Korvette Cheonan im März 2010 und dem Artilleriefeuer Nordkoreas auf die Insel Yonpyong im November 2010 trafen die Verteidigungsminister Südkoreas und Japans im Januar 2011 in Seoul zusammen und vereinbarten eine enge militärische Zusammenarbeit beider Länder. Zurzeit sieht der Verteidigungspakt nur die gegenseitige logistische Unterstützung und den Nachrichtenaustausch zwischen beiden Streitkräften vor. Die Intensivierung der militärischen Zusammenarbeit zwischen Japan und Südkorea folgt damit der jüngsten Aufforderung des Vorsitzenden des Generalstabs der US-Armee, Michael Mullen, direkt nach dem Artilleriefeuer auf die Insel Yonpyong im Gelben Meer, Japan solle endlich eine größere Rolle bei der Verteidigung Südkoreas gegen Nordkorea spielen.

Das oben erwähnte Dokument der „Joint Chiefs of Staff" aus dem Jahr 2011 geht pointiert von einer Bedrohung aus, sollten die chinesischen Streitkräfte ihren Aktionsradius im Gelben Meer sowie im Süd- und Ostchinesischen Meer erweitern. So verwundert es nicht, dass China die engere militärische Zusammenarbeit zwischen Japan und Südkorea als Bedrohung seiner eigenen Sicherheitsinteressen empfindet. Aus ähnlichen Beweggründen sieht Russland die Osterweiterung der NATO als unmittelbare Gefährdung der Sicherheit des eigenen Landes an. Die verstärkte militärische Kooperation zwischen Südkorea und Japan ist überdies historisch schwer belastet. Für viele Koreaner ist eine solche Allianz angesichts der brutalen Kolonialzeit nicht akzeptabel.

Kein Zeichen für Frieden

Südkorea wird in absehbarer Zukunft kein enges Militärbündnis mit Japan eingehen. Wenngleich der „militärisch-industrielle Komplex" in den USA und in Japan sowie die herrschende Machtelite in Südkorea seit dem Ende des Koreakrieges die „Gefahr aus dem Norden" fortwährend als Hauptargument für die Notwendigkeit eines solchen Bündnisses ins Feld führen. Die bislang auf verschiedenen Ebenen, vor allem beim militärischen Informationsaustausch, praktizierte Kooperation zwischen Japan und Südkorea könnte aber bei veränderten Umständen in ein aktives militärisches Bündnis überführt werden.

Vor dem Hintergrund der neuen Militärbündnispolitik im Asiatisch-Pazifischen Raum bekräftigten die Außen- und Verteidigungsminister der USA und Japans in ihrem seit vier Jahren zum ersten Mal stattgefundenen Treffen (dem sogenannten „2+2-Treffen") am 21. Juni 2011 in Washington, dass beide Länder künftig ihre militärpolitische Kooperation mit Südkorea und Australien verstärken würden. Zudem vereinbarten sie, die Verlegung der umstrittenen Marine Corps Air Station Futenma in Okinawa auf unbestimmte Zeit zu verschieben. Die „zweite NATO" im Asiatisch-Pazifischen Raum gewinnt an Konturen – kein gutes Zeichen für Sicherheit und Frieden in diesem Teil der Welt. *(DYS)*

Weiterführende Lektüre

Asahi Shimbun (2011): *Japan, South Korea Agree on Closer Military Cooperation.* Tokyo, January 10 = http://www.voanews.com/english/news/asia/Japan-South-Korea-Agree-on-Closer-Military-Cooperation-113198374.html

Joint Chiefs of Staff (2004), *The National Military Strategy of the Untied States of America: A Strategy for Today; A Vision for Tomorrow.* Washington, D. C. = http://www.defense.gov/news/mar2005/d20050318nms.pdf

Joint Chiefs of Staff (2011): *The National Military Strategy of the United States of America, 2011: Redefining America's Military.* Washington, D. C. = http://www.jcs.mil//content/files/2011-02/020811084800_2011_NMS_-_08_FEB_2011.pdf

Krueger, Nicholas R. (2011): *The 2011 National Military Strategy: Resetting a Strong Foundation*, in: National Security Watch, Washington, D.C., May 2 = http://www.ausa.org/publications/ilw/ilw_pubs/Documents/NSW%2011-2-web.pdf

Lee, Yoon-Ho Alex (2003): *Criminal Jurisdiction under the US-Korea Status of Forces Agreement: Problems to Proposals*, in: Transnational Law and Policy, Vol. 13, Nr. 1, Florida State University: Tallahassee, FL, S. 213-249.

Roehrig, Terence (2006): *Restructuring the U.S. Military Presence in Korea: Implications for Korean Security and the U.S.-ROK Alliance*, in: Korea Economic Institute, Academic Paper Series on Korea, Vol. 1, Washington, D.C., S.132-149.

Shimoji, Yoshio (2011): *The Futenma Base and the U.S.-Japan Controversy: an Okinawan perspective*, in: The Asia-Pacific Journal, Japan Focus, Tokyo = http://www.japanfocus.org/-yoshio-shimoji/3354

Song, Du-Yul/ Werning, Rainer (1988): *Südkorea-Japan-USA: Eine „zweite NATO"?*, in: Werning, Rainer (Hg.), Südkorea – Politik und Geschichte im Land der Morgenstille, Köln, S. 42-46.

Tatsumi, Yuki (ed.) (2010): *North Korea – Challenge for the US-Japan Alliance.* Washington, D.C.

Kapitel VI

Quo vadis Korea?

Trouble in Paradise

Auf der südkoreanischen Insel Jeju wächst der Protest von Fischern und Bauern gegen den Bau einer Marinebasis.

Knapp 2.000 Einwohner zählt das Dorf Gangjeong auf der Insel Jeju ganz im Süden Südkoreas. Noch bis vor kurzem gingen dort die ansässigen Bauern und Fischer friedlich ihrer Arbeit nach und führten ein beschauliches Leben. In einer Gegend, die von der Natur verwöhnt und vom Tourismus umworben wird.

Spätestens seit den Weihnachtstagen 2010 ist es mit der Idylle in Gangjeong vorbei. Wie die südkoreanische Marine verkündete, will sie für umgerechnet 970 Millionen US-Dollar einen Stützpunkt nahe des Dorfs errichten, der Platz für 20 Kriegsschiffe (inklusive Unterseeboote) und zwei Luxusliner bieten wird. 2014 soll die Basis fertiggestellt sein und der Hoheit der Marine übertragen werden. Der Löwenanteil der Bewohner von Gangjeong ist strikt gegen den Bau des Stützpunkts, der sich laut der Lokalzeitung „Jeju Weekly" über zirka 500.000 Quadratmeter erstrecken soll. Dafür müssen unter anderem fruchtbares Ackerland, Gewächshäuser, Korallenbänke, Gärten und buddhistische Tempel weichen. Für die Betroffenen eine Horrorvorstellung, zumal die Gemeinde noch vor wenigen Jahren vergleichsweise wohlhabend war und über eines der besten Frischwasserreservoirs auf der Insel verfügt.

Hungerstreiks und Festnahmen

Als zu Beginn des Jahres 2011 die Bauarbeiten starteten, wurden sie von wachsenden Protesten der lokalen Bevölkerung begleitet. Jung und Alt, Fischerleute und Mandarinenbauern bauten Zelte auf, brachten Plakate an und beäugten rund um die Uhr die Baustellenzufahrt auf der gegenüberliegenden Straßenseite. Einige zogen es vor, lieber hier zu verweilen und Wache zu schieben, als weiterhin der Feldarbeit nachzugehen. Im Januar 2011 versammelten sich Pastoren aus verschiedenen Gemeinden auf Jeju zu einem Theologischen Seminar und veröffentlichten am Ende ihres Treffens ein „Manifest des Friedens 2011". Darin wird der Bau der Marinebasis als „Versündigung gegen Mensch und Natur" und eine damit einhergehende Militarisierung der Insel als „Verstoß gegen Gottes Willen" gewertet. Auch der katholische Bischof von Jeju sprach sich mehrfach öffentlich gegen den Bau aus.

Seit Frühjahr 2011 kam es zu Hungerstreiks gegen die Baumaßnahmen, denen sich auch der Bürgermeister von Gangjeong, Kang Dong-Kyun, anschloss. Wiederholt wurden Demonstranten verletzt, als diese anrückende Baumaschinen blockierten. Ab Mitte Mai 2011 erfolgten erste Festnahmen. Unter den Inhaftierten befanden sich (zeitweilig) auch Kang sowie die aus der Nähe von Seoul stammende Künstlerin Choi Sung-Hee. Diese hatte sich zuvor als aktives Mitglied im „Global Network Against Weapons and Nuclear Power in Space" engagiert, das ebenfalls gegen den Bau der Militärbasis mobilisiert.

Die Bewohner von Gangjeong stehen nicht allein in ihrem Widerstand. Sympathienbekundungen gab es sowohl in Südkorea als auch in anderen Ländern. Solidaritätsbotschaften haben die Protestierenden auch aus dem japanischen Okinawa erhalten, wo sich die Bevölkerung seit Jahren für die Verlegung beziehungsweise Schließung der Futenma-Militärbasis stark macht. Dort ist etwa die Hälfte der insgesamt 47.000 US-Truppen in Japan stationiert.

Geostrategische Lage

Jeju, weniger als 100 Kilometer südlich vom südkoreanischen Festland gelegen, gilt als beliebtes Reiseziel vieler Touristen und Jungvermählter aus dem In- wie Ausland. Jährlich verschlägt es etwa vier Millionen von ihnen aus den angrenzenden Ländern (vor allem aus Japan und China) auf dieses subtropische Eiland, das reich ist an Sandstränden, Palmen, Mandarinenhainen, Golfplätzen, Meeresfrüchten und erstklassigen Hotels. Einige Flecken der Insel hat die UNESCO zum Weltnaturerbe erklärt. Vom Liebreiz und der vielgestaltigen Schönheit Jejus konnte sich vor einem Jahrzehnt auch das bundesdeutsche Nationalteam überzeugen. Anlässlich der Fußballweltmeisterschaft 2002 weilten die Kicker eine Zeit lang in Seogwipo, der mit knapp 90.000 Einwohnern zweitgrößten Stadt der Insel.

Beide, das südkoreanische Festland und die Insel Jeju, verbindet aber auch ein Makel: denn seine geostrategische Lage wurde (Süd-)Korea in der Geschichte mehrfach zum Verhängnis. Eingekeilt zwischen China und Japan, verlaufen ausgerechnet in seinen Gewässern bedeutsame Schifffahrtsrouten. Überdies werden dort riesige Öl- und Gasvorkommen vermutet, auf die neben den Anrainerstaaten auch die USA begehrliche Blicke geworfen haben. Während Südkorea den Bau der Marinebasis mit dem Argument befürwortet, nur so ließen sich die Seewege für seine Ölimporte und wachsende Ausfuhren längerfristig sichern, sehen die meisten Menschen in Gangjeong und Aktivisten der Bewegung gegen den Marinestützpunkt andere Motive dahinter. Die Basis bedeutet für Seouls engste Verbündete, die USA, einen vorgeschobenen Brückenkopf gegen China. Sollten sich in der Region künftig Rivalitäten um Hoheitsrechte auf See oder um die Öl- und Gasressourcen verschärfen, böte der Marinestützpunkt in Gangjeong aus der Sicht seiner Gegner ein potenzielles Angriffsziel.

Mobilmachung

Offiziell wiegelt man in Seoul und Washington gleichermaßen ab. Weder seien die USA am Bau des neuen Marinestützpunkts beteiligt, noch richte sich dieser gegen ein bestimmtes Land. Die südkoreanische Regierung versucht dabei den Spagat, gleichzeitig mit der Bekräftigung seiner Sicherheitsinteressen (und jener der USA) das Verhältnis gegenüber China zu vertiefen. Schließlich übersteigt der südkoreanische Handelsaustausch mit China längst Südkoreas kombiniertes Handelsvolumen mit den USA und Japan.

In den vergangenen Jahren war zwischen China und den USA ein Streit über die Einbindung der südkoreanischen Streitkräfte in ein von den USA entwickeltes regionales Raketenabwehrsystem entbrannt. Die Auseinandersetzung verschärfte sich, als die südkoreanische Marine dazu überging, ihrer Flotte moderne KDX-III-Zerstörer hinzuzufügen, die mit dem amerikanischen AEGIS-Frühwarn- und Feuerleitsystem ausgestattet sind. Während sich China dadurch herausgefordert und bedroht sieht, werten die amerikanische, südkoreanische und japanische Regierung diese Maßnahme unisono lediglich als Schutz vor Raketenangriffen aus Nordkorea.

2005 erkor der damalige Präsident Roh das Eiland Jeju zur „Friedensinsel". Doch die Zeiten änderten sich: Die seit Februar 2008 amtierende Regierung unter Lee Myung-Bak, der seinen Spitznamen „Bulldozer" ganz offensichtlich genießt, begründete den Bau der Marinebasis in Gangjeong unter anderem mit der Argumentation, hier entstehe schließlich ein „ökofreundlicher" Hafen, der als „eine neue Attraktion für das schöne Jeju" später auch Kreuzfahrtschiffe beherbergen würde und vielfältige Erholungsmöglichkeiten biete. Diese Charmeoffensive lässt bei den wenigen Befürwortern des Stützpunkts Gedanken an sprudelnde Einnahmen aufkommen: die Vorstellung nämlich, dass ein amerikanischer Flugzeugträger mit Tausenden von vergnügungswilligen Seeleuten und Abertausenden von Dollar in deren Taschen die Anker wirft.

Mitte August 2011 ließ der „Bulldozer" vorsorglich schon mal in und um Gangjeong 1.200 Polizisten aufziehen, von denen 500 eigens aus dem Festland nach Jeju verschifft wurden. Sie sollen fortan für „Ruhe und Ordnung" sorgen. (*) Was unter den älteren Inselbewohnern bittere Erinnerungen wachruft.

Grauenvolles Vermächtnis

Jejus Bevölkerung hat in der Geschichte stets versucht, seine inneren Angelegenheiten selbstbestimmt zu regeln und sich nicht von außen gängeln zu lassen. Das schien ihr auch in den ersten Jahren nach Kriegsende zu gelingen. Doch als die Herrschenden in Seoul im April 1948 ihre geballte Macht einsetzten, um die dreijährige Selbstverwaltung der Insel durch die als „kommunistisch unterwandert" geltenden Volkskomitees zu beenden, antworteten die Menschen auf Jeju mit einem Aufstand.

„Die amerikanische Militärregierung", schrieb Christian Schmidt-Häuer in der deutschen Wochenzeitung „Die Zeit" im Jahr 2002,

> „rüstete das 9. Regiment auf Jeju mit schweren Waffen aus, nachdem sie die koreanische Armee bis dahin nicht einmal mit Karabinern versehen hatte. Sie setzte rechtsextreme Kommandanten an die Spitze des verstärkten Regiments. Einer von ihnen, Kim Sang Gjom, rief seine Soldaten auf: ‚Tötet alle, verbrennt alles, plündert alles!' Der erste Chef der US-Militärberatergruppe, Brigadegeneral Roberts, hatte zuvor die Devise ausgegeben: ‚Die roten Banditen im amerikanischen Stil ausrotten.' So zitierte ihn das Blatt Dong-A Ilbo am 9. Mai 1948 unwidersprochen. (...) ‚Weite Teile Koreas', berichtete Walter Sullivan im März 1950 für die New York Times, ‚sind heute verdüstert durch eine Wolke von Terror, der wahrscheinlich beispiellos ist in der Welt.' Auf Jeju verbrannten 270 von 400 Inseldörfern. 38.285 Häuser, so die offizielle Zählung, wurden zerstört. (...) In den US-Nationalarchiven findet sich die Aussage des damaligen Gouverneurs von Jeju gegenüber amerikanischen Geheimdienstlern, wonach 60.000 Menschen ums Leben kamen. (...) 1962 wurde ausgerechnet Song Yo Chang (**) Ministerpräsident Südkoreas. Er hatte im Krieg in der japanischen Armee gedient und war im Juli 1948 von der US-Militärregierung zum Kommandanten des 9. Regiments auf Jeju ernannt worden – und damit für die Politik der verbrannten Erde mitverantwortlich. Unter ihm durfte der Aufstand mit keinem Wort erwähnt werden (...)."

Der erbarmungslose Feld- und Rachezug der Truppen Rhee Syngmans bedeutete eine traumatische Zäsur im Leben der Menschen Jejus. Für den damaligen US-Außenminister Dean Acheson und den Chef des Politischen Planungsstabs im US-Außenministerium, George F. Kennan, war die Niederschlagung von Dissens, Protest und Widerstand gegen die Behörden in Seoul indes der Lackmus-Test für das politische Überleben des Rhee-Regimes. Je effektiver und schneller dies geschehe, so das Kalkül der südkoreanischen und amerikanischen Politiker, um so besser. Fünfzig lange Jahre musste die Bevölkerung von Jeju ein staatlich verordnetes Schweigen dieser Gräueltaten erdulden, bis der 1998 gekürte Präsident Kim Dae-Jung anordnete, den „Geschehnissen" auf der Insel auf den Grund zu gehen. *(RW)*

(*) Folgende Links berichten regelmäßig über die Entwicklungen in und um Gangjeong:
http://www.savejejuisland.org/Save_Jeju_Island/Welcome.html;
http://www.narpi.net/1722#0 (Website des National Network of Korean Civil Society for Opposing the Naval Base in Jeju Island, das sich aus über 100 Organisationen und mehreren Hundert Einzelpersonen zusammensetzt);
http://koreareport2.blogspot.com/2011/07/opposition-to-jeju-naval-base.html?utm_source=feedburner&utm_medium=feed&utm_campaign=Feed%3A+KoreaReport+%28Korea+Report%29 (Korea Report in Washington)

(**) Der Autor meinte offensichtlich Generalleutnant Song Yo-Chan, der vom 3. Juli 1961 bis zum 16. Juni 1962 als Premierminister (damals: Chief Cabinet Minister) Südkoreas amtierte und unter Generalskollegen und Offizieren kurz „Tiger" genannt wurde:
http://www.time.com/time/magazine/article/0,9171,865052,00.html

Weiterführende Lektüre

Choe, Sang-Hun (2011): *Island's Naval Base Stirs Opposition in South Korea*, in: The New York Times. August 18.

Cumings, Bruce (1998): *Die Verantwortung der USA bei der Unterdrückung des Aufstandes auf der Insel Cheju*, in: Korea Forum Nr. 1. Essen. Der vollständige englische Text ist abrufbar unter:
http://www.iacenter.org/Koreafiles/ktc-cumings.htm

Köllner, Gisela (2010): *Der lange und schreckliche 3. April – einige Fakten zum Aufstand von Jeju-do 1948-1954*, in: Korea Forum Nr. 1+2. Berlin. [Die Autorin ist Mitarbeiterin des in Stuttgart ansässigen EMS - Evangelischen Missionswerks in Südwestdeutschland e.V. und pflegt gemeinsam mit ihrem Kollegen Lutz Drescher enge Kontakte zu den Menschen in Gangjeong sowie mit Initiativen, die sich vor Ort und international mit deren Anliegen solidarisieren.]

Korea's KDX-III AEGIS Destroyers, *Defense Industry Daily (online)*. March 29, 2011: http://www.defenseindustrydaily.com/drs-wins-multiplexing-contract-for-korean-aegis-destroyers-04311/

Yetter, Christian (2011): *The deadly effectiveness of the republic's 4.3 scorched earth policy*, in: The Jeju Weekly, April 10 http://www.jejuweekly.com/news/articleView.html?idxno=1434

Korea auf dem Schachbrett der Großmächte

Die USA, China, Russland und Japan beteiligen sich an der Krisendiplomatie zwischen Nord- und Südkorea. Sie verfolgen dabei aber auch eigene Interessen.

Es war Ex-US-Präsident Jimmy Carter, der während der ersten nordkoreanischen Atomkrise in den Jahren 1993/94 das Zustandekommen des Genfer Rahmenabkommens („Agreed Framework") zwischen Nordkorea und den USA im Oktober 1994 vermittelte. Das letzte Mal besuchte Carter Pjöngjang im April 2011, um mit der dortigen Führung die aktuellen Friedensfragen auf der koreanischen Halbinsel einschließlich der Atomfragen zu besprechen. Wie ist der aktuelle Stand der Dinge und ist eine endgültige Lösung in Sicht? Diese Fragen sind selbst für gut informierte Korea-Kenner nicht einfach zu beantworten. Daher mag es hilfreich sein, die charakteristischen Züge der nordkoreanischen Atompolitik darzustellen, um die Koreafrage im Kontext internationaler Politik zu verstehen.

Erste Atomkrise 1993/94

Nach dem zweiten Golfkrieg in den Jahren 1990/91 verdächtigten die USA Nordkorea – gleich dem Irak – heimlich an der Entwicklung von Atomwaffen zu arbeiten. Wenige Wochen vor dem Zustandekommen des „Grundlagenabkommens für Entspannung, Kooperation und Versöhnung" zwischen Süd- und Nordkorea im Dezember 1991, das später um das „Abkommen über ein atomwaffenfreies Korea" ergänzt wurde, erklärten die USA, ihre in Südkorea gelagerten atomaren Waffen abgezogen zu haben. Nordkorea hatte seinerseits nach Unterzeichnung des „Safeguard-Verifikationsabkommens" am 30. Januar 1992 die Inspektionen seiner atomaren Forschungsanlagen durch Vertreter der Internationalen Atomenergie-Behörde (IAEA) in Wien akzeptiert. Von Mai 1992 bis Mai 1994 wurden sechs Inspektionen durchgeführt. Währenddessen äußerte Nordkorea den Verdacht, dass die USA ihr Atomwaffenarsenal nicht gänzlich aus Südkorea entfernt hatten. Das Land fühlte sich weiterhin latent bedroht und erwog, aus dem Atomwaffensperrvertrag (NPT) auszutreten. Die nordkoreanische Regierung wertete einerseits die großangelegten amerikanisch-südkoreanischen Militärmanöver im Frühjahr 1993 als „Fast-Kriegssituation" auf der koreanischen Halbinsel und zweifelte zum anderen an der strikten Neutralität der IAEA unter Führung von Hans Blix, da diese Behörde plötzlich auf eine spezielle ad hoc-Inspektion der Atomanlagen in

Yongbyon drängte. Erstmals seit ihrem Bestehen hatte die IAEA eine solche Forderung an einen Staat gestellt.

Nordkorea bestand darauf, dass die in Verdacht stehenden Anlagen zu Militärkomplexen gehörten, deren Inspektion angesichts der anhaltenden militärischen Spannung auf der Halbinsel außerhalb der Kompetenzen der IAEA läge. Zudem kritisierte Nordkorea, die IAEA messe mit „zweierlei Maß". Während gegenüber der Volksrepublik eine harte Gangart praktiziert werde, würden die von den USA unterstützten und ihnen wohlgesonnenen Länder mit eigenen Atomwaffenprogrammen, wie etwa Israel und Pakistan, mit Glacéhandschuhen angefasst.

Vor dem Hintergrund einer Zuspitzung des Konflikts zwischen Nordkorea und der IAEA wurde das Säbelrasseln der USA immer lauter. Man erwog sogar ein militärisches Vorgehen, doch eine solche Option hätte folgenschwere Konsequenzen gehabt und möglicherweise einen zweiten Koreakrieg heraufbeschworen. Die USA dachten auch daran, wirtschaftliche Sanktionen gegen Nordkorea durch die Vereinten Nationen zu verhängen. Aber die Volksrepublik China hätte in einem solchen Falle im UN-Sicherheitsrat von ihrem Vetorecht Gebrauch gemacht. Nordkorea vertrat zudem den Standpunkt, die Atomfragen würden aufgrund der atomaren Drohungen der USA sowie der feindseligen Maßnahmen des „Dreierallianzsystems" (USA-Japan-Südkorea) bestehen. Diese Meinung stieß im Westen auf taube Ohren. Schließlich kündigte Nordkorea am 12. März 1993 seinen Austritt aus dem Atomwaffensperrvertrag an, um auf diese Weise dem Druck der IAEA und der USA zu widerstehen. Erst nach einer Reihe bilateraler Verhandlungen mit den USA wurde der Austritt aus dem NPT vorübergehend suspendiert; am 16. Februar 1994 stimmte Nordkorea der IAEA-Inspektion von sieben gemeldeten Anlagen zu. Die Lage verschlechterte sich erneut, als die IAEA ihre Inspektionsarbeit behindert sah und eine entsprechende Beschwerde bei den Vereinten Nationen einlegte. Angesichts dieser neuen Situation trat Nordkorea am 13. Juni 1994 endgültig aus dem NPT aus. Die USA reagierten äußerst scharf auf diesen Schritt und zogen „chirurgische Eingriffe" – gezielte militärische Aktionen – gegen die Atomanlagen in Yongbyon ins Kalkül, wie der damalige US-Präsident Bill Clinton später in seinen Memoiren schrieb.

Im Krisenmonat des Juni 1994 bereiste der ehemalige US-Präsident Jimmy Carter Pjöngjang und verhandelte dort direkt mit Kim Il-Sung. Der nordkoreanische Präsident erklärte seine Bereitschaft, die nuklearen Aktivitäten Nordkoreas einzustellen, als Gegenleistung für die Wiederaufnahme von Gesprächen. Am 21. Oktober 1994 beendeten beide Länder nach Monaten zäher Verhandlungen in Genf schließlich ihren schwelenden Konflikt. Gemäß dem dort vereinbarten Rahmenabkommen sollte Nordkorea auf sein laufendes Atomprogramm verzichten, was die Produktion von waffenfähigem Plutonium miteinschloss. Im Gegenzug erklärten sich die USA bereit, Nordkorea zwei Leichtwasserreaktoren zu liefern, deren Fertigstellung bis zum Jahr 2003 erfolgen sollte. Bis zu deren Inbetriebnahme hatten sich die USA verpflichtet, Nordkorea jährlich mit 500.000 Tonnen Heizöl und Kohle im Gesamtwert von umgerechnet knapp 4,6 Milliarden US-Dollar zu beliefern. Gleichzeitig sollte die Vereinbarung einen Prozess einleiten, an dessen Ende die Aufnahme diplomatischer Beziehungen zwischen Nordkorea und den USA stünde. Unter diesen Bedingungen ließ Nordkorea weitere Kontrollen der IAEA zu und die bilateralen Beziehungen verbesserten sich so sehr, dass sich die damalige US-Außenministerin Madeleine Albright und General Cho Myung-Rok, der dritte Mann in der Parteihierarchie der Volksrepublik, gegenseitige Besuche abstatteten.

Am 15. März 1995 wurde die KEDO („Korean Peninsula Energy Development Organization") mit Beteiligung der USA, Südkoreas und Japans gegründet, um die erwähnten Leichtwasserreaktoren in Nordkorea zu bauen. Später traten auch Australien, Kanada und die EU der KEDO bei. Die Projektfinanzierung erwies sich schwieriger als ursprünglich gedacht, sodass die formellen Ausschreibungen nicht bis 1998 unter Dach und Fach gebracht werden konnten. In den USA verweigerten die Republikaner ihre Unterstützung für das Genfer Rahmenabkommen, sodass der erste Direktor der KEDO, Stephen Bosworth, rückblickend erklärte: „Das Abkommen wurde innerhalb von zwei Wochen nach seiner Unterzeichnung eine politische Waise." Mit Beginn der zweiten nordkoreanischen Atomkrise im Jahr 2002 verlor die KEDO weitgehend ihre Funktion und erklärte schließlich am 9. Januar 2006 ihre Arbeit offiziell für beendet.

Zweite Atomkrise 2002

Während zum Beginn des Jahres alles auf einen Prozess der Entspannung hindeutete, nahm die Situation in Korea mit dem Amtsantritt George W. Bushs eine rasche Wende. Seine notorische Behauptung, Nordkorea sei Teil einer „Achse des Bösen", erhitzte flugs die Gemüter in Nordkorea, dessen Medien Bush ihrerseits einen „Schurkenbandenchef" schimpften. Seit den Anschlägen auf das World Trade Center in New York und das Pentagon und der zunehmend aggressiven Außenpolitik der USA behaupteten amerikanische Regierungsstellen mehrmals, Nordkorea habe entgegen dem Abkommen in Genf heimlich an der Entwicklung von Atombomben gearbeitet.

Einen entscheidenden Moment in den sich weiter zuspitzenden Auseinandersetzungen bildete der Pjöngjang-Besuch von James Kelley im Oktober 2002. Dort legte der Staatssekretär für ostasiatische und pazifische Angelegenheiten im US-Außenministerium „Beweise" vor, die das angeblich heimlich vorangetriebene Atomprogramm Nordkoreas belegen sollten. Diese Beschuldigungen wies der nordkoreanische stellvertretende Außenminister Kang Suk-Ju umgehend als haltlos zurück. Im Zuge dieser Auseinandersetzungen stoppten die USA, Südkorea und Japan ab Dezember 2002 die Lieferung von Heizöl nach Nordkorea. Im Gegenzug trat Nordkorea am 10. Januar 2003 aus dem Atomwaffensperrvertrag aus.

Um die erneute Atomkrise beizulegen, trafen Vertreter der USA und Nordkoreas durch die Vermittlung Chinas im April 2003 in Peking aufeinander und vereinbarten eine multilaterale Lösung des Konflikts unter Beteiligung von Süd- und Nordkorea, China, den USA, Japan und Russland. Das erste dieser „Sechsparteiengespräche" fand im August 2003 ebenfalls in Peking statt. Seitdem haben sich die Vertreter dieser Staaten mehrfach zusammengesetzt. Den ersten wichtigen Durchbruch konnten sie am 19. September 2005 erzielen: Nordkorea erklärte sich bereit, auf sein komplettes Atomwaffenprogramm zu verzichten, sagte seine Rückkehr zum Atomwaffensperrvertrag „zu einem baldigen Zeitpunkt" und weitere Kontrollen durch die IAEA zu. Als Gegenleistung für die Aufgabe seines Nuklearprogramms wurden Nordkorea (nochmals) umfangreiche Energiehilfen, wirtschaftliche Kooperation und eine Normalisierung der Beziehungen zu den USA und Japan zugesichert. Nordkorea wurde im Rahmen dieser Vereinbarungen zudem das Recht auf friedliche Nutzung der Kernenergie eingeräumt. Außerdem gaben die USA zu Protokoll, weder Atomwaffen auf der koreanischen Halbinsel zu lagern noch die Absicht zu hegen, Nordkorea anzugreifen oder in das Land einzumarschieren. Eine Klausel der „koordinierten Schritte" hielt fest, wie die gegenseitigen Verpflichtungen erfüllt werden sollten.

Doch diese „koordinierten Schritte" wurden nicht gesetzt, auch nicht bei einer weiteren Verhandlung im November 2005. Zur Verhärtung der Fronten trug das US-Finanzministerium bei, als es die „Banco Delta Asia" in Macao unter Druck setzte, ihre gesamten Bankverbindungen mit Nordkorea einzufrieren. Als Nordkorea ein bilaterales Gespräch über diese Maßnahme einforderte, lehnten die USA allerdings ab. Daraufhin erklärte Nordkorea seinen Ausstieg aus den Sechsparteiengesprächen. Im Juli 2006 führte das Land mehrere Raketentests und drei Monate später, am 9. Oktober 2006, den ersten Atomtest durch.

Nach intensiven Vermittlungen Chinas kam am 13. Februar 2007 eine neue Einigung zustande. Nordkorea versprach, sein Atomprogramm schrittweise herunterzufahren, während die USA im Gegenzug ankündigten, den Finanzstreit über das nordkoreanische Geldvermögen in Höhe von 25 Millionen US-Dollar zu lösen. In gewissem Sinne war diese Deklaration „ein erster Schritt" zur Umsetzung der getroffenen Vereinbarung vom 19. September 2005, wie es der US-Verhandlungsleiter Christopher Hill später kommentierte. Nach einer weiteren Verhandlungsrunde am 3. Oktober 2007 in Peking sollte Nordkorea seine Nuklearaktivitäten bis zum Ende des Jahres 2007 einfrieren. Darüber hinaus würde Nordkorea alle Daten über seine atomaren Produktionsstätten vollständig offenlegen. Als Gegenleistung sollten die USA zuerst Nordkorea von der Liste jener Länder streichen, die ihrer Ansicht nach den internationalen Terrorismus unterstützen würden, und endlich konkrete Schritte zur Aufnahme voller diplomatischer Beziehungen zwischen den USA und Nordkorea unternehmen. Die endgültige Streichung Nordkoreas von dieser Liste („Country Report on Terrorism") erfolgte jedoch erst im Jahre 2010, wie im August 2011 bekannt wurde.

Es schien, als käme Bewegung in die Angelegenheit. Nordkorea übergab dem Vertreter des US-Außenministeriums 18.000 Seiten an Unterlagen über die umstrittenen Atomanlagen in Yongbyon und gleichzeitig China eine Liste seiner Atomeinrichtungen und machte überdies Angaben über die bislang gewonnene Menge von Plutonium. Als symbolischen Akt ließ das nordkoreanische Militär am 27. Juni 2008 in Anwesenheit von US-Diplomaten einen Kühlturm sprengen, nachdem bekannt geworden war, die USA hätten Vorbereitungen getroffen, Nordkorea von der „Terrorliste" zu streichen. Als die US-Regierung dann im August eben diesen Prozess vorübergehend stoppte, warf Nordkorea der Gegenseite schwerwiegenden Wortbruch vor und beendete seinerseits den gerade eingeleiteten Prozess der Denuklearisierung. Alle zähen Verhandlungen hatten sich als fruchtlos erwiesen.

Obamas Konzept der „strategischen Angemessenheit"

Als US-Präsident Barack Obama im Januar 2009 ins Weiße Haus einzog, fiel die erste Reaktion aus Pjöngjang verhalten aus. Dennoch hegte Nordkorea gewisse Hoffnungen auf einen Neubeginn der bilateralen Beziehungen. Obama ließ jedoch öffentlich verlauten, die amerikanische Nordkorea-Politik werde zuvorderst die Meinung Südkoreas berücksichtigen. Auch die weiteren Signale aus Washington seit dem Amtsantritt Obamas waren für die Nordkoreaner nicht gerade ermutigend. Die abfälligen Bemerkungen der neuen US-Außenministerin Hillary Clinton, Nordkorea benehme sich wie ein „Bürschchen", das lediglich die Aufmerksamkeit auf sich zu lenken versuche, erwiderte Nordkorea mit dem Hinweis, das Verhalten Clintons entspreche abwechselnd dem eines „Teenies“ oder dem eines „alten geschwätzigen Marktweibes“.

Die Strategie des Abwartens („Strategic Pertinence“ – „Strategische Angemessenheit“) beziehungsweise des bewussten Desinteresses der Obama-Administration konterte Nordkorea mit Raketentests im April 2009 und einem zweiten Atomtest am 25. Mai desselben Jahres. Auf Initiative der USA reagierte der UN-Sicherheitsrat darauf mit der Resolution Nr. 1874 vom 12. Juni 2009, die den Atomtest verurteilte, um die Rückkehr Nordkoreas an den Verhandlungstisch zu erzwingen. Aber alle diese Maßnahmen zeigten letztlich keine Wirkung. Schon folgten Meldungen aus Pjöngjang, Nordkorea habe weiteres Plutonium waffenfähig gemacht und auch sein Urananreicherungsprogramm stehe nun unmittelbar vor dem Ziel.

Wie bereits während der Bush-Administration stehen sich die USA und Nordkorea wieder drohend gegenüber. Angesichts dieses fortwährenden Stillstands forderte Robert G. Gard, ehemaliger Generalleutnant der US-Armee und Direktor des „Center for Arms Control and Non-Proliferation“ in Washington, endlich mit der Strategie der „strategischen Angemessenheit“ zu brechen: „Es erscheint offensichtlicher denn je, dass der einzige Weg zum Abbau, zur Verringerung und schließlich zur Beseitigung des nordkoreanischen Atomwaffenprogramms durch Dialog und Diplomatie möglich ist. Es werden keinerlei Fortschritte erreicht, wenn weiterhin am Konzept der ‚strategischen Angemessenheit‘ festgehalten wird, die eine Formel fürs Nichtstun ist. (...) Es ist für die Vereinigten Staaten wichtig, die Kommunikationskanäle offen zu halten, die nicht nur das Ziel einer atomwaffenfreien koreanischen Halbinsel verfolgen, sondern auch die Eskalation von Spannungen zwischen den beiden Korea zu einem bewaffneten Konflikt verhindern. Die ‚strategische Angemessenheit′ erweist sich als eine gefährliche Formel und führt lediglich in die Sackgasse.“

Nach der lang andauernden Gesprächslosigkeit zwischen den USA und Nordkorea ab Dezember 2009 (der letzte Besuch des Sonderbeauftagten für die nordkoreanischen Fragen Stephen Bosworth) kamen am 27. und 28. Juli 2011 zweitägige Sondierungsgespräche zwischen beiden Regierungen in New York zustande. Ende Oktober 2011 fand ein Folgetreffen in Genf statt, wobei beide Seiten dessen Ergebnisse als positiv beurteilten. Das geplante dritte Treffen in Peking unter der Leitung des neuen Sonderbeauftragten Glen Davis – dem ehemaligen US-Botschafter für die IAEA in Genf – kam wegen des plötzlichen Todes von Kim Jong-Il nicht zustande. Es soll in absehbarer Zeit stattfinden, dürfte aber aufgrund der zugespitzten außenpolitischen Auseinandersetzungen während des laufenden Wahlkampfs in den USA kaum zu einem konkreten Ergebnis führen.

China zwischen Mediator und Parteigänger

Am 20. Mai 2011 besagten Meldungen aus Seoul, der Sohn des nordkoreanischen Präsidenten, Kim Jong-Un, weile zu einem überraschenden Besuch in der Stadt Mudanjiang, einer Grenzstadt zwischen der chinesischen Provinz Heilungjiang und Russland. Doch entgegen diesen Gerüchten besuchte nicht der designierte Nachfolger, sondern sein Vater, der Vorsitzende Kim Jong-Il, die chinesische Volksrepublik. Kims letzter China-Besuch erfolgte im August 2010. Die Frage, warum der mittlerweile verstorbene nordkoreanische Führer so häufig in den Nachbarstaat reiste, ist relativ einfach zu beantworten. Es ging um die Intensivierung der wirtschaftlichen Zusammenarbeit Nordkoreas mit China sowie um die Unterstützung Chinas beim politischen Durchbruch in der nordkoreanischen Atomfrage. Die Behauptungen, Kims diesmaliger Besuch in China zielte einzig und allein auf Pekings Absegnung eines Machttransfers innerhalb der „roten Dynastie" ab, fokussierten auf Nebensächlichlichkeiten. Der Name des designierten Nachfolgers tauchte überhaupt nicht auf der Delegationsliste auf.

Die chronische Wirtschaftskrise und Engpässe im Energie- und Ernährungsbereich sind seit dem Zusammenbruch des realsozialistischen Systems in Nordkorea längst kein Geheimnis mehr. In dieser Situation suchte das Land zuerst die Hilfe Chinas, das zu einer globalen Macht aufgestiegen ist. Die Existenz des großen „Bruderstaates" nebenan bedeutet für Nordkorea in vielerlei Hinsicht eine starke Stütze in seiner bedrängten Lage. Darüber hinaus zwangen die verschärften Konflikte mit dem Süden unter Präsident Lee Myung-Bak seit 2008 Nordkorea dazu, noch stärker mit China wirtschaftlich zu kooperieren. Im Rahmen ambitionierter Projekte in den traditionellen Industriezentren der Nordostprovinzen Chinas wurde auch ein Beschluss zur Entwicklung der Grenzregion von Changchun-Jilin-Tumen (das sogenannte *Changjitu*-Projekt) im November 2009 vom chinesischen Staatsrat verabschiedet.

Die Fläche dieses „Wachstumsdreiecks" umfasst ein Gebiet von 73.000 Quadratkilometern, was in etwa 70 Prozent der Fläche Südkoreas entspricht. China will diese Region mit einer Bevölkerung von 11 Millionen Einwohnern mit den nordkoreanischen Städten Rajin-Sonbong und der russischen Stadt Wladiwostok verbinden, um direkten Zugang zum Fernen Osten und zur Pazifikregion zu haben. Für China ist die Nutzung des Hafens in Rajin wichtig, um Güter über das Japanische (beziehungsweise Ost-)Meer zum Pazifischen Ozean zu transportieren.

Die forcierte wirtschaftliche Zusammenarbeit führt zu merkwürdigen Analysen, die davon ausgehen, dass nicht mehr eine Wiedervereinigung Koreas eines Tages anstehe, sondern Nordkorea eher eine Provinz im Nordosten Chinas würde. Chinesen und Nordkoreaner beschreiben ihre engen Beziehungen mit dem Sprichwort „*chun wang chi han*" („Sind die Lippen verletzt, fangen die Zähne zu schmerzen an").

Während der komplizierten und schwierigen Verhandlungen über die nordkoreanischen Atomfragen trat Gastgeber China stets als kompetenter Mediator auf, der die Position Nordkoreas unter allen Teilnehmerstaaten am besten versteht. Wiewohl es durchaus Phasen der Unstimmigkeit zwischen beiden Ländern gab. Nach dem zweiten Atomtest Nordkoreas im Mai 2009 stimmte China den Sanktionen des UN-Sicherheitsrates (Resolution Nr. 1874) zu. Während die USA und ihre engen Verbündeten Südkorea und Japan das Kalkül der „strategischen Angemessenheit" verfolgen, das von der Annahme ausgeht, Nordkorea breche in absehbarer Zukunft ohnehin zusammen, hält China die politische Lage in Nordkorea trotz der anhaltenden Wirtschaftskrise und der neuen Führung um Kim Jong-Un für relativ stabil. In jeder Hinsicht ist die Nordkorea-Politik Chinas langfristig und weitaus feinfühliger angelegt als die der USA oder ihrer Verbündeten.

Zwar signalisierte die amerikanische der chinesischen Regierung, gemeinsame Vorbereitungen für einen möglichen Kollaps Nordkoreas zu treffen, doch mit seinem Nordkorea-Besuch im Oktober 2009 antwortete der chinesische Premier Wen Jia-Bao indirekt auf die in den USA zirkulierenden Einschätzungen und Szenarien bezüglich der Zukunft Nordkoreas. Insofern teilt China die Auffassung Nordkoreas über die Sicherheitsfragen auf der koreanischen Halbinsel, wenngleich es sich in der Vergangenheit keineswegs immer glücklich über bestimmte Entscheidungen (wie das Nuklearprogramm der Volksrepublik) zeigte.

Somit ist China als einzige Macht zwar in der Lage, Einfluss auf Nordkorea auszuüben, dessen Wirkungen im politischen Bereich bleiben dennoch begrenzt. In den Wochen nach dem plötzlichen Tod von Kim Jong-Il hat die VR China eine entscheidende, konsequente Rolle für die Stabilisierung in Nordkorea gespielt, in dem sie die anderen Antagonisten – einschließlich Südkorea – vor einem Missverständnis der Verhältnisse nach dem Tod Kim Jong-Ils warnte. Sie verkündigte unverzüglich ihre vorbehaltlose Unterstützung der nordkoreanischen Führung unter Kim Jong-Un. In dem neuen Hegemonialzwist zwischen den USA und China bleibt der Machtfaktor Nordkorea für China unverzichtbar. Für Nordkorea stellt China nicht nur einen Alliierten während der Zeit des Führungswechsels dar, sondern auch einen wichtigen Wirtschaftspartner, an dem sich Nordkorea in seiner Suche nach einem Ausweg aus der schwierigen Situation anlehnen kann.

Japan: nah und doch so fern

Am 17. September 2002 traf der japanische Premier Koizumi Junichiro zu einem Blitzbesuch in Nordkorea ein und unterzeichnete dort die sogenannte Pjöngjang-Erklärung. Diese enthielt unter anderem eine offizielle Entschuldigung Nordkoreas für die Entführung von Japanern in den 1980er Jahren, eine Entschuldigung Japans für die Kolonialpolitik in Korea vor dem Zweiten Weltkrieg und die beidseitig geäußerte Absicht, die Kontakte zu normalisieren und alsbald diplomatische Beziehungen zwischen beiden Ländern aufzunehmen. Doch in Japan traf diese Erklärung auf heftige Proteste aus der konservativ-nationalistischen Ecke. Seit diesem Scheitern der Nordkorea-Politik Koizumis ist kein weiterer nennenswerter Versuch von Seiten Japans unternommen worden, zur Verbesserung der beidseitigen Beziehungen beizutragen. Zweimalige Atom- und mehrmalige Raketentests Nordkoreas haben die Ressentiments in Japan zusätzlich geschürt und tief verwurzelte gegenseitige Antipathien wiederbelebt. Allgemeine Erwartungen, Japans Premier Hatoyama Yukio von der Demokratischen Partei könnte die japanisch-nordkoreanischen Beziehungen nachhaltig verbessern, erfüllten sich nicht. Seine Amtszeit dauerte nur acht Monate – vom 16. September 2009 bis zum 2. Juni 2010.

Sein Nachfolger Kan Naoto, der am 2. September 2011 aufgrund der innenpolitischen Schwierigkeiten nach der Fukushima-Katastrophe zurücktrat, verhielt sich noch zurückhaltender gegenüber Nordkorea als sein Vorgänger Hatoyama. Auch der neue Premierminister Noda Yoshihiko, der die japanischen Gräueltaten während des Zweiten Weltkriegs nicht als „Kriegsverbrechen" bewertet sehen will, wird die Beziehungen kaum entkrampfen.

Südkoreanische Soap-Dramen und Popmusiker erfreuen sich in Japan großer Beliebtheit. Doch unter der älteren Generation ist die „Vergangenheitsbewältigung" (wie sie z. B. das Schicksal koreanischer Zwangsprostituierter während des Zweiten Weltkriegs betrifft) längst nicht erfolgt, während der territoriale Streit über die Insel Dok-do (von Japan Takeshima genannt) die Gemütslage der Koreaner in Süd wie Nord gleichermaßen aufwühlt.

Vor dem Hintergrund dieser ebenso komplexen wie komplizierten Beziehungen zwischen Korea und Japan hat sich Japan im Rahmen sämtlicher Sechsparteiengespräche in Peking bislang mit der Rolle eines Zuhörers begnügt. Japan, einer der wichtigsten und nächsten Nachbarn beider Korea, wird auch weiterhin als fernes Land erscheinen, wenn es seinen Politikern nicht gelingt, eine grundlegend neue Form des Zusammenlebens mit Korea zu suchen.

Russland, der wichtige Nebendarsteller

Am 1. Juni 2010 kam eine russische Expertengruppe nach Seoul, um eigenständig die Umstände des Untergangs der südkoreanischen Korvette Cheonan zu untersuchen. Ihre Ergebnisse wurden jedoch nie veröffentlicht.

In Bezug auf diese Frage bekräftigte der russische Präsident Dmitri Medwedew seinen Standpunkt in einem Interview mit dem „Wall Street Journal“ am 18. Juni 2010: „Eine der möglichen Varianten besteht darin, dass die Cheonan von einem vom Nachbarstaat (gemeint ist Nordkorea – Anm. d. A.) abgeschossenen Torpedo versenkt wurde. Dies ist aber nur eine Version, und wir sollten dem nicht sogleich Glauben schenken.“ Demselben Bericht zufolge lobte Medwedew auch die chinesische Führung für die Aufrechthaltung der Beziehungen mit Nordkorea und führte hierzu aus: „Trotz Schwierigkeiten in der Kommunikation mit den Nordkoreanern dürfen wir sie nicht in die Ecke treiben, damit die Situation nicht so angespannt bleibt, dass irgendeine Art von unrechtmäßigem Handeln aufkommen kann.“ Hier zeigt sich deutlich eine ähnliche Sichtweise der vormals realsozialistischen Staaten.

Seit der Aufnahme diplomatischer Beziehungen zwischen der damaligen Sowjetunion und Südkorea im September 1990 haben beide Staaten ihre Kontakte, besonders im wirtschaftlichen Bereich, intensiviert. So stieg das gesamte bilaterale Handelsvolumen von 1,2 Milliarden US-Dollar im Jahre 1992 auf 19,3 Milliarden US-Dollar im Jahre 2010. Obgleich die wirtschaftlichen Beziehungen beileibe nicht so gewichtig sind wie diejenigen Chinas oder Japans mit Russland, so übertrifft der Handel immerhin bei weitem den Austausch zwischen Russland und Nordkorea: 2010 lag das Handelsvolumen zwischen diesen beiden Ländern umgerechnet knapp über der Grenze von 100 Millionen US-Dollar. Trotzdem bleibt Nordkorea nach dem Zusammenbruch des Sowjetsystems für Russland in Ostasien ein wichtiger Partner, da Russland angesichts der wachsenden globalen Bipolarität zwischen der VR China und den USA seine eigene Rolle in diesem Teil der Welt neu definiert. Die Nordkorea-Visite Wladimir Putins im Juni 2000, der als erstes Staatsoberhaupt in der Geschichte der Sowjetunion beziehungsweise deren Nachfolgerstaat Russland die Volksrepublik besuchte, erfolgte gerade im Kontext aktueller Interessen des post-sowjetischen Russland.

Das letzte Gipfeltreffen zwischen Medwedew und Kim Jong-Il am 24. August 2011 in Ulan-Ude in Südostsibirien war ein Zeichen dafür, dass beide Staaten nicht nur im wirtschaftlichen, sondern auch im sicherheitspolitischen Bereich weiterhin gemeinsame Interessen verfolgen. Sie vereinbarten das trilaterale Bauprojekt einer Gasleitung durch Nord- nach Südkorea. Außerdem wurde im Verlauf der Gespräche die Absicht Nordkoreas bekundet, die Sechsparteiengespräche ohne Vorbedingungen wieder aufzunehmen. Neun Jahre zuvor – im August 2002 – hatte es bereits ein Gipfeltreffen zwischen dem damaligen Präsidenten Putin und Kim Jong-Il in Moskau gegeben. Nach dem Tod Kim Jong-Ils sind in den Beziehungen zwischen Russland und Nordkorea kaum Veränderungen zu erwarten, solange das Verhältnis zwischen Russland und den USA angespannt bleibt.

Südkorea ist gefragt

Die nordkoreanischen Atomfragen bleiben auch durch den Einsatz internationaler Vermittler schwer zu lösen. Wenngleich es den Anschein hatte, dass nach schwierigen Verhandlungen zwischen Nordkorea und den USA und den ebenfalls zähen Sechsparteiengesprächen Lösungen gefunden werden könnten, wurden die bilateralen und multilateralen Rahmenabkommen nicht umgesetzt. Die Basis für gegenseitiges Vertrauen zwischen den Konfliktparteien, vor allem zwischen den USA und Nordkorea, ist nach wie vor nicht gegeben. Das Scheitern des Genfer Rahmenabkommens vom 21. Oktober 1994 und auch der Stillstand der Sechsparteiengespräche in Peking waren das Ergebnis tiefen Misstrauens: Nordkorea ist davon überzeugt, die USA würden das nordkoreanische System liquidieren, sobald das Land auf sein Atomprogramm verzichtet. Gleichzeitig ist man in Washington der Meinung, dass Nordkorea einmal getroffene Vereinbarungen stets torpediert.

Ziele der Verhandlungen sind die Überführung des Waffenstillstandsabkommens aus dem Jahre 1953 in einen Friedensvertrag und die Normalisierung der Beziehungen zwischen den USA und Nordkorea einerseits sowie der Verzicht Nordkoreas auf ein eigenes Atompotenzial. Diese entscheidenden Punkte wurden zuerst in bilateralen Gesprächen zwischen den USA und Nordkorea diskutiert. Doch nach dem Scheitern dieser Verhandlungen wurden multilaterale Gespräche favorisiert, um den internationalen Kontext der Korea- beziehungsweise der Nordkoreafrage in den Vordergrund zu rücken. Die multilaterale Verhandlungsform erwies sich schließlich als verbindlicher, da vor allem China in den Konflikt miteinbezogen wurde. Seit dem Abbruch der Sechsparteiengespräche im Dezember 2008 ist China als einziger Vermittler übrig geblieben.

Die divergierenden Ansichten der Teilnehmerstaaten über die Wiederaufnahme der Sechsparteiengespräche resultieren aus der Ungewissheit darüber, *wie* der Verhandlungsprozess konkret ablaufen soll: Südkorea und seine Verbündeten – die USA und Japan – insistieren darauf, dass bilaterale Gespräche zwischen Süd- und

Nordkorea über die nordkoreanische Denuklearisierung eine Voraussetzung für die Wiederaufnahme der Sechsparteiengespräche sein müssen. Nordkorea versucht jedoch, weiteren direkten Gesprächen mit Südkorea unter Lee Myung-Bak aus dem Wege zu gehen. Angesichts dieses Konflikts müssen China und Nordkorea einen Ausweg finden, der nicht nur den Standpunkt der USA, sondern auch den der südkoreanischen Seite berücksichtigt.

Viele Südkoreaner betrachten mittlerweile das Verhalten der Regierung von Lee Myung-Bak äußerst kritisch. Das betrifft vor allem die Forderung, Nordkorea müsse sich als Voraussetzung für die Wiederaufnahme bilateraler Gespräche offiziell für das Versinken der Korvette Cheonan und das Artilleriefeuer auf die Insel Yonpyong entschuldigen. Wenn Südkorea diese Bedingungen weiterhin aufrecht hält und dadurch auch die Wiederaufnahme der Sechsparteiengespräche gefährdet, wird China die USA drängen, mit Nordkorea Direktverhandlungen zu führen, um so den Sechsparteiengesprächen wieder ein Momentum zu verleihen. Das Abschlusskommuniqué des Gipfeltreffens zwischen Chinas Präsident Hu Jin-Tao und Kim Jong-Il am 25. Mai 2011, das auf die Verbesserung der Beziehungen zwischen Süd- und Nordkorea sowie auf die rasche Wiederaufnahme der Sechsparteiengespräche pointiert einging, zwingt Südkoreas Regierung, einen modus procedendi zu finden, um erneute Verhandlungen ohne die bisher gestellten Vorbedingungen aufzunehmen.

Während seines Australienbesuches verkündete Obama am 17. November 2011 die klare Botschaft, dass die USA ihre Präsenz in diesem Boomraum des 21. Jahrhunderts – wirtschaftlich wie militärisch – verstärken werden. Auch weist das bereits gängige Kürzel „G2" (USA und China) auf die Gefahr hin, dass Konflikte wie jener in Korea mehr und mehr von diesen Großmächten entschieden werden. Vor allem dann, wenn sich die Koreaner in beiden Landesteilen nicht auf Mittel und Wege verständigen (können), ihre eigenen Probleme und Differenzen im Geiste verstärkter Annäherung und Versöhnung zu verringern und eventuell beizulegen. *(DYS)*

Weiterführende Lektüre

Abramowitz, Morton/Bosworth, Stephen (2006): *Chasing the Sun: Rethinking East Asian Policy.* New York.

Hayes, Peter/Bruce, Scott (2011): *Supporting Online Material: North Korean Nuclear Statements (2002-2010):* http://www.nautilus.org/publications/essays/napsnet/reports/DPRK_Statements_Hayes_Bruce

International Crisis Group (ed.) (2006): *China and North Korea: Comrades Forever?,* in: Asia Report (of the ICG) No. 112. Seoul/Brussels. February 1.

Perry, William J. (1999): *Review of United States Policy Toward North Korea: Findings and Recommendations.* (Unclassified Report by Dr. William J. Perry, U.S. North Korea Policy Coordinator and Special Advisor to the President and the Secretary of State.) Washington, D.C., October 12.

Song, Du-Yul (1995): *Korea-Kaleidoskop: Aktuelle Kontexte zur Wiedervereinigung.* Osnabrück, S. 140-179.

Song, Du-Yul (2004): *Ein Lösungsvorschlag zur zweiten Atomkrise in Korea: Weder „black box" noch „black mail",* in: Choe, Hyondok/Song, Du-Yul/Werning, Rainer (Hg.): Wohin steuert Nordkorea? Soziale Verhältnisse, Entwicklungstendenzen, Perspektiven. Köln, S. 61-67.

Werning, Rainer (2007): *18 Jahre nach dem Ende des Kalten Krieges: Fragiler Frieden auf der koreanischen Halbinsel,* in: Osnabrücker Jahrbuch – Frieden und Wissenschaft 14/2007. Göttingen, S. 209-223.

Nachwort: Nordkorea verstehen – aber wie?

„Anschuldigungen gegen und Vorurteile über Nordkorea sind uns sattsam bekannt. Das erinnert an herumtollende Kinder, die auf Spielplätzen gern vor aufgestellten großen Spiegeln posieren und Mätzchen machen. Wenn sie dann in die Spiegel schauen, stellen sie verdutzt fest, dass ihre Körper mal aufgebläht und riesig sind oder sie auf einmal wie Winzlinge, Zwerge erscheinen. Über Nordkorea zirkulieren Verzerrungen, ja Zerrbilder der gröbsten Art. Offenbar ist da auch eine Abwehrhaltung im Spiel. Denn das Land fühlt sich permanent bedroht, und sein Bild im Ausland, selbst in Kinofilmen, ist in den schwärzesten Farben gemalt. Allen anderen Ländern wird zugestanden, zumindest zwei Gesichter zu haben."

Hwang Suk-Yong, Südkoreas bedeutendster zeitgenössischer Schriftsteller, im Gespräch mit Rainer Werning am 25. Juni 2005

Der chinesische Klassiker *Chuang-tzu* liefert uns ein hermeneutisches Beispiel, wie das Anderssein zu verstehen ist: „Chuang-tzu und sein Schüler Hui-tzu gingen am Ufer des Hao-Flusses entlang, als Chuang-tzu sagte: ‚Sieh nur, wie die Fische hervorspringen und wieder eintauchen, da wo es ihnen gefällt. Das ist es, was Fischen tatsächlich gefällt.' ‚Du bist kein Fisch, woher willst Du da wissen, was ihnen gefällt?', fragte daraufhin Hui-tzu. Chuang-tzu antwortete: ‚Du bist nicht ich, woher willst Du also wissen, dass ich nicht weiß, was Fischen gefällt?' Daraufhin entgegnete Hui-tzu wieder: ‚Ich bin nicht Du, deshalb weiß ich sicherlich nicht, was Du weißt. Andererseits bist Du auf keinen Fall ein Fisch. Das beweist immerhin, dass Du nicht weißt, was Fische mögen.'"

Es ist lediglich der Beginn, nicht das Ende von Nordkorea-Forschungen, sich der eigenen Blindheit bewusst zu werden und zu erfahren, dass es in der Volksrepublik mehr gibt als nur „das Böse", das der Zivilisierung harrt. Natürlich gibt es in dem Land einen anderen Alltag, den wir uns aufgrund unserer eigenen Lebensweise kaum oder gar nicht vorstellen können. Diese Sichtweise wurde mir persönlich zum Verhängnis. Ein Anklagepunkt der Staatsanwaltschaft Südkoreas, die im März 2004 für mich gemäß des Verstoßes gegen das sogenannte „Nationale Sicherheitsgesetz" eine fünfzehnjährige Gefängnisstrafe beantragte, war gerade der von mir verfolgte immanent-kritische Ansatz im Rahmen der Nordkorea-Forschungen. Die Staatsanwaltschaft begründete das hohe Strafmaß damit, dass ich mit dieser „Irrlehre die Intellektuellen in Südkorea verführt hatte".

Bereits in meiner großangelegten vergleichenden Studie über die Sowjetunion und die Volksrepublik China in den 1970er Jahren stellte ich die gängigen Forschungsansätze – wie die „Totalitarismus-" oder die „Konvergenz-Theorie" – infrage und schlug stattdessen den immanent-kritischen Ansatz vor. Dieser geht davon aus, real existierende Sozialismen vorrangig auf der Basis ihrer eigenen (propagierten) Ziele zu untersuchen und zu kritisieren, um sodann zu erkunden, ob und inwieweit diese realisiert werden/wurden. In einem zuerst in Koreanisch verfassten Aufsatz stellte ich diesen Ansatz kurz vor dem Fall der Berliner Mauer vor und wies darauf hin, dass dieser auch hinsichtlich laufender Forschungen über die nordkoreanische Gesellschaft hilfreich sein könnte. Danach haben sich zahlreiche junge Nordkorea-Forscher in Südkorea an diesem Ansatz orientiert und eine Reihe beachtlicher Forschungsergebnisse über die Volksrepublik vorgelegt, was unter anderem dazu beitrug, das ideologische Korsett der (vor)herrschenden antikommunistischen Staatsraison aufzubrechen.

Mein Ansatz ging von folgenden Fragen aus: Ist die nordkoreanische Gesellschaft doch nicht verschieden von der Gesellschaft, in der wir leben? Wie erhalten wir unser Wissen darüber, was die Nordkoreaner denken und fühlen und wie sie die Welt wahrnehmen? Solche Fragen, die sich im Kern um das Verständnis des Andersseins der nordkoreanischen Gesellschaft bemühen, erfordern, sich von Selbstgefälligkeit zu lösen und selbstkritische Distanz zu üben. Häufig entwickeln wir eigene Vorstellungen über die Volksrepublik und projizieren diese dann als „die Tatsachen" des Landes. Diese werden meist nicht ge-, sondern er-funden (oder fabriziert). Diese Kritik bedeutet freilich nicht, dass die Nordkorea-Forschungen keine Ergebnisse hervorbringen. Es geht hier vielmehr um das Infragestellen unserer Selbstgefälligkeit und Besserwisserei in eben diesen Forschungen. *(DYS)*

Weiterführende Lektüre

Song, Du-Yul (1984): *Sowjetunion und China: Egalisierung und Differenzierung im Sozialismus.* Frankfurt a.M. /New York .

Song, Du-Yul (2002): *Nordkorea: Diskurs über einen „bösen Wilden"*, in: Song, Du-Yul: Schattierungen der Moderne – Ost-West-Dialoge in Philosophie, Soziologie und Politik. Köln. S. 45-58.

Zhuang Zi (Dschuang Dsi) (1998): *Das wahre Buch vom südlichen Blütenland.* Übersetzt von Richard Wilhelm. Düsseldorf.

Anhang

Chronologie Korea 1910–1945

1910

22. August Mit der Unterzeichnung des Annexionsvertrages zwischen dem koreanischen Ministerpräsidenten Lee Wan-Yong und dem japanischen Generalresidenten Terautsi Masatake in Seoul wird Korea zur japanischen Kolonie.

1919

1. März Die „Unabhängigkeitsbewegung des 1. März" formiert sich.

13. April Bildung der koreanischen Exilregierung in Shanghai unter der Führung von Rhee Syngman

1925

17. April Die Kommunistische Partei Koreas wird in Seoul gegründet.

1926

10. Juni Massendemonstration in Seoul gegen die japanische Kolonialherrschaft

1929

3. November Studentenaufstand in Gwangju gegen die japanische Kolonialherrschaft

1932

8. Jänner Ein Attentat auf den japanischen Kaiser Hirohito in Tokio durch den Koreaner Lee Bong-Chang schlägt fehlt.

1936

4. Juni Eine Partisanengruppe unter Führung von Kim Il-Sung greift japanische Truppen im Dorf Bochunbo nahe der Grenze zu China an – die erste kriegerische Auseinandersetzung koreanischer Partisanen gegen die japanischen Besatzer auf koreanischem Boden.

1941

11. Dezember Die koreanische Exilregierung in Shanghai erklärt Japan den Krieg.

Chronologie Süd- und Nordkorea 1945–2012

1945

8. August	Die sowjetische Rote Armee marschiert in Nordkorea ein.
2. September	US-General Douglas MacArthur gibt die Teilung Koreas entlang des 38. Breitengrads bekannt.
6. September	Proklamation der „Volksrepublik Korea“ auf Initiative landesweit agierender Volkskomitees, wird von der amerikanischen Besatzungsmacht nicht anerkannt
9. September	Gründung der US-amerikanischen Militärregierung in Südkorea *(*USAMGIK*)*
27. Dezember	Auf dem Moskauer Treffen der Außenminister der Sowjetunion, der USA und Großbritanniens wird eine Treuhandverwaltung Koreas beschlossen.

1946

5. März	Beginn einer umfassenden Landreform im Norden

1947

19. Juli	Der sozialistische Führer Yo Un-Hyung wird von einer antikommunistischen Terrorgruppe in Seoul ermordet.

1948

3. April	Aufstand auf der Insel Jeju im Süden Südkoreas
15. August	Die „Republik Korea“ (Südkorea) unter Rhee Syngman wird ausgerufen.
9. September	Ausrufung der „Koreanischen Demokratischen Volksrepublik“ (Nordkorea) unter Kim Il-Sung

1949

26. Juni	Der konservative Politiker Kim Ku, Ex-Präsident der Shanghaier Exilregierung, wird von dem antikommunistischen Offizier An Doo-Hee ermordet.

1950

25. Juni	Beginn des Koreakrieges

1953

27. Juli Unterzeichnung des Waffenstillstandsabkommens im Grenzdorf Panmunjom

1960

19. April Sturz des Regimes von Rhee Syngman

1961

16. Mai Militärputsch unter der Führung von Park Chung-Hee

1965

22. Juni Südkorea und Japan unterzeichnen einen Normalisierung

1972

4. Juli Gemeinsames Kommuniqué von Süd- und Nordkorea über die friedliche Wiedervereinigung des Landes

17. Oktober Verhängung des Kriegsrechts und Verkündung der *Yushin* (Erneuerungs)-Verfassung im Süden

27. Dezember Im Norden wird eine sozialistische Verfassung verkündet.

1979

26. Oktober Ermordung von Präsident Park Chung-Hee

1980

Mai Aufstand in der südkoreanischen Stadt Gwangju

27. August Wahl des Putschistengenerals Chun Doo-Hwan zum Präsidenten

10. Oktober VI. Parteitag der „Partei der Arbeit Koreas“ (PdAK) in Pjöngjang

1987

Juni Landesweite Proteste gegen das Regime Chun Doo-Hwans

16. Dezember Erste Direktwahl des Präsidenten seit 16 Jahren: Ex-General Roh Tae-Woo gewinnt die Wahl, weil das oppositionelle Lager tief gespalten ist.

1988

17. September Beginn der 24. Olympischen Sommerspiele in Seoul

1990

30. September	Aufnahme diplomatischer Beziehungen zwischen Südkorea und der Sowjetunion

1991

17. September	Nord- und Südkorea werden in die UNO aufgenommen
13. Dezember	Unterzeichnung eines Grundlagenabkommens zwischen Süd- und Nordkorea

1992

24. August	Aufnahme diplomatischer Beziehungen Südkoreas mit der VR China
18. Dezember	Kim Young-Sam geht aus der Präsidentschaftswahl in Südkorea als Sieger hervor.

1993

12. März	Nordkorea kündigt seinen Austritt aus dem Atomwaffensperrvertrag (NPT) an.

1994

13. Juni	Austritt Nordkoreas aus der Internationalen Atomenergiebehörde (IAEA)
16. Juni	Mission des ehemaligen US-Präsidenten Carters in Pjöngjang zur Beilegung des Atomkonflikts mit Nordkorea
8. Juli	Tod von Präsident Kim Il-Sung
21. Oktober	Genfer Rahmenabkommen („Agreed Framework") zwischen Nordkorea und den USA: Vereinbarung über die Lieferung zweier Leichtwasserreaktoren und Schweröl an Nordkorea, das im Gegenzug sein Nuklearprogramm einfriert.

1995

15. März	Gründung der „Korean Peninsula Energy Development Organisation" (KEDO), die das „Agreed Framework" umsetzen soll. Letztlich scheitert sie aber an der Aufgabe.

1997

Herbst	Finanzkrise in Südkorea

8. Oktober	Kim Jong-Il wird zum Generalsekretär der PdAK gewählt.
18. Dezember	Kim Dae-Jung wird neuer Präsident Südkoreas und kündigt eine „Sonnenscheinpolitik" gegenüber dem Norden an.

1998

16. Juni	Chung Choo-Young, Gründer des Hyundai-Konzerns, besucht Nordkorea.

2000

15. Juni	Erstes innerkoreanisches Gipfeltreffen von Kim Dae-Jung und Kim Jong-Il in Pjöngjang

2002

11. Jänner	Nach den Terroranschlägen vom 11. September 2001 erklärt US-Präsident George W. Bush Nordkorea, den Irak und den Iran zur „Achse des Bösen" und kündigt das Genfer Rahmenabkommen vom 21. Oktober 1994 auf.
19. Dezember	Roh Moo-Hyun zum Präsidenten Südkoreas gewählt

2004

12. März	Zeitweilige Suspendierung Roh Moo-Hyuns von seinem Amt

2006

5. Juli	Raketentests durch das nordkoreanische Militär (unter anderem mit der Langstreckenrakete „Taepodong-II")
9. Oktober	Erster Atomwaffentest Nordkoreas

2007

4. Oktober	Zweiter innerkoreanischer Gipfel von Roh Moo-Hyun und Kim Jong-Il in Pjöngjang
19. Dezember	Lee Myung-Bak wird neuer Präsident Südkoreas.

2009

23. Mai	Selbstmord des ehemaligen Präsidenten Roh Moo-Hyun
25. Mai	Zweiter Atomwaffentest Nordkoreas
18. August	Tod von Ex-Präsident Kim Dae-Jung
1. Dezember	Währungsreform in Nordkorea

2010

26. März	Das südkoreanische Schiff „Cheonan“ versinkt im Gelben Meer.
28. September	Dritte Delegiertenkonferenz der PdAK in Pjöngjang
23. November	Die südkoreanische Insel Yonpyong wird vom nordkoreanischen Militär beschossen.

2011

26. Oktober	Der parteilose Bürgerrechtler Park Won-Soon wird zum Bürgermeister von Seoul gewählt.
22. November	Ratifizierung eines Freihandelsabkommens zwischen den USA und Südkorea
17. Dezember	Tod des 69-jährigen nordkoreanischen Machthabers Kim Jong-Il
29. Dezember	Nach dreizehntägiger Trauerphase wird dessen Sohn Kim Jong-Un zum neuen starken Mann Nordkoreas bestimmt.

2012

1. Jänner	Kim Jong-Un besucht als neuer „Führer von Staat, Militär und Partei“ Abordnungen der Armee. Die Politik von *Seongun* („Das Militär zuerst!“) wird fortgesetzt.
15. April	Nordkorea feiert landesweit den 100. Geburtstag Kim Il-Sungs.

(Zusammenstellung: DYS/RW)

Demokratische Volksrepublik Korea (Nordkorea) im Überblick

Allgemeines und Verwaltung

Landesname in Deutsch/Englisch: Demokratische Volksrepublik Korea/Democratic People's Republic of Korea, kurz: Nordkorea/North Korea
Abkürzung in Deutsch/Englisch: DVRK/DPRK
Langform in Koreanisch: *Choson-minjujuui-inmin-konghwaguk,*
in Nordkorea selbst ist der Landesname *Choson* gebräuchlich
Hauptstadt: Pjöngjang / *P'yongyang*
Verwaltung: 9 Provinzen (do) - von Süd nach Nord sind das: Süd-Hwanghae & Nord-Hwanghae; Kangwon; Süd-Pyongan & Nord-Pyongan; Chagang; Süd-Hamgyong & Nord-Hamgyong und Ryanggang sowie 4 Städte mit besonderem Status bzw. kreisfreie Städte (si) = Pjöngjang; Gaeseong; Nampo und die Freie Wirtschafts- und Handelszone Rajin-Sonbong
Weitere Unterteilung in Landkreise (gun) und Landgemeinden (ri)
Zeit: GMT + 9 Stunden
Zeitrechnung: nach dem Tod von Kim Il-Sung (1994): Juche (Geburtsjahr von Kim Il-Sung = Juche 1)
Höchste Feiertage: 15. April (1912): Tag der Geburt von Kim Il-Sung („Tag der Sonne"), 16. Februar (1942): Tag der Geburt von Kim Jong-Il, Unabhängigkeitstag: 15. August 1945 (Befreiung von Japan), Nationalfeiertag: Gründung der DVRK am 9. September (1948)
Verfassung: angenommen 1948; grundlegend verändert am 27. Dezember 1972; revidiert am 9. April 1992 und 5. September 1998; die letzte Änderung der Sozialistischen Verfassung erfolgte 2009.
Exekutive: „Ewiger Präsident" bleibt laut Verfassung der im Sommer 1994 verstorbene frühere Staats- und Parteichef Kim Il-Sung. Nach seinem Tod wurde Sohn Kim Jong-Il Staatschef, der am 9. April 2009 auch als Vorsitzender des eigentlichen Machtzentrums, der Nationalen Verteidigungskommission, wiedergewählt wurde. Ebenfalls im Jahre 2009 wurde Kim Yong-Nam in seinem Amt als Vorsitzender des Präsidiums der Obersten Volksversammlung bestätigt und weiterhin damit beauftragt, den repräsentativen Verpflichtungen der Staatsführung nachzukommen. Premierminister ist seit dem 7. Juni 2010 Choe Yong-Rim, Außenminister ist Pak Ui-Chun. Nachdem Kim Jong-Il am 17. Dezember 2011 verstarb, wurde sein Sohn Kim Jong-Un zum Obersten Führer Nordkoreas ausgerufen.

Legislative: Einkammer-System – der Obersten Volksversammlung (*Choego Inmin Hoeui*) gehören gegenwärtig 687 Mitglieder an, die auf fünf Jahre gewählt sind. Die letzten Wahlen fanden am 8. März 2009 statt, die nächsten Wahlen sind für März 2014 geplant.
Judikative: Die Richter des Zentralen Gerichts werden verfassungsgemäß von der Obersten Volksversammlung gewählt.
Parteien: Neben der dominanten Partei der Arbeit Koreas (PdAK) gibt es noch die religiöse Chondoistische Chongu-Partei und die Sozialdemokratische Partei Koreas.
Diplomatie: Nordkorea ist mit einer Ständigen Mission bei den Vereinten Nationen in New York vertreten.
Mit der Bundesrepublik Deutschland bestehen seit dem 1. März 2001 diplomatische Beziehungen. Die Botschaft des Königreichs Schweden in Pjöngjang vertritt für einige Länder, die keine diplomatischen Beziehungen mit der DVRK unterhalten (darunter die USA), konsularische Angelegenheiten.

Geographie und Klima

Mehrere Gebirgszüge prägen die Landschaft, die sich von Nordosten nach Südwesten und von Nord gen Süd erstrecken.
Höchste Erhebung ist der Paektu-san (Mount Paektu) mit 2.744 m über dem Meeresspiegel. Das nördliche Binnenland liegt etwa auf 1.000 m. An der Ostküste rücken die Gebirgszüge nahe an das Koreanische Ostmeer (*Choson Donghae*), das in Südkorea als Ostmeer und von Japan als Japanisches Meer bezeichnet wird. Im Westen herrschen flache Berghänge und ausladende Ebenen vor. Abgrenzung gen Osten und Westen ist jeweils das (Koreanische) Ost- und Westmeer.
Die Grenze zu China bilden die Flüsse Amnok-gang (Yalu) und Tuman-gang (Tumen), die insgesamt 1.416 km lang sind. Die Grenze zu Südkorea beträgt 238 km, während diejenige mit Russland im äußersten Nordosten nur 19 km misst.
Nordkorea liegt in etwa oberhalb des 38. Breitengrades. Eine etwa vier Kilometer breite und knapp 240 Kilometer lange entmilitarisierte Zone trennt Nord- und Südkorea voneinander. Beidseitige Kontakte sind staatlich reglementiert, so die mittlerweile über ein Dutzend Mal stattgefundenen Zusammentreffen von seit dem Ende des Koreakrieges getrennt lebenden Familienangehörigen aus beiden Landesteilen im nordkoreanischen „Mount Keumgang Resort" („Diamantgebirge").
Die Nord-Süderstreckung von ganz Korea, also der gesamten koreanischen Halbinsel, beträgt 1.144 km, die Breite etwa zwischen 300 und 400 km.

Fläche Nordkoreas: 122.762 km^2 (= etwa ein Drittel der Fläche Deutschlands). Gesamtfläche der koreanischen Halbinsel: 222.209 km^2, wovon die DVRK 56 Prozent bedeckt. Von Nordkoreas Bodenfläche sind allerdings nur gut 20.000 km^2 landwirtschaftlich nutzbar.
Klima: In Nordkorea herrscht ein kühl-gemäßigtes, sommerfeuchtes Monsunklima vor, mit starkem kontinentalem Einfluss. Im Winter bis zu 30 Grad minus mit eisigen Winden aus Sibirien. Im Sommer im Süden hohe Luftfeuchtigkeit mit 80 und mehr Prozent und zirka 35 bis 40 Grad Celsius Temperatur. Monsunartige Regenfälle sorgen für ausreichende Bewässerung. Die feuchtwarmen Luftmassen kommen aus südwestlicher Richtung. Taifune traten in der Vergangenheit eher selten auf, während sie mittlerweile fast jährlich zum Teil heftige Überschwemmungen verursachen.

Stadt/Land/Infrastruktur

Einwohnerzahl: 24,457 Millionen (geschätzt Juli 2011)
Zu den größeren Städten zählen folgende (deren Mitte der 1990er Jahre geschätzten Einwohnerzahlen in Klammern gesetzt sind):
Pjöngjang (etwa 2,6 Mio. inklusive Agglomerationen), Hamhung (701.000), Chongjin (550.000), Wonsan (zirka 390.000) und Nampo (370.000).
Der Anteil der Stadtbevölkerung wurde 2010 mit etwa 60 Prozent ausgewiesen. Zum Vergleich: In Südkorea beträgt dieser Anteil über 80 Prozent, d.h. jeder vierte Südkoreaner lebt im Ballungsraum Seoul-Incheon.
Der Fluss Taedong ist bedeutsam für die Binnenschifffahrt. Das Eisenbahnnetz, welches größtenteils eingleisig und elektrifiziert ist, umfasst etwa 5.250 km. 2.000 Kilometer des gesamten Straßennetzes in der Volksrepublik, das etwa 30.000 km zählt, sind befestigt, d.h. als Allwetterstraßen befahrbar. Ein Dutzend Städte verfügt über Häfen, darunter Chongjin, Hungnam (Hamhung), Nampo, Sinuiju und Wonsan.

Bevölkerung/Sprache/Religion

Im Land leben über 99 Prozent Koreaner und nur ein kleiner Anteil von Chinesen. Ursprünglich sind die Einwohner aus Zentralasien nach Korea gelangt. Ihre Sprache zählt zum Ural-Altaischen und ist somit unter anderem (entfernt) verwandt mit dem Ungarischen, Finnischen, Mongolischen, Türkischen und Japanischen. Chinesische Schriftzeichen wurden seit dem letzten Jahrhundert langsam verdrängt durch das 1446 geschaffene Hangeul, das koreanische Alphabet, das (heute)

aus zehn Grundvokalen und 14 Konsonanten besteht. Im Norden werden keine zusätzlichen chinesischen Schriftzeichen verwendet – im Gegensatz zum Süden.
Bevölkerungswachstum: 0,84 Prozent (2007)
Lebenserwartung: im Durchschnitt 68,89 Jahre (Männer: 65,03 Jahre, Frauen: 72,93 Jahre, geschätzt 2011)
Religion: traditionell buddhistisch und konfuzianisch sowie Christen (beider Hauptkonfessionen) und die einheimische „Chondogyo" (Religion des Himmlischen Weges); aufgrund der herrschenden Staatsideologie atheistisch, wenngleich in den vergangenen Jahren die vergleichsweise wenigen Mitglieder der katholischen und evangelischen Kirche staatlicherseits bei der Ausübung ihres Glaubens weniger eingeengt wurden.

Bildung und Ausbildung

Pflichtschuljahre wurden seit dem Kriegsende (1953) ständig erhöht:
Von vier Jahren (1956) auf heute 11 Jahre (vier Jahre Grundschule, fünf Jahre Mittelschule und zwei Jahre Oberschule); dann eine vierjährige Studienzeit an der Universität oder vergleichbaren Hochschuleinrichtungen.
Parallel dazu wurde die Erwachsenenbildung gefördert: sie umfasst etwa 13 Jahre (Arbeiterschulung, Abendkurse und Begleitprogramme) oder eine spezielle Ausbildung über elf Jahre als Künstler, Übersetzer/Dolmetscher und dergleichen.
Seit 1959 ist es gelungen, die Analphabetenrate von damals 80 auf 10 Prozent (Ende der 1970er Jahre) zu senken. Heute gibt es im Lande so gut wie keine Analphabeten.

Wirtschaft

Bruttoinlandsprodukt (BIP): 2009 umgerechnet zirka 40 Milliarden US-Dollar
BIP pro Kopf und Jahr: umgerechnet 1.800 US-Dollar (PPP/nach Kaufkraftparität – geschätzt 2009)
Haushaltsbudget: Einnahmen: umgerechnet 3,2 Milliarden US-Dollar; Ausgaben: 3,3 Milliarden US-Dollar (geschätzt 2007)
Wirtschaftswachstum: -0,9 Prozent (Schätzung für das Jahr 2009)
Sektoranteil am Bruttosozialprodukt (BSP): Landwirtschaft: 20,9 Prozent; Industrie: 46,9 Prozent und Dienstleistungen: 32,2 Prozent (geschätzt im Jahre 2002)

Bodenschätze/natürliche Ressourcen: Kohle, Blei, Tungsten, Zink, Graphit, Magnesium, Eisenerze, Kupfer, Bauxit, Gold, Salz, Seltene Erden, Hydroenergie. Naturkatastrophen haben sich im vergangenen Jahrzehnt gehäuft. Lange Dürreperioden folgten heftige Überschwemmungen; Wasserverunreinigungen, Erosion und Rückgang der Waldbestände zählen zu den Umweltproblemen der Volksrepublik.
Arbeitskräfte: Etwa 12,2 Millionen, davon sind 35 Prozent in der Landwirtschaft und der Rest (geschätzt 2008) im Industrie- und Dienstleistungssektor beschäftigt. Arbeitslosigkeit gibt es offiziell keine.
Hauptanbauprodukte in der Landwirtschaft: Reis, Mais, Kartoffeln, Sojabohnen, Vieh, Schweine, Eier
Exporte: umgerechnet 1,997 Milliarden US-Dollar (2009), vor allem Mineralien, metallische Produkte, Waffen, Textilien, Fischereiprodukte
Haupthandelspartner: (geschätzt 2009): Südkorea (47 Prozent), VR China (40 Prozent), Hongkong (2 Prozent)
Importe: umgerechnet 3,096 Milliarden US-Dollar (2009), vor allem Petroleum, Kohle, Maschinen und Ersatzteile, Textilien, Weizen
Haupthandelspartner (geschätzt 2009): VR China (61 Prozent), Südkorea (24 Prozent), Singapur (2 Prozent), Indien (2 Prozent)
Auslandsverschuldung: Genaue Zahlen sind nicht erhältlich. Die Auslandsverschuldung wurde auf zwischen umgerechnet 8 Milliarden US-Dollar (1992), 12 Milliarden US-Dollar (1996) und 12,5 Milliarden US-Dollar im Jahre 2001 geschätzt. Aktuell beträgt die Höhe der Auslandsverschuldung zirka 6 Milliarden US-Dollar, mindestens jedoch 5 Milliarden US-Dollar.
Wirtschaftshilfe: Allein im Jahr 2004 erhielt das Land etwa 350.000 Tonnen an Nahrungsmittellieferungen im Rahmen des World Food Program der Vereinten Nationen im Wert von umgerechnet 118 Millionen US-Dollar. Darüber hinaus leisteten bilaterale Geldgeber sowie diverse internationale NGOs humanitäre Hilfe. Im Dezember 2005 terminierte die Regierung die internationalen humanitären Hilfsoperationen. Stattdessen setzt die Regierung fortan auf „klassische" Entwicklungshilfe beziehungsweise Entwicklungszusammenarbeit. Ausschlaggebend dafür dürfte gewesen sein, dass das staatlich verkündete Autarkiekonzept in Form der Dschutche-Ideologie über Kreuz lag mit einer einige Jahre nolens volens akzeptierten ausländischen „Katastrophen-", „Not-", „Hunger-" und/oder „humanitären Hilfe". In einer Pressemitteilung der Europäischen Kommission vom 4. Juli 2011 heißt es, man werde ein sofortiges Hilfspaket im Wert von umgerechnet 10 Millionen Euro zur Verfügung stellen, das vorrangig 650.000 Menschen im Norden und Osten der DVRK zugute kommen soll.

Währung: Nordkoreanischer Won, ein Won = 100 Chon
Wechselkurs: offiziell betrug die Won-US-Dollar-Parität 170:1 (Dezember 2004), 3.630:1 (Dezember 2008) und 1.800:1 (Dezember 2010). Auf dem Schwarzmarkt sollen im Sommer 2006 angeblich 2.000 bis 3.000 Won für einen Euro gezahlt worden sein.
2002 erfolgte eine Währungsreform – private Märkte und eingeschränkt private Bodenbewirtschaftung wurden erlaubt, um die Produktion zu erhöhen, was jedoch 2005 wieder eingeschränkt wurde. Anfang Dezember 2009 wurde eine weitere Währungsreform verfügt, wodurch ein neuer Won hundert alten Won entspricht und lediglich eine begrenzte Geldsumme innerhalb einer Woche umgetauscht werden konnte.

Kommunikation

2008 gab es landesweit 1,18 Millionen Telefonanschlüsse – die internationale Vorwahl lautet 0850. Internetanschlüsse (die Domain .kp ist mittlerweile in Betrieb) und Satellitenverbindungen bestehen seit 2003. Der Zugang zum Internet und Gebrauch von Handys waren in der Vergangenheit sporadisch möglich, um dann wiederum eine Zeit lang verboten zu werden. Doch seit 2008 besteht zwischen der ägyptischen Firma Orascom Telecom und dem nordkoreanischen Unternehmen Koryolink ein Joint Venture, wodurch nach Aussagen von Orascom allein von Ende März 2010 bis Ende März 2011 die Benutzerzahl von Handys um 420 Prozent anwuchs, sodass Ende 2011 annähernd 1 Million Personen in der Volksrepublik ein Handy nutzten.
Etwa ein Dutzend Tageszeitungen haben eine Auflage von fünf Millionen Exemplaren. Auflagenstärkstes Blatt ist „Rodong Shinmun“, das Zentralorgan der herrschenden PdAK. Vier Fernsehsender (2003) – „Korean Central Television“, „Mansudae Television“, „Korean Educational and Cultural Network“ und das sich vorrangig ans südkoreanische Publikum wendende „Gaeseong Television“ – strahlen täglich ihre Programme aus. 1997 gab es landesweit 3,36 Milionen Radios und 1,2 Milionen Fernseher. Der Empfang ausländischer Sendungen ist nicht möglich. Als staatliche Nachrichtenagentur fungiert die Korean Central News Agency (KCNA).

Landesverteidigung und Militär

Die Koreanische Volksarmee hält in allen drei Waffengattungen (Armee, Marine und Luftwaffe) 1,1 Millionen Mann unter Waffen, den Löwenanteil stellt mit knapp 87 Prozent die Armee. Im Fiskaljahr 2002 entsprachen die Militärausgaben mit umgerechnet 5,2 Milliarden US-Dollar etwa 40 Prozent des BSP. Seitdem sind keine verlässlichen Daten erhältlich. Zwar schrieb die „Pyongyang Times" in ihrer Ausgabe vom 15. April 2006, das Militärbudget betrage 15,9 Prozent des Gesamthaushalts, doch diese Zahl dürfte als realitätsfern einzustufen sein. Militärdienst haben Personen ab dem 17. Lebensjahr zu leisten (2004).

Internationale Konflikte

Seit Mitte der 1990er Jahre ließen sich Tausende von Nordkoreanern illegal in der Volksrepublik China nieder, um vor allem Hunger und politischer Repression zu entkommen. Die chinesischen Behörden konnten dieses Problem bislang nicht lösen, wenngleich sie es in Einzelfällen tolerierten, dass Flüchtlinge von Peking aus ins Ausland (auch nach Südkorea) reisen durften.

Zwar kommt es hin und wieder mit Südkorea im Gelben Meer zu Disputen über die Seegrenzen der sogenannten Northern Limit Line, doch Nordkorea unterstützt Südkoreas Anspruch auf die kleine Insel Dok-do, die Japan unter dem Namen Takeshima als Teil seines Territoriums beansprucht.

Internationale Menschen- und Bürgerrechtsorganisationen wie Amnesty International (ai) und Human Rights Watch beklagten wiederholt die politische Repression im Lande, wo Menschen unter unwürdigen Bedingungen in Arbeitslagern und Gefängnissen leben müssen und auch Folterungen ausgesetzt sind.

Zusammengestellt und kommentiert von Rainer Werning auf der Basis verschiedener UN-Statistiken (u.a. FAO, ILO, WHO), internationaler NGO-Reports, des Auswärtigen Amtes sowie am 8. Juli 2011 veröffentlichter beziehungsweise aktualisierter Zahlen aus dem vom CIA herausgegebenen „The World Factbook: Korea, North". Verlässliche Daten aus Nordkorea selbst sind rar und werden quasi als Staatsgeheimnisse unter Verschluss gehalten, während Quellen des OECD-Mitglieds Südkorea mitunter im Sinne eines Systemwettstreits gefärbt sind. Die hier präsentierten Zahlen und Daten sind folglich als Annäherungswerte an die Realität zu betrachten.

Republik Korea (Südkorea) im Überblick

Allgemeines und Verwaltung

Landesname in Deutsch/Englisch: Republik Korea/Republic of Korea
kurz: Südkorea/South Korea
Abkürzung in Deutsch/Englisch: RK/ROK
Langform/Kurzform in Koreanisch: *Daehan-min'guk/Han'guk*
Hauptstadt: Seoul
Verwaltung: 9 Provinzen (do) = Jeju-do, Jeolla-bukdo (Nord-Cholla), Jeolla-namdo (Süd-Cholla), Chungcheong-bukdo (Nord-Chungcheong), Chungcheong-namdo (Süd-Chungcheong), Gangwon-do, Gyonggi-do, Gyeongsang-bukdo (Nord-Gyeongsang) und Gyeongsang-namdo (Süd-Gyeongsang) — sowie 7 Städte mit Provinzstatus (gwangyoksi): Incheon, Gwangju, Busan, Seoul, Daegu, Daejeon und Ulsan.
Unabhängigkeitstag: 15. August (1945 von Japan)
Nationalfeiertag: Tag der Befreiung, 15. August 1945
Verfassung: angenommen am 17. Juli 1948, seitdem gab es mehrere Revisionen. Gültig ist seit 1988 die Verfassung der 6. Republik.
Exekutive: Staatsoberhaupt ist der Staatspräsident, Anfang 2012 Lee Myung-Bak (seit 25. Februar 2008), er wird alle fünf Jahre für nur eine Legislaturperiode direkt vom Volk gewählt; Regierungschef ist der Premierminister, derzeit Kim Hwang-Sik (seit 1. Oktober 2010); er wird vom Staatspräsidenten im Einvernehmen mit dem Parlament ernannt.
Legislative: Einkammer-System – der Nationalversammlung (Gukhoe) gehören gegenwärtig 299 Mitglieder an, die auf vier Jahre gewählt sind; die letzten Wahlen waren Mitte April 2008; die nächsten Wahlen werden im April 2012 stattfinden.
Judikative: die Richter des Obersten Gerichtshofes werden vom Staatspräsidenten im Einvernehmen mit dem Parlament ernannt; die Richter des Verfassungsgerichtes werden teilweise vom Parlament, teilweise vom Präsidenten des Obersten Gerichtshofes nominiert und vom Staatspräsidenten ernannt.
Parteien: Grand National Party (GNP), Democratic Party (DP), Liberty Forward Party (LFP), New Progressive Party (NPP), Future Hope Alliance (FHA), Democratic Labor Party (DLP), Renewal Korea Party (RKP), People Centric Coalition (PCP)
Die regierende Grand National (Hannara-)Party benannte sich am 2. Februar 2012 in New World (Saeuri-)Party um.

Diplomatie: Aufnahme diplomatischer Beziehung zu Deutschland am 26. November 1883 durch den Abschluss eines Freundschafts-, Handels- und Schifffahrtsvertrages zwischen dem Deutschen Reich und dem Königreich Korea, der auch den Austausch von diplomatischen Vertretern beinhaltete.

Geographie und Klima

Die Republik Korea liegt in Ostasien, auf der südlichen Hälfte der koreanischen Halbinsel, angrenzend an das Ostmeer (Japanische Meer) und das Gelbe Meer. Sie ist durchweg hügelig und von Bergen durchzogen, im Süden und Westen erstrecken sich ausgedehnte Küstenebenen. Höchster Berg ist der Halla-san mit 1.950 Metern, die längsten Flüsse sind der Nakdong-gang (525 km), der unter anderem durch Seoul fließende Han-gang (514 km) und der Kum-gang (401 km). Etwa 3.000 Inseln gehören zur Republik Korea, die Fläche des Landes beträgt 99.720 Quadratkilometer (gut ein Viertel der Fläche Deutschlands). Bis heute trennt eine etwa vier Kilometer breite und 240 Kilometer lange entmilitarisierte Zone Süd- und Nordkorea auf der Höhe des 38. Breitengrads. Das Klima ist gemäßigt, nur von Juni bis August feuchtheiß, in den Wintermonaten Dezember bis Februar ist es trocken und kalt.

Stadt/Land/Infrastruktur

Größere Städte – mit den im Jahr 2009 ermittelten Einwohnerzahlen in Klammern – sind: Seoul (10,5 Millionen), Busan (3,6 Millionen), Incheon (2,7 Millionen), Daegu (2,5 Millionen), Daejeon (1,4 Millionen), Gwangju (1,4 Millionen), Ulsan (1,1 Millionen). Insgesamt beträgt der Anteil der städtischen Bevölkerung in Südkorea etwa 83 Prozent. Die Republik Korea verfügt über sieben internationale Flughäfen (unter anderem Seoul und Busan) und ein 3.381 Kilometer langes Eisenbahnnetz. Das 103.029 Kilometer umfassende Straßennetz ist zu rund 80 Prozent befestigt. Wichtigste Seehäfen sind Incheon, Mokpo, Pohang und Busan, die Binnenschifffahrt ist auf zirka 1.600 Kilometern Flüssen und Kanälen möglich.

Bevölkerung/Sprache/Religion

Einwohnerzahl: zirka 48,8 Millionen, zu 98 Prozent Koreaner; unter den in Korea lebenden Ausländern stellen Chinesen (485.000) und Vietnamesen (80.000) die weitaus größten Gruppen.

Bevölkerungswachstum: 0,23 Prozent (geschätzt für 2011)
Lebenserwartung: im Durchschnitt 79 Jahre; Männer 75,8 und Frauen 82,5 Jahre
Amtssprache: Koreanisch
Religion: Keine Religion 46,9 Prozent, Christen 29,2 Prozent, Buddhisten 23,1 Prozent, Konfuzianisten 0,2 Prozent, andere 0,6 Prozent (Angaben von 2005). Cheondo-gyo, Taejong-gyo und Schamanismus sind noch immer verbreitet. Unabhängig von diesen Statistiken durchdringt der Konfuzianismus als Philosophie und Ethik in sehr starkem Maße alle Gesellschaftsgruppen, also auch die Lebensweisen der Buddhisten und Christen. Und der Schamanismus spielt eine große Rolle im Seelenleben der Koreaner, auch für die Angehörigen anderer Religionen.

Bildung und Ausbildung

Schulpflicht: 6-15 Jahre = 9 Schuljahre
Analphabetenrate: 2,1 Prozent
Das Schulsystem in der Republik Korea gliedert sich seit 1953 in sechs Jahre Grundschule, drei Jahre Mittelschule, drei Jahre Oberschule und vier Jahre Hochschulstudium. Schulpflicht besteht seit 1953 für die Grundschule und seit 2002 auch für die Mittelschule.

Wirtschaft

Währung: Südkoreanischer Won (KRW)
Bruttosozialprodukt (BSP): umgerechnet 986,3 Milliarden US-Dollar (offizieller Wechselkurs, geschätzt für 2010)
Sektoranteil am BSP: Landwirtschaft = drei Prozent; Industrie = 39,4 Prozent; Dienstleistungen = 57,6 Prozent (geschätzt für 2008)
Prokopfeinkommen: umgerechnet 30.200 US-Dollar (geschätzt für 2010)
Arbeitskräfte: 24,6 Millionen (geschätzt für 2010)
Arbeitslosenquote: 3,3 Prozent (geschätzt für 2010)
Inflationsrate: 3 Prozent (geschätzt für 2010)
Auslandsverschuldung: umgerechnet 394 Milliarden US-Dollar (Juli 2011)
Hauptprodukte in der Landwirtschaft: Reis, Wurzeln, Gerste, Gemüse, Früchte; Rinder, Schweine, Hühner, Milch, Eier, Fisch
Hauptprodukte in der Industrie: Elektronik, Fernmeldetechnik, Kraftfahrzeuge, Chemikalien, Schiffbau, Stahl

Exporte: umgerechnet 466,3 Milliarden US-Dollar (geschätzt für 2010) für Halbleiter, kabellose Telekommunikationsanlagen, Kraftfahrzeuge, Computer, Stahl, Schiffe und Petrochemikalien – Haupthandelspartner: China 23,2 Prozent, USA 10,1 Prozent, Japan 5,8 Prozent, Hongkong 5,3 Prozent (2009).
Importe: umgerechnet 417,9 Milliarden US-Dollar (geschätzt für 2010) für Maschinen, Elektronik und Elektrogeräte, Öl, Stahl, Transporthilfsmittel, organische Chemikalien, Kunststoffe – Haupthandelspartner: China 16,8 Prozent, Japan 15,3 Prozent, USA 9 Prozent, Saudi-Arabien 6,1 Prozent (2009).

Kommunikation

Im Jahre 2009 gab es annähernd 19,3 Millionen Telefonanschlüsse, zirka 48 Millionen Mobilfunkanschlüsse und etwa 39,4 Millionen Internetnutzer. Zu den größten Tageszeitungen zählen (Auflage 2010 in Klammern): die „Chosun Ilbo" (1,84 Millionen), die „Joong-Ang Ilbo" (1,3 Millionen) und die „Dong-A Ilbo" (1,29 Millionen). Wichtigste Nachrichtenagentur ist die Yonhap News Agency.

Landesverteidigung und Militär

Streitkräfte: zirka 687.000 Mann in Heer, Marine und Luftwaffe; etwa 80 Prozent sind Heeresangehörige (2008)
Allgemeine Wehrpflicht (nur für Männer): Heer 21, Marine 23, Luftwaffe 24 Monate
Militärausgaben: umgerechnet zirka 22,6 Milliarden US-Dollar im Fiskaljahr 2007, das entspricht etwa 2,7 Prozent des BSP.

Diese Übersicht wurde zusammengestellt von Heiko Herold auf der Basis diverser UN-Statistiken (u.a. FAO, ILO, WHO) sowie der aktuellen Ausgabe der südkoreanischen Regierungspublikation „Tatsachen über Korea", der Länderinformation zu Südkorea des U.S. Department of State und am 11. Juli 2011 veröffentlichter beziehungsweise aktualisierter Zahlen aus dem von der CIA herausgegebenen „The World Factbook: Korea, South".

Der Korea-Verband e.V.

versteht sich als offene, politisch unabhängige und im deutschen Sprachraum ansässige Informations- und Kooperationsplattform. Der Verband wendet sich an alle, die an der Geschichte und Kultur Koreas sowie an den aktuellen Entwicklungen auf der koreanischen Halbinsel interessiert sind und sich in diesem Bereich engagieren und informieren möchten. Thematische Schwerpunkte der Arbeit sind:

- die Entwicklung der Zivilgesellschaft als Ausdruck demokratischer Kultur und die kritische Reflexion über den Nationalismus
- die Aufarbeitung der Vergangenheit, um auf eine friedliche Koexistenz der Länder in der Region Ostasiens hinzuwirken
- die Voraussetzungen für die Überwindung der Teilung Koreas und die Folgen einer möglichen Wiedervereinigung – dies auch vor dem Hintergrund der Erfahrungen in Deutschland
- die Herausforderungen der Globalisierung und ihre positiven wie negativen Auswirkungen, wie beispielsweise die Wahrung der Menschenrechte im Kontext von Migration
- die gesellschaftlichen Veränderungen und ihre Auswirkungen auf der persönlichen Ebene, wie etwa auf Familienstruktur und geschlechtsspezifischen Rollen sowie deren symbolischen Repräsentationen
- die Gestaltung interkultureller Begegnungsräume.

Es ist Anspruch und Ziel des Korea-Verbandes, sich diesem Themenspektrum auf unterschiedlichen Ebenen der Informationsvermittlung zu stellen. Dabei sieht sich der Korea-Verband als Teil der Menschen- und Bürgerrechtsbewegung. Er sucht und fördert die Zusammenarbeit auf nationaler, europäischer und internationaler Ebene mit anderen Nichtregierungsorganisationen und Initiativen sowie Korea-Experten aus den Bereichen Wissenschaft, Publizistik, Politik, Gewerkschaften, Kirche, Umwelt- und Frauenbewegung, Kunst und Kultur. Als Gründungsmitglied der seit 1992 bestehenden „Asienstiftung" ist der Korea-Verband eingebunden in das „Asienhaus" in Essen.

Das „Korea Kommunikations- und Forschungszentrum" im Korea-Verband e.V. ist Herausgeber des seit 1991 erscheinenden KOREA FORUM, einer Publikation mit Beiträgen zu politischen, gesellschaftlichen und wirtschaftlichen Entwicklungen in Nord- und Südkorea sowie zu kulturellen Themen Koreas. Über die ständige Rubrik „Positionen im Dialog" bietet das KOREA FORUM eine

Diskussionsplattform für kritische Beiträge zu den Vorgängen auf der koreanischen Halbinsel. Rezensionen neuer Bücher und Übersetzungen aus und über Korea sowie Berichte von Veranstaltungen und der Arbeit anderer zu Korea tätiger Organisationen runden das Themenspektrum ab. Leitende Redakteurin ist Frau Han Jung-Hwa Nataly (v.i.S.d.P.).

Kontaktadresse:
Korea-Verband e.V.
Rostocker Str. 33
D-10553 Berlin
Tel.: +49 30 – 398 05 98-4/-5
Fax: +49 30 – 398 05 98-6
E-Mail: mail@koreaverband.de